Thérèse de Lisieux… Sainte

VÉRONIQUE GAY-CROSIER

THÉRÈSE DE LISIEUX... SAINTE

ARTÈGE

[redacted]

[redacted]

Éditions Artège
9 esplanade Méditerranée – 66 000 Perpignan

www.editionsartege.fr

ISBN : 979-10-336-1364-0
EAN Epub : 9791033613879

« Croyez-moi, n'attendez jamais au lendemain pour commencer à devenir sainte. »

Chronologie de Thérèse

- 2 janvier 1873 : naissance de Marie-Françoise-Thérèse Martin – dite Thérèse.
- 28 août 1877 : mort de la maman, Zélie Martin.
- 2 octobre 1882 : entrée au carmel de Lisieux de Pauline.
- Du 25 mars au 13 mai 1883 : « étrange maladie » et guérison de Thérèse.
- 8 mai 1884 : première communion.
- Mai 1885 : « terrible maladie des scrupules » et guérison par ses « petits frères du Ciel » en octobre 1886.
- 15 octobre 1886 : entrée au carmel de Lisieux de Marie.
- 25 décembre 1886 : la « grâce de Noël ».
- Novembre 1887 : voyage à Rome.
- 9 avril 1888 : Thérèse entre au carmel de Lisieux.
- 10 janvier 1889 : sa prise d'habit.
- 8 septembre 1890 : sa profession.
- Du 8 au 15 octobre 1891 : retraite prêchée par le père Prou.
- 5 décembre 1891 : décès de mère Geneviève, la fondatrice du carmel de Lisieux.
- 29 juillet 1894 : mort du papa, Louis Martin.
- 14 septembre 1894 : entrée au carmel de Lisieux de Céline.
- Janvier 1895 : début de la rédaction du Manuscrit A.
- 11 juin 1895 : offrande d'elle-même à l'Amour miséricordieux.
- 15 août 1895 : entrée au carmel de la cousine Marie Guérin.
- 5 avril 1896, le dimanche de Pâques : début de sa « nuit de la foi ».
- Septembre 1896 : rédaction du Manuscrit B.

- Du 3 juin au 10 juillet 1897 : rédaction du Manuscrit C; entrée de Thérèse à l'infirmerie.
- 30 septembre 1897, 19h : mort de Thérèse.
- 1910-1911 : procès informatif ordinaire de Thérèse.
- 1915-1917 : procès apostolique de Thérèse.
- 29 avril 1923 : béatification.
- 17 mai 1925 : canonisation.
- 19 octobre 1997 : Thérèse est proclamée docteur de l'Église.

Abréviations utilisées

CEC	*Catéchisme de l'Église catholique.*
CJ	*Carnet jaune* de mère Agnès de Jésus.
CSG	*Conseils et souvenirs recueillis par sœur Geneviève de la Sainte-Face* (Céline), coll. « Foi vivante » 149, Paris, Cerf, 1996[2].
CSM	*Conseils et souvenirs relatés par sœur Marie de la Trinité*, *VT 73*, p. 55-68 et *VT 77*, p. 47-80.
DE	*Derniers entretiens* (autres dernières paroles de Thérèse).
DE/G	*Derniers entretiens* recueillis par sœur Geneviève.
DE/MSC	*Derniers entretiens* recueillis par sœur Marie du Sacré-Cœur.
DP	*Dernières paroles* à mère Agnès, sœur Marie du Sacré-Cœur, sœur Geneviève ou sœur Thérèse de Saint-Augustin.
DS	*Dictionnaire de la vie spirituelle*, S. De Fiores, G. Tullo (dir), Paris, Cerf, 2001.
LT	*Lettres* de Thérèse, numérotées de 1 à 266.
Ms A	Premier *Manuscrit autobiographique* de Thérèse.
Ms B	Second *Manuscrit autobiographique* de Thérèse. Correspond à la Lettre 196 dans le but de faire connaître sa « petite doctrine ».
Ms C	Troisième *Manuscrit autobiographique* de Thérèse en vue de la rédaction de sa « Circulaire nécrologique ».
OC	*Œuvres complètes. Textes et Dernières paroles*, Paris, Cerf/DDB, 1998 (voir aussi la réédition au Cerf de 2017).

PA	*Procès de béatification et de canonisation de sainte Thérèse de l'Enfant-Jésus et de la Sainte-Face : II, Procès apostolique*, 1915-1917, Rome, Éd. Theresianum, 1976.
PN	Les cinquante-quatre *poésies* numérotées de Thérèse.
PO	*Procès de béatification et de canonisation de sainte Thérèse de l'Enfant-Jésus et de la Sainte-Face : I, Procès informatif de l'Ordinaire*, 1910-1911, Rome, Éd. Theresianum, 1973.
Pri	Les vingt et une *prières* numérotées de Thérèse.
PS	Les huit *poésies « supplémentaires »* de Thérèse.
RP	Les huit *récréations pieuses* – pièces de théâtre – de Thérèse.
VT	*Vie thérésienne*, Lisieux (revue trimestrielle, depuis 1961).
VS	*Vie spirituelle*, Paris, Cerf.

Introduction

« En la montrant réalisable par tous les chrétiens, sainte Thérèse universalise la haute sainteté[1]. »

Les saints sont comme des « lanceurs d'alerte ». Chacun, avec sa personnalité et ses charismes propres, fait davantage scintiller certains aspects de la sainteté. Thérèse de l'Enfant-Jésus et[2] de la Sainte-Face a fait briller tout particulièrement le prisme de la petitesse humaine. Quant à l'apanage de Dieu qui la bouleversa le plus, c'est son amour miséricordieux. Ainsi, le pape saint Jean-Paul II lui a donné l'expertise dans la *science de l'amour*[3], qui nous place à l'interface de la morale et de la mystique : dans « "*la théologie vécue*" *des saints*[4] ».

Thérèse n'a pas composé de traité systématique mais partagé ses pensées, ses intuitions et son vécu. Au terme du présent ouvrage, nous espérons que le lecteur aura été séduit par cette grande « maîtresse de vie spirituelle[5] ».

---

1. M.-E. de l'Enfant-Jésus, « Docteur de la vie mystique », *in* AAVV, *Thérèse de l'Enfant-Jésus. Docteur de l'amour*, Rencontre théologique et spirituelle, « Centre Notre-Dame de Vie », Venasque, Éd. du Carmel, 1990, p. 360.

2. Thérèse omet la plupart du temps la conjonction dans sa titulature.

3. Voir sa lettre apostolique *La science de l'amour divin. Thérèse de Lisieux, docteur de l'Église*, Paris, Centurion/Bayard/Cerf, 1998.

4. Jean-Paul II, Lettre apostolique *Novo millenio inuente*, Paris, École cathédrale/Parole et Silence, 2001, n° 27.

5. Jean-Paul II, Lettre apostolique *Divini amoris scientia*, Paris, Pierre Téqui éditeur, 1997, n° 6, p. 10.

Nous la présenterons en répondant à trois questions : pourquoi a-t-elle voulu être sainte, comment s'y est-elle prise, et comment concevait-elle la sainteté. Car si la sanctification fut le moteur de sa vie, son entreprise a connu des rebondissements. Nous la suivrons pas à pas dans son itinéraire de sainteté. Nous la verrons s'interroger sur la perfection, qu'elle jumellera longtemps avec la sainteté. Nous l'entendrons s'exprimer sur les vertus et les mortifications, jusqu'à ce qu'elle comprenne leur point de convergence : l'amour. Nous la lirons se prononcer sur les fautes, l'abandon et la faiblesse humaine, qui sont autant de portes d'entrée de la sanctification. Elle nous instruira aussi sur l'expérience de son indigence, sur la pauvreté en esprit et les saints.

Plusieurs éléments corrélatifs à la sainteté ont influencé, en synergie, sa conception. Tout est lié, mais nous avons étudié séparément les thématiques, en effleurant souvent d'autres avant de les approfondir – d'où la similitude de certains titres.

Avant d'entrer dans le vif du sujet, voici quelques précisions sur la composition familiale de Thérèse. Ses parents, Azélie-Marie Guérin et Louis-Joseph-Aloys-Stanislas Martin, ont eu neuf enfants. Deux enfants, prénommés Joseph, sont morts dans leur première année : en 1867 et en 1868. En 1870, Hélène et une « première » Thérèse décèdent en bas âge. Au final, cinq filles ont survécu et sont entrées en religion. Marie (1860-1940) a choisi le carmel de Lisieux et pris le nom de sœur Marie du Sacré-Cœur. Pauline (1861-1951) l'a suivie et a opté pour le nom de sœur Agnès de Jésus. Léonie (1863-1941) est entrée, bien après ses quatre sœurs, chez les visitandines de Caen[6], en adoptant le nom de sœur Françoise-Thérèse. Céline (1869-1959) a prononcé des vœux définitifs au carmel de Lisieux sous le nom de sœur Geneviève de la Sainte-Face, six ans après Thérèse (1873-1897), la benjamine. Sans oublier leur cousine Marie Guérin, qui a également franchi les portes du carmel de Lisieux, une année après Céline ; son nom de religion était Marie de l'Eucharistie.

---

6. Leur tante maternelle – sœur Marie-Dosithée – y avait été religieuse.

1re partie

L'enfance, l'adolescence et le postulat

Thérèse vient d'avoir vingt-trois ans. En ce mois de janvier 1895, elle amorce la rédaction de son premier Manuscrit autobiographique. Elle remet le cahier l'année suivante à la révérende mère prieure, qui lui avait demandé de consigner par écrit ses souvenirs. Loin d'être simplement anecdotiques, ils dressent le portrait de son « âme », par le truchement des « grâces que le bon Dieu a daigné [lui] accorder ».

On pourrait craindre que la narration perde en exactitude, et se demander où est la frontière entre le souvenir authentique et l'imagination fabulatrice. Nous n'avons rien à appréhender de ce côté ni de l'autre. D'une part, Thérèse avoue avoir été dotée d'une mémoire précoce assez exceptionnelle pour que son humilité ne l'empêchât pas de le signaler assez tôt dans la rédaction de son autobiographie : « Le bon Dieu m'a fait la grâce d'ouvrir mon intelligence de très bonne heure et de graver si profondément en ma mémoire les souvenirs de mon enfance qu'il me semble que les choses que je vais raconter se passaient hier[1]. » Ou encore : « Je n'avais pas une très grande facilité pour apprendre mais j'avais beaucoup de mémoire[2]. » La maman de Thérèse le disait déjà alors que sa fille avait trois ans : « C'est une enfant bien nerveuse, elle est cependant bien mignonne et très intelligente, elle se rappelle tout[3]. » Enfin, Céline n'en conçut aucun doute : « Douée d'une excellente mémoire, elle retenait facilement ce

1. *Ms A*, 4v°.

2. *Ms A*, 13v°.

3. *Ms A*, 8r°.

qu'elle lisait ou entendait et savait se servir au moment opportun des remarques judicieuses, des moindres anecdotes[4]. »

D'autre part, Thérèse n'a jamais « recherché que la vérité[5]. » Elle a toujours eu « horreur de la "feintise[6]" ». Aussi, la plupart de ses informations proviennent de la correspondance de sa maman à Pauline, qui l'avait prêtée à Thérèse pour lui faciliter la rédaction de ses Mémoires. Avec une maturité nouvellement acquise, Thérèse cite textuellement des extraits des lettres de sa maman, qui s'épanchait volontiers au sujet de son « petit lutin ».

---

4. *CSG*, p. 79.

5. Tous les mots entre guillemets sont de Thérèse. Nous référencerons uniquement les citations de Thérèse qui sont longues ou qui seront plus susceptibles d'être recherchées par le lecteur.

6. Expression typiquement normande pour épingler le mensonge.

Chapitre I

Son enfance

Les quatorze premières années de vie de Thérèse coïncident avec les deux premières « périodes » de sa vie, selon son propre découpage :

> « Dans l'histoire de mon âme jusqu'à mon entrée au Carmel je distingue trois périodes bien distinctes, la première malgré sa courte durée n'est pas la moins féconde en souvenirs ; elle s'étend depuis le réveil de ma raison jusqu'au départ de notre Mère chérie pour la patrie des Cieux [...] [puis vient] la seconde période de mon existence, la plus douloureuse des trois, surtout depuis l'entrée au Carmel de celle que j'avais choisie pour ma seconde "Maman". Cette période s'étend depuis l'âge de quatre ans et demi jusqu'à celui de ma quatorzième année, époque où je retrouvai mon caractère d'*enfant* tout en entrant dans le sérieux de la vie[1]. »

Les écrits sélectionnés ici tournent essentiellement autour de la nature *morale* de Thérèse, de son éducation et d'autres facteurs corollaires. Son « grand amour-propre » a immédiatement été contrebalancé par un fort désir de s'améliorer et un

1. *Ms A*, 4r° ; 13r° – sauf indication contraire, les mises en italiques sont de Thérèse.

non moins puissant amour du bien. Cette ambivalence relative a débouché sur son choix radical de Dieu. Une option préférentielle définitive qui n'est peut-être pas étrangère à une nostalgie du Ciel avivée par un sentiment d'exil permanent, lui-même encouragé par la mort prématurée de sa maman. L'avènement de sa première communion lui donnera de vivre sa première expérience mystique.

Sa nature et sa personnalité

Entre le 4 avril 1877 et le 2 octobre 1886, Thérèse rédige vingt et une lettres, qui ne contiennent aucune allusion à la sainteté. Deux dépêches écrites à trois années d'intervalle peuvent toutefois retenir notre attention.

Indices de son désir de s'améliorer

Le premier billet est adressé à la mère supérieure du carmel de Lisieux, mère Marie de Gonzague : « Ma Mère chérie, […] Pauline m'a dit que vous étiez en retraite et je viens vous demander de prier le petit Jésus pour moi car j'ai bien des défauts et je voudrais m'en coriger[2] [*sic*, nda]. » Thérèse a neuf ans. Elle se repent de ses « défauts » – nous verrons qu'il s'agit de la colère, de l'entêtement et de l'amour-propre principalement. Thérèse révèle également un mobile qui est déjà un souci majeur dans sa vie : celui de s'améliorer. Elle nourrit pour elle-même de grandes ambitions morales. Cette soif axe fermement les élans de son âme vers le Bien ; cela ne l'empêche pas de recommander à la mère supérieure de prier pour elle.

2. *LT 9*, 1r°-1v°.

Le second extrait nous présente une personne dont la nature aura d'insondables retentissements dans l'être et le devenir de Thérèse : Louis Martin.

> « En grandissant je vois ton âme / Toute pleine du Dieu d'amour
> Cet exemple béni m'enflamme / Et je veux te suivre à mon tour [...]
> Je veux t'imiter Petit Père / Toi si tendre si doux si bon ». (*LT 18*, 2v°)

Thérèse a toujours voué à son père une admiration sans bornes. Son « Amour de Dieu », sa « tendresse », sa « douceur » et sa « bonté » composent le panégyrique rimé par Thérèse à l'occasion de la fête[3] de son « roi chéri ». Ces vertus ont la faveur de Thérèse parce qu'elles manifestent clairement la délicatesse particulière de M. Martin. À travers ces qualités paternelles, Thérèse retrouve un peu de sa maman dont elle est orpheline depuis huit ans – sans recourir à un quelconque « transfert ». Thérèse est à ce point conquise par ces traits de caractère qu'elle voudrait les acquérir à son tour.

Car elle a du tempérament. Elle est « entière ». Sa nature, « expansive » et « vive », l'amène à s'emporter aisément et passionnément. Ces quelques lignes de sa mère l'illustrent bien :

> « Céline qui s'amuse avec la petite au jeu de cube, elles se disputent de temps en temps, Céline cède pour avoir une perle à sa couronne. Je suis obligée de corriger ce pauvre bébé [Thérèse] qui se met dans des furies épouvantables ; quand les choses ne vont pas à son idée, elle se roule par terre comme une désespérée croyant que tout est perdu, il y a des moments où c'est plus fort qu'elle, elle en est

3. Le 25 août honore saint Louis.

> suffoquée. C'est une enfant bien nerveuse […]. [Thérèse reprend la parole :] Vous voyez, ma Mère combien j'étais loin d'être une petite fille sans défauts ! » (*Ms A*, 8r°)

Son impétuosité, tout en s'affaiblissant avec le temps, demeurera un constant objet de lutte pour elle. Jusqu'au soir de sa vie : « Oh ! si j'en ai eu [des "combats"]. J'avais une nature pas commode, cela ne paraissait pas mais moi je le sentais bien, je puis vous assurer que je n'ai pas été un seul jour sans souffrir, pas un seul[4]. » La répétition du « pas un seul » en dit long…

« Je choisis tout »

Thérèse épingle encore un fait qui eût pu paraître anecdotique et tout au plus un nouveau révélateur de sa force de caractère, si elle ne l'avait elle-même accompagné de son commentaire. L'extrait est devenu fameux :

> « Un jour, Léonie pensant qu'elle était trop grande pour jouer à la poupée vint nous trouver toutes les deux [Céline et Thérèse] avec une corbeille remplie de robes et de jolis morceaux destinés à en faire d'autres, sur le dessus était couchée sa poupée. — "Tenez mes petites sœurs, nous dit-elle, *choisissez*, je vous donne tout cela." Céline avança la main et prit un petit paquet de ganses qui lui plaisait. Après un moment de réflexion j'avançai la main à mon tour en disant : — "*Je choisis tout !*" et je pris la corbeille sans autre cérémonie ; les témoins de la scène trouvèrent la chose très juste, Céline elle-même ne songea pas à s'en plaindre (d'ailleurs elle ne manquait pas de jouets, son parrain la comblait de cadeaux et Louise trouvait moyen de lui procurer tout ce qu'elle désirait). » (*Ms A*, 10r°)

4. *DP/Sœur Thérèse de Saint-Augustin.*

Tout le monde obtempère devant la décision inébranlable de Thérèse. Personne ne trouve rien à redire. Pourtant, cela aurait pu être l'occasion de faire prendre conscience à la petite fille de trois et demi qu'elle exagérait peut-être. On ignore si Céline – qui n'a que sept ans et demi – s'est sentie obligée de restreindre son choix. Thérèse éprouve-t-elle le même malaise avec le recul ? Elle donne en effet l'impression de justifier son geste vis-à-vis de Céline, en précisant – entre parenthèses – que celle-ci était bien gâtée par ailleurs. À supposer que ce fût le cas, ce sentiment est tempéré par son humour. Et de toute façon, le clou de la conclusion à tirer de l'épisode nous semble ici : au lieu de dire « Je prends tout », Thérèse utilise l'expression même de Léonie « Je choisis tout » ; le verbe *choisir* paraît moins connoter l'accaparement et l'appropriation des objets présentés. Ainsi, Thérèse exposerait moins le ton impérieux de sa décision que ses inclinations à la totalité, à la plénitude ; jusqu'à leur point extrême. Oui, c'est sur ce trait de sa personnalité que porte la leçon de vie. D'autant qu'elle enchaîne avec ce constat :

> « Ce petit trait de mon enfance est le résumé de toute ma vie ; plus tard lorsque la perfection m'est apparue, j'ai compris que pour devenir *une sainte* il fallait beaucoup souffrir, rechercher toujours le plus parfait et s'oublier soi-même ; j'ai compris qu'il y avait bien [des] degrés dans la perfection et que chaque âme était libre de répondre aux avances de Notre Seigneur, de faire peu ou beaucoup pour Lui, en un mot de *choisir* entre les sacrifices qu'Il demande. Alors comme aux jours de ma petite enfance, je me suis écriée : "Mon Dieu, *je choisis tout.*" Je ne veux pas être une *sainte à moitié*, cela ne me fait pas peur de souffrir pour vous, je ne crains qu'une chose c'est de garder ma *volonté*, prenez-la, car "Je *choisis tout*" ce que vous voulez !... » (*Ms A*, 10r°-10v°)

Ce geste fut donc décisif, et même prémonitoire à plusieurs titres. D'abord, il est un signe précurseur de son irrépressible attrait vers la perfection et la sainteté. Qui aurait deviné la connivence entre le choix de prendre tous les autres jouets et son aspiration à « rechercher toujours le plus parfait » ? Thérèse est inconditionnelle. Du moment qu'elle affirme ou croit quelque chose, elle s'y dispose complètement. Excès ? Démesure ? Non. Déjà, « son tempérament la porte vers l'absolu[5] ». Ses choix radicaux seront toujours posés sans hésitation. Et de manière irréversible. Conséquente avec elle-même, le « degré » de sa perfection ne pourra qu'être le plus élevé. Et sa sainteté ne pourra qu'être intégrale.

Caprice enfantin ? Non. Mais manifestation de l'inflexibilité de sa volonté à ses débuts, et de ce qu'elle devra mettre en œuvre pour la conformer à celle de Jésus.

Par ailleurs, la disposition des harmoniques, dans son commentaire, n'est pas anodine. Elle parle d'abord de « beaucoup souffrir », puis de « rechercher toujours le plus parfait », ensuite de « s'oublier soi-même », et enfin de donner sa « *volonté* » à Dieu. Ces objectifs de vie ne furent pas simultanés chez elle, mais ils l'ont investie avec la même intensité tour à tour. Bientôt, son « je choisis tout » sera un « je renonce à tout » : à neuf ans, elle lui offrira sa liberté ; le don de l'expression privilégiée de sa volonté orientera tous ses autres objectifs.

Remarquons encore que Thérèse renverse la position janséniste[6] du petit nombre d'élus. En avance sur son temps, elle est persuadée que Dieu appelle tout le monde à la sainteté. C'est nous-mêmes qui mettons des « bornes » à notre « sainteté » car « sa borne à lui [Dieu] c'est qu'il n'y en ait pas ! » Aussi bien, Thérèse répondra à cet appel divin sans restriction de sa personne. D'où les « désirs immenses » et rigoureusement impossibles

---

5. G. Gaucher, *Histoire d'une vie, Thérèse Martin (1873-1897). Sœur Thérèse de l'Enfant-Jésus de la Sainte-Face*, Paris, Cerf/DDB, 1984^2, p. 19.

6. Du théologien flamand Jansénius (1585-1638).

qui l'habiteront plus tard – celui d'être prêtre alors qu'elle est femme ; celui d'être missionnaire alors qu'elle est cloîtrée, etc. Nous y reviendrons.

Enfin, c'est la radicalité de son option pour Dieu qui lui fera mettre – dans un premier temps – la souffrance au premier plan de sa sanctification. Car, pour « répondre aux avances de Notre Seigneur », elle sera rapidement décidée à « faire [...] beaucoup pour Lui ». Ce qui n'ira pas sans « beaucoup souffrir » ni sans accepter « les sacrifices qu'il demande ». Mais « cela ne [lui] fait pas peur ». Elle assumera les conséquences de son « choix », et plantera les racines de son être au Ciel.

Le Ciel

Le Ciel. Justement. Dans sa double acception – physique et spirituelle –, il joua un grand rôle dans la pensée et l'imaginaire de Thérèse. L'on peut dénombrer six cent soixante-deux emplois de ce mot dans ses écrits, avec un « c » majuscule ou minuscule. Ce fut aussi le premier mot qu'elle put déchiffrer dans son apprentissage de la lecture.

Dès son plus jeune âge, Thérèse se sentait comme étrangère au monde. Une sorte de déconnexion qu'elle traduisait dans le sentiment profond et persistant d'être « en exil » sur la terre. Si la mort soudaine de sa maman et les aléas de la vie l'ont inclinée à se troubler devant l'incertitude et la fugacité des joies terrestres – avant de l'en détourner définitivement –, d'autres raisons sont aussi à chercher dans la personnalité de ses parents, dans sa propre conception du Ciel et dans son choix précoce pour Dieu. Arrêtons-nous-y un instant.

Les parents Martin

Le papa avait sollicité son admission auprès des chanoines du Grand-Saint-Bernard (Suisse). Marié à trente-cinq ans, il conserva un fort penchant pour la solitude et le silence, qu'il recherche et obtint dans ses balades le long de la Touques[7], lors de ses haltes dans les chapelles, et au gré de ses pèlerinages.

Le tempérament quelque peu monacal de M. Martin a influencé Thérèse dès ses six ans : durant leurs nombreuses heures communes au jardin ou à la pêche, lors de leurs promenades dominicales, et au cours des visites *quotidiennes* au Saint-Sacrement. Si ces instants ont laissé de doux souvenirs à Thérèse. Elle en a aussi conservé une certaine nostalgie :

> « Ils étaient pour moi de beaux jours, ceux où mon “roi chéri” m'emmenait à la pêche avec lui, j'aimais tant la campagne, les fleurs et les oiseaux ! Quelquefois j'essayais de pêcher avec ma petite ligne, mais je préférais aller m'asseoir *seule* sur l'herbe fleurie, alors mes pensées étaient bien profondes et sans savoir ce que c'était [que] de méditer, mon âme se plongeait dans une réelle oraison... La terre me semblait un lieu d'exil et je rêvais le Ciel... L'après-midi passait vite... alors la terre me semblait encore plus triste et je comprenais qu'au Ciel seulement la joie serait sans nuages... » (*Ms A*, 14v°)

Thérèse en hérite également la nature rêveuse et méditative. En la présence de son père, elle peut développer de nettes prédispositions à la contemplation ; en même temps qu'un bien-être pénétrant s'empare de son âme devant la beauté irrésistible du créé. L'immensité de la mer et l'opulence de la nature la plongent dans des transports de félicités et dans des profondeurs bien religieuses, puisque, « sans savoir ce que c'était [que] méditer, [son] âme se plongeait dans une réelle oraison ». Cette munificence de la Création rime autant avec sa précarité qu'avec sa dimension sacrée.

---

7. Ce fleuve côtier prend naissance dans la campagne d'Alençon et se jette dans la Manche. L'un de ses deux principaux affluents se trouve à Lisieux, et ses truites de mer y sont fameuses.

Si elle recherchait peut-être un peu l'évasion et l'oubli des contingences terrestres, Thérèse aimait surtout ce qui était susceptible de nourrir son recueillement. Par exemple, « installée dans l'ancienne chambre de peinture à *Pauline* [...,] [elle] aimait à rester seule des heures entières pour étudier et méditer devant la belle vue qui s'étendait devant [ses] yeux[8] ». En présence de la vie et devant l'harmonie de la création, elle concluait à l'existence d'un Dieu Bon, Beau, Créateur et Provident : « Que ces beautés de la nature [comme les montagnes de Suisse qu'elle avait vues] répandues à *profusion* ont fait de bien à mon âme, comme elles l'ont élevée vers Celui qui s'est plu à jeter de pareils chefs-d'œuvre sur une terre d'exil qui ne doit durer qu'un jour [...]. En regardant toutes ces beautés, il naissait en mon âme des pensées bien profondes. Il me semblait comprendre déjà la grandeur de Dieu et les merveilles du Ciel[9] ».

Quant à la maman, elle avait regardé du côté des Sœurs de Saint-Vincent-de-Paul, avant de rencontrer son futur époux. La perte de quatre enfants en bas âge a probablement achevé d'imprimer en elle une fervente tension vers le Ciel.

N'allons pas croire pour autant que la maisonnée vivait dans la morosité ou l'abattement général ! Ainsi, la mère Martin avait « le don de stimuler la générosité. Sa tactique est d'exploiter les incidents journaliers pour apprendre à ses fillettes à se vaincre [...] leur proposant, pour aguicher leur fidélité, des motifs essentiellement surnaturels : tel pécheur à convertir, Jésus à consoler, le Ciel à gagner. C'est ce qu'on appellera après elle – le mot a fait fortune dans la maison – "mettre des perles à sa couronne[10]" ».

Son attrait puissant pour l'au-delà se comprend donc dans la perspective ouverte par le Christ. Le sentiment d'exil ne se confond pas avec le dégoût de la vie. Ce qui se vit sur terre n'est

8. *Ms A*, 42v°-43r°.

9. *Ms A, 58r°-58v°.*

10. S.-J. Piat, *Histoire d'une famille. Une école de sainteté. Le foyer où s'épanouit sainte Thérèse de l'Enfant-Jésus*, OCL, 1946, p. 161.

pas « perdu » ou vain. Au contraire, il prépare à mieux : au Ciel avec un grand C. Ainsi, dans les « excès d'amour » de ses quatre ans, Thérèse en venait à « souhaiter la mort » de ceux qu'elle affectionnait, puisqu'ils allaient alors aller au ciel.

Nous reviendrons encore régulièrement sur cet aller-retour permanent entre la vie terrestre et le Ciel chez elle. Un événement majeur va l'y encourager.

La terre comme antichambre du Ciel

Cet événement, c'est le décès prématuré de sa maman. Il va ternir la joie de vivre de Thérèse, qui est touchée en profondeur : dans son affectivité et dans son émotivité.

> « Il faut vous dire, ma Mère, qu'à partir de la mort de Maman, mon heureux caractère changea complètement, moi si vive, si expansive, je devins timide et douce, sensible à l'excès. [...] Le cœur si *tendre* de Papa avait joint à l'amour qu'il possédait déjà un amour vraiment maternel!... Vous, ma Mère, et Marie n'étiez-vous pas pour moi les mères les plus *tendres*, les plus désintéressées? Ah! si le Bon Dieu n'avait pas prodigué ses bienfaisants *rayons* à sa petite fleur [Thérèse], jamais elle n'aurait pu s'acclimater à la terre, elle était encore trop faible pour supporter les pluies et les orages, il lui fallait de la chaleur, une douce rosée et des brises printanières; jamais elle ne manqua de tous ces bienfaits, Jésus les lui fit trouver, même sous la neige de l'épreuve! » (*Ms A*, 13r°-13v°)

Thérèse n'avait que quatre ans et demi et elle y reviendra régulièrement. La disparition inopinée de sa maman va déclencher en elle un ensemble d'impressions durables et décisives. Se renforce notamment sa prémonition que la vie est l'antichambre du Ciel; l'attente, parfois exacerbée, de la rencontre avec Dieu. Mais la vie terrestre est aussi une terre d'exil.

En contrepoint, Thérèse va ciseler une vérité qui demeurera constamment en résonance avec le fond de son âme : le Ciel signifie la perfection de l'amour. Il célébrera les retrouvailles de tous ceux qu'elle aura aimés sur la terre, et il permettra surtout son union totale avec Jésus. Le Ciel connote le bonheur sans fin, mais sur la terre, il n'est possible d'anticiper ce monde invisible qu'avec les yeux de la foi. Objet de ses récompenses, le Ciel donne sens et fond à la vie sur terre ; comme la terre donne fond et consistance au Ciel, tout en y acheminant. En fin de compte, c'est le dilemme récurrent du chrétien : vivre dans le monde sans être du monde (cf. Jn 17,14-16). Thérèse le résoudra en se donnant toute à Jésus.

« Ne jamais éloigner mon âme du regard de Jésus » (1877)

Son écartèlement entre le Ciel et la terre sera surmonté grâce à son choix précoce pour Dieu. Un choix corroboré dans sa « résolution « de ne jamais éloigner [son] âme du regard de Jésus afin qu'elle vogue en paix vers la Patrie des Cieux ». Cette paix l'inondera et ne la quittera plus quand elle aura franchi la clôture du carmel de la rue Livarot[11].

Dès ce moment également s'ébauche la connexion entre le Ciel et sa sainteté, sans qu'elle le sache encore. Thérèse ne s'est jamais complu dans une sorte de morosité déçue, ni dans un « vague à l'âme » romantique, à la recherche d'une réponse dilatoire aux désillusions de ce monde et aux insatisfactions de sa vie. La soif de Dieu l'habite depuis son plus jeune âge et elle sera étanchée par cette décision de ne vivre que pour Jésus.

11. « Enfin mes désirs étaient accomplis, mon âme ressentait une PAIX si douce et si profonde qu'il me serait impossible de l'exprimer et depuis 7 ans et demi cette paix intime est restée mon partage, elle ne m'a pas abandonnée au milieu des plus grandes épreuves » (*Ms A*, 69r°-69v°). Et de fait, cette paix se vérifiera dans des circonstances indénombrables : « Mon âme était plongée dans l'amertume, mais aussi dans la paix, car je ne cherchais que la volonté du Bon Dieu » (*Ms A*, 55v°) ; « cette *paix* était au *fond* et l'amertume *remplissait* mon âme, car Jésus se taisait » (*Ms A*, 64r°) ; « tout fut tristesse et amertume… Cependant la *paix*, toujours la *paix*, se trouvait au fond du calice » (*Ms A*, 77r°).

Contre toute attente, c'est la mort de sa maman qui l'aura rendu possible.

Plus tard, Thérèse traduira ses élans vers Dieu dans la poésie, par l'entremise d'une imagerie précisément céleste. Elle fixera ainsi par écrit l'assurance que le Ciel prend part à sa destinée terrestre, en la prolongeant et en l'orientant.

Au final, le mouvement de son être n'est pas de se tourner vers le Ciel pour y trouver refuge et fuir le réel ou l'ennui de la compagnie des autres ; même si la perspective du Ciel donne les moyens d'affronter la réalité – dans toute sa dureté. Le mouvement est inverse. Dès qu'elle a un moment, ses pensées se dirigent instinctivement vers le Ciel : vers son Dieu qui « connaît ses désirs » et lui procure la quiétude de l'âme. En cela, elle rejoint la tradition mystique, en particulier saint Augustin et son célèbre « Tu nous as faits pour toi, [Seigneur, nda] et notre cœur est par conséquent inquiet tant qu'il ne repose en toi[12]. »

« Que d'âmes arriveraient à la sainteté si elles étaient bien dirigées !… »

« Les saints parfaits dès la naissance relèvent peut-être du roman, non de l'histoire ni de la réalité. Leur spontanéité vertueuse a été le fruit d'une longue conquête. Saints, ils l'étaient comme chacun de nous, c'est-à-dire appelés à le devenir[13]. »

---

12. Une analyse graphologique de son « billet de profession (*Pri 2* ; cf. chapitre IV) qui révèlera « l'étendue de son impressionnabilité, de sa faiblesse, de ses craintes, de ses bouleversements de sensibilité, de son manque de confiance en ses propres forces, de son anxiété, de son angoisse. [Et cependant.] […] Dans les tourments de l'engagement, des difficultés entrevues, de la crainte de faiblir et de se décourager, une décision de fer, une volonté de lutte, une énergie farouche y sont exprimées. Il y a, à la fois, l'effroi d'une enfant et une décision de guerrier dans ces tracés » (remarques tirées d'une étude de Janine Monnot, *in* M.-D. Molinié, *Je choisis tout. La vie et le message de Thérèse de Lisieux*, Paris, CLD, 1992, p. 86).

13. J.-P. Torrell, *Inutile sainteté ? L'homme dans le miroir de Dieu*, Paris, Cerf, 2007, p. 108.

Thérèse a elle-même souligné l'influence décisive d'une bonne éducation en racontant son expérience personnelle et en témoignant de sa propre éducation.

Son expérience

Adolescente, elle put fortuitement catéchiser des enfants, dont nous ne savons rien sinon qu'ils devaient vivre dans le voisinage de la famille Martin.

> « Avant de quitter le monde, le Bon Dieu me donna la consolation de contempler de près des âmes d'enfants… avec quelle candeur elles croyaient tout ce que je leur disais. Il faut que le Saint Baptême dépose dans les âmes un germe bien profond des vertus théologales puisque dès l'enfance elles se montrent déjà et que l'espérance de biens futurs suffit pour faire accepter des sacrifices. […] Je leur parlais des récompenses éternelles que le petit Jésus donnerait dans le Ciel aux petits enfants sages ; l'aînée, dont la raison commençait à se développer, me regardait avec des yeux brillants de joie, me faisait mille questions charmantes […]. En voyant de près ces âmes innocentes, j'ai compris quel malheur c'était de ne pas bien les former dès leur éveil, alors qu'elles ressemblent à une cire molle sur laquelle on peut déposer l'empreinte des vertus mais aussi celle du mal… j'ai compris ce qu'a dit Jésus en l'Évangile : "Qu'il vaudrait mieux être jeté à la mer que de scandaliser un seul de ces petits enfants." Ah ! que d'âmes arriveraient à la sainteté, si elles étaient bien dirigées !… » (*Ms A*, 52v°-53r°)

« Que d'âmes arriveraient à la sainteté, si elles étaient bien dirigées. » C'est dire la nécessité de les bien accompagner dès le début de l'édification de leur personnalité, et *avant* que la raison

« commence à se développer ». Avec le recul, Thérèse explique que « le Bon Dieu n'a besoin de personne pour faire son œuvre, mais de même qu'Il permet à un habile jardinier d'élever des plantes rares et délicates et qu'Il lui donne pour cela la science nécessaire, se réservant pour Lui-même le soin de féconder, ainsi Jésus veut être aidé dans sa Divine culture des âmes[14] ».

Nous sommes ici renvoyés à notre capacité d'éduquer à la vie chrétienne. Si Dieu féconde notre âme en y implantant les semences des trois vertus théologales (foi, espérance et charité) et des quatre vertus cardinales (prudence, justice, force et tempérance) infuses au baptême, elles ne germeront qu'à la condition d'être arrosées et entretenues impartialement[15]. « C'est ainsi, prévient Thérèse, qu'il faut savoir reconnaître dès l'enfance ce que le Bon Dieu demande aux âmes et seconder l'action de sa grâce, sans jamais la devancer ni la ralentir. »

Nous reviendrons plus loin sur le baptême, mais nous pouvons retenir ici l'exclamation de Thérèse : « Il faut que le Saint Baptême dépose dans les âmes un germe bien profond des vertus théologales puisque dès l'enfance elles se montrent déjà et que l'espérance de biens futurs suffit pour faire accepter des sacrifices ». Sans l'apport de la grâce[16], il est bien plus difficile d'inculquer « l'esprit de sacrifice », pourtant indispensable dans la vie sociale (et pas seulement chrétienne). Nous en avons perdu le sens ; Thérèse nous en rappellera le prix.

---

14. *Ms A*, 53r°.

15. Nous renvoyons à la façon dont s'y prenait Thérèse, dans son office de maîtresse des novices : « J'ai vu d'abord que toutes les âmes ont à peu près les mêmes combats, mais qu'elles sont si différentes d'un autre côté [...]. Aussi est-il impossible d'agir avec toutes de la même manière... On sent qu'il faut absolument oublier ses goûts, ses conceptions personnelles et guider les âmes par le chemin que Jésus leur a tracé, sans essayer de les faire marcher par sa propre voie » (*CSG*, p. 7).

16. Nous songeons aux parents qui, croyant bien faire, refusent d'*imposer* le baptême à leurs enfants, sous le prétexte de leur laisser le choix plus tard... Ne se compliquent-ils pas la tâche en décidant de les éduquer sans la grâce ?

Thérèse évoque enfin la « candeur » des petits enfants, une qualité qui plaît particulièrement à Dieu[17]. Ce n'est pas de la crédulité dont on pourrait abuser, mais une parfaite disponibilité dans la réception et l'accueil des enseignements : « Comme les petits oiseaux apprennent à *chanter* en écoutant leurs parents, de même les enfants apprennent la science des vertus, le *chant* sublime de l'Amour Divin, auprès des âmes chargées de les former à la vie[18] », précise-t-elle encore. Sur la trame de l'apprentissage moral, il est possible d'aider les petits enfants à tisser leur vie avec les « vertus » et dans l'« Amour Divin ».

L'éducation reçue

La foi a été le pivot existentiel de sa vie de famille. Les parents souhaitaient la sainteté de leurs enfants. La « prière formulée sur chaque nouveau-né : "Seigneur, qu'il vous soit consacré. Prenez-le plutôt que de le laisser se perdre[19]" », accuse ce vœu cher. Attendu que son « amour-propre » avait une propension à dominer tout son être, Thérèse admet humblement que si son « cœur n'avait pas été *élevé vers Dieu dès son éveil* », elle n'aurait pas emprunté aussi rapidement la voie de la sainteté :

> « Avec une nature comme la mienne, si j'avais [été] élevée par des Parents sans vertu [...] je serais devenue bien méchante et peut-être me serais perdue... Mais Jésus veillait sur sa petite fiancée, Il a voulu que tout tourne à son bien, même ses défauts qui, réprimés de bonne heure, lui ont servi à grandir dans la perfection. Comme j'avais de l'*amour-propre* et aussi l'*amour* du *bien*, aussitôt

17. « Ne crains rien, Jésus ne te trompera pas, si tu savais comme ta docilité, ta candeur d'enfant le ravit ! » (*LT 168*).

18. *CSG*, p. 7.

19. S.-J. Piat, *Histoire d'une famille...*, *op. cit.*, p. 157.

> que j'ai commencé à penser sérieusement (ce que j'ai fait bien petite) il suffisait qu'on me dise qu'une chose n'était pas *bien*, pour que je n'aie pas envie de me le faire répéter deux fois [...] en grandissant je lui donnais [à sa maman] plus de consolation. N'ayant que de bons exemples autour de moi je voulais naturellement les suivre. Voici ce qu'elle [sa maman] écrivait en 1876 — "Jusqu'à Thérèse qui veut parfois se mêler de faire des pratiques" ». (*Ms A*, 8v°)

Premièrement, les mauvaises tendances de Thérèse sont refrénées incontinent. Non pas pour biaiser son caractère, mais afin de lui permettre de « grandir dans la perfection ». Ces corrections ont été primées : l'emploi du conditionnel – « je serais devenue » et « je me serais perdue » – prouve que le risque de mal tourner ne s'est pas concrétisé. La bienveillance de la famille a largement dédommagé ce qu'il y avait d'exigeant dans le combat de Thérèse contre ses défauts. La petite fille de trois ans n'a pas étouffé sous une chape morale. Son entourage avait des buts éducatifs très élevés, et il l'a aidée à intensifier sa vie vertueuse. Une vigilance discrète mais étroite, aimante mais constante, « une formation familiale forte et douce, faisant appel à la conscience et au surnaturel, la disciplina[20] » et l'encouragea dans la bonne voie.

Deuxièmement, c'est « l'*amour* du *bien* » qui incite Thérèse à ne pas se commettre avec ce qui « n'était pas *bien* ». Encore eût-il fallu qu'elle le connût. Ainsi, pourvu qu'on l'en informe, elle se le tient aussitôt pour dit. Et dans un sérieux surprenant pour son âge. Son amour-propre cohabite déjà avec un amour plus grand du bien (pour lui-même !), fortement mis en avant par les parents et les aînées. Le sens du bien lui étant proposé et même imposé en première ligne, Thérèse le goûte et le fait sien. C'est ce que rapporte sa maman, qui se sait malade :

---

20. M. M. Philipon, *Sainte Thérèse de Lisieux, une voie toute nouvelle*, Paris, DDB, 1949⁴, p. 22.

> « Cette pauvre petite fait notre bonheur, elle sera bonne, on voit déjà le germe ; elle ne parle que du bon Dieu, elle ne manquerait pas pour tout à faire ses prières [...] [Et Thérèse reprend :] Ô ma Mère ! Que j'étais heureuse à cet âge, déjà je commençais à jouir de la vie, la vertu avait pour moi des charmes et j'étais, il me semble, dans les mêmes dispositions où je me trouve maintenant [à vingt-trois ans] ayant déjà un grand empire sur mes actions ». (*Ms A*, 11r°-11v°)

Avant d'apprécier et de s'approprier ce qui est bien, il faut en avoir une idée ! Thérèse l'a vu en actes.

La puissance du bon exemple

Les exemples de vertus autour d'elle ont favorisé l'éveil précoce de sa conscience. Ils ont aussi consolidé sa nature, qui était déjà foncièrement « bonne » et fondamentalement défiante envers le mal. Sa sœur Marie n'en disconvenait pas : Thérèse, qui a quatre ans et demi, « est tout à fait sensible, lorsqu'elle a dit une parole de trop ou qu'elle a fait une bêtise, elle s'en aperçoit tout de suite et, pour la réparer, le pauvre bébé a recours à ses larmes, puis elle vous demande des pardons à n'en plus finir. On a beau lui dire qu'on lui pardonne, elle pleure quand même[21] ».

C'est conjointement aux efforts de Thérèse que son amour-propre cédera progressivement du terrain. Le père de Ena ajoute qu'elle a vécu ce « qui constitue presque la “marque déposée” des saints du Carmel : la fierté-orgueil. [...] Donc c'est autant par amour du bien que par fierté qu'elle agit bien ! Il faut avoir cette fierté, ce sens de l'honneur du bien, cet orgueil comme le dit saint Paul citant librement Jérémie : “Celui qui s'enorgueillit (ou se glorifie), qu'il s'enorgueillisse dans le Seigneur”

21. G. GAUCHER, « Croquis sur Thérèse Martin : l'enfance sainte », *art. cit.*, p. 445. Rien à voir avec ses pleurs d'avoir pleuré, qui la submergeront après le décès de Mme Martin, trois mois plus tard.

(1Co 1,31)[22] ». Convenons également qu'une « telle densité de “vocations” au sein de la famille, ne pouvait pas manquer de peser irrésistiblement sur la benjamine[23] » et que, dans de si bonnes circonstances, elle put être initiée intensément à son être-chrétien. Enfin, si Thérèse a hérité, de ses parents et de ses sœurs, un grand patrimoine de vertus et de sainteté, si elle a été aiguillée vers la grandeur, ce qui est bien et ce qui « fait plaisir » à Jésus, elle a également été initiée à l'art du renoncement depuis ses trois ans[24].

Le climat familial offrit donc une atmosphère propice à une véritable émulation entre les divers membres de la famille. Bien entourée, Thérèse en est venue à souhaiter « naturellement les suivre » dans leurs bonnes conduites. Elle note par exemple qu'elle se mit de bonne heure à « faire des pratiques ». Le « chapelet de pratiques » était le principal moyen ascétique auquel s'adonnaient ses sœurs aînées, en vue d'accomplir le plus grand nombre possible d'actes de vertu ou de renoncement ; les voyant agir ainsi tout au long de la journée et au fil des jours, Thérèse s'est tout naturellement prise au jeu dès ses trois ans. Avec détermination et conviction.

Une atmosphère liturgique

Thérèse a noté que ses bonnes dispositions auraient pu être gâchées si sa mère et ses sœurs – Pauline et Marie – ne s'étaient attachées à les entretenir, à tour de rôle, et dans un dévouement continuel et attentif.

Les avis ont divergé sur les bienfaits de l'éducation familiale des Martin. Gageons que Thérèse n'a pas été comprimée dans

---

22. J.-E. de ENA, « Thérèse, une convertie ? La grâce de Noël 1886 », *Sources* [Fribourg], n° 4, vol. XXIII (juillet-août 1997), p. 184-185.

23. J. MAÎTRE, *L'Orpheline de la Bérésina. Thérèse de Lisieux (1873-1897). Essai de psychanalyse socio-historique*, Paris, Cerf, 1995, p. 22.

24. « Dès l'âge de trois ans, j'ai commencé à ne rien refuser de ce que le bon Dieu me demandait. »

un milieu provincial petit-bourgeois, surprotégé et clos. La communion familiale est telle que Thérèse fut comme happée par la tension unanime de ses membres vers Dieu, immergée dans un climat de prière permanente – liturgique. Thérèse a devant elle un idéal précis et partagé par toute la maisonnée, qui met à sa disposition une palette bien étendue pour la convaincre de s'attacher davantage à Jésus en tant que personne. Partant, elle n'a qu'à ouvrir les yeux sur les comportements de son entourage, et les oreilles à leurs enseignements. Elle évolue dans une sorte de « liturgie de l'amour [...]. Loin des névroses dont on l'a accusée, la famille Martin est au contraire un exemple rare d'épanouissement humain sous la motion de la grâce[25] ». Thérèse y insiste : elle fut « une enfant choyée et entourée comme il y en a peu sur la terre, surtout parmi les enfants qui sont privées de leur mère[26] ».

Car madame Martin s'éteint le 28 août 1877, des suites d'un cancer du sein. Elle avait quarante-cinq ans. Thérèse, qui en a quatre et bientôt huit mois, entre dans sa « seconde période », la « plus douloureuse » :

> « Nous étions ensemble toutes les cinq [de la plus jeune à la plus âgée : Thérèse, Céline, Léonie, Marie et Pauline], nous regardant avec tristesse, Louise [Louise Marais, la servante de la famille Martin à Alençon] était là aussi et voyant Céline et moi, elle dit : "Pauvres petites, vous n'avez plus de Mère !..." Alors Céline se jeta dans les bras de Marie disant — "Eh bien ! c'est toi qui seras Maman." Moi, j'étais habituée à faire comme elle, cependant je me tournai vers vous, ma Mère [sa sœur Pauline], et comme

25. M.-D. MOLINIÉ, *Je choisis tout. La vie et le message de Thérèse de Lisieux*, Paris, CLD, 1992 p. 12.

26. *Ms A*, 34r°.

> si déjà l'avenir avait déchiré son voile[27], je me jetai dans vos bras en m'écriant : "Eh bien ! moi, c'est Pauline qui sera Maman ! » (*Ms A*, 12v°-13r°)

Céline a rapporté que Thérèse lui aurait « dit plus tard avoir agi ainsi pour que Pauline n'ait pas de peine et ne se croie pas délaissée[28] ». C'est plausible, tant était fort l'attachement de Thérèse à sa mère, qu'elle semble remplacer bien rapidement.

Néanmoins, avec le recul, Thérèse y discerne également l'inclination particulière qu'elle nourrissait déjà inconsciemment pour l'aînée, Pauline, dont l'ascendant sur elle était indéniable. Vingt ans plus tard, Thérèse le lui a confessé dans son autobiographie : « Vous étiez mon *idéal*, je voulais être semblable à vous et c'est votre exemple qui dès l'âge de deux ans m'entraîna vers l'Époux des vierges... » Thérèse ne pense pas surprendre sa sœur, qui est alors sa mère supérieure, puisqu'elle ajoute plus loin : « Ô ma Mère chérie [...] vous qui saviez si bien me comprendre, à qui une parole, un regard suffisaient pour tout deviner ! »

Pauline a donc remplacé – si tant est qu'on puisse le faire – la maman. Elle a aussi pris le relais dans l'éducation. C'est elle qui, désormais, occupe une place prépondérante dans la formation morale et spirituelle de Thérèse : « C'est vous, ma petite Mère, que Dieu a envoyée pour moi, c'est vous qui m'avez élevée, qui m'avez fait entrer au Carmel ; toutes les grandes grâces de ma vie, je les ai reçues par vous[29]. »

Il aura fallu à Pauline des prodiges d'objectivisme dans son attitude envers sa cadette : tant dans son statut de grande sœur

---

27. Pauline sera à nouveau sa « maman » en devenant la mère supérieure de Thérèse, entre 1893 et 1895 – c'est-à-dire au moment où Thérèse écrit : « Ô ma Mère ! ce fut surtout depuis le jour béni de votre élection que je volai dans les voies de l'amour... Ce jour-là, Pauline devint mon Jésus vivant... elle devint pour la seconde fois : "Maman !..." » (*Ms A*, 80v°).

28. *PA*, p. 287 et suiv.

29. *CJ* 21-26 mai.

que dans celui de mère supérieure du couvent de Lisieux. Certainement, elle aura mesuré le potentiel de l'âme d'élite de sa petite sœur[30]. Sans être rigoriste, Pauline pouvait bien avoir à cœur de remplir au mieux sa nouvelle responsabilité, puisqu'elle nourrissait déjà pour elle-même de réelles aspirations religieuses. De toute façon, Thérèse ne tarit pas de reconnaissance envers le soin que Pauline lui prodigua : « Je me demande parfois comment vous avez pu m'élever avec tant d'*amour* et de délicatesse sans me gâter, car il est vrai que vous ne me passiez pas une seule imperfection, jamais vous ne me faisiez de reproche sans sujet, mais *jamais* vous ne reveniez sur une chose que vous aviez décidée, je le savais si bien que je n'aurais pas pu ni voulu faire un pas si vous me l'aviez défendu, papa lui-même était obligé de se conformer à votre volonté[31] ». Pauline n'a pas lésiné sur l'autorité, tellement décriée aujourd'hui ; pourtant, elle peut établir des limites à ne pas franchir, rectifier au besoin la trajectoire d'une âme vers Dieu, et surtout, c'est elle qui fait grandir[32].

Les adjuvants

Dans un contexte familial aussi heureux, et avec une nature perméable à Dieu, d'autres ingrédients ont contribué à l'éclosion de son désir de sainteté.

Les « jours du ciel »

Sœur Saint-François de Sales, qui fut sa « maîtresse pour l'enseignement religieux », témoigne que même à l'école « la pensée de Dieu lui était habituelle et toutes ses études la ramenaient à ce souvenir […] [par exemple] dans ses petites

30. Qui lui confiera d'ailleurs ses premiers élans pour la vie religieuse.

31. *Ms A*, 18v°.

32. Du latin *auctoritas*, l'autorité est la capacité de faire grandir.

compositions de style, où toujours elle introduisait une note surnaturelle[33] ». De même, la moindre occasion qui peut ramener Thérèse à Jésus la transporte de joie ; notamment, la célébration des fêtes religieuses :

> « Les *fêtes*, je les aimais tant !... Vous saviez si bien m'expliquer ma Mère chérie, tous les mystères cachés sous chacune d'elles que c'étaient vraiment pour moi des jours du Ciel. [...] si les grandes étaient rares, chaque semaine en ramenait une bien chère à mon cœur : "Le Dimanche". Quelle journée que celle du Dimanche !... C'était la fête du Bon Dieu, la fête du *repos*... Je me souviens que mon bonheur était sans mélange jusqu'à complies[34], pendant cet office, je pensais que le jour du *repos* allait finir... que le lendemain il faudrait recommencer la vie, travailler, apprendre des leçons, et mon cœur sentait l'*exil* de la terre... je soupirais après le repos éternel du Ciel, le *Dimanche* sans couchant de la *Patrie* !... » (*Ms A*, 17r°-17v°)

Pour la plupart des chrétiens, la terre et le Ciel ne se rejoignent que ces jours de fêtes. Chez Thérèse, en revanche, la classique frontière entre le profane et le sacré avait volé en éclats. Elle a toujours maintenu un lien étroit et permanent entre ces deux réalités : dans un premier temps, en vivant sur la terre comme si elle vivait au Ciel ; et à la fin de sa vie, dans la certitude que son Ciel se passerait sur la terre jusqu'à la fin du monde.

Il y avait aussi le dimanche, que Thérèse écrit avec un « D » majuscule. Ce jour particulier l'aidait à surmonter la fracture entre le ciel et la terre : libérée de l'étude, elle pouvait consacrer toutes ses pensées à Dieu. Nous ouvrons ici une petite parenthèse : Thérèse ne devait pas fournir de gros efforts intellectuels,

33. *PO*, p. 547. Elle rapporte aussi que c'est à sœur Marie du Saint-Rosaire, que Thérèse demanda, du haut de ses neuf ans, comment faire la méditation (*ibid.*, p. 554).

34. Dans la liturgie des heures, c'est le dernier office de la journée, après le coucher du soleil ; les vêpres, peut-être plus connues, sont quant à elles priées en fin d'après-midi.

mais elle savait que tout le monde ne portait pas le même jugement sur ces capacités : « Je réussissais très bien dans mes études, presque toujours j'étais la première, mes plus grands succès étaient l'histoire et le style. Toutes mes maîtresses me regardaient comme une élève très intelligente, il n'en était pas de même chez mon Oncle où je passais pour une petite ignorante, bonne et douce, ayant un jugement droit, mais incapable et maladroite[35]… » Pourtant, sa vivacité avait forcé l'enthousiasme de sa sœur Marie : « Si tu savais comme elle [Thérèse] est espiègle et pas sotte. Je suis dans l'admiration devant ce petit "bouquet-là[36]" ». Thérèse peut paraître mièvre à certains en raison de son style littéraire très simple. L'imagerie populaire a également sa part de responsabilité en l'ayant longtemps représentée sous des dehors naïfs et enfantins, et réduite à ses miracles de pétales de roses[37]. Or le lecteur en sait déjà assez pour affirmer qu'elle était pétulante, passionnée et qu'elle avait du caractère. C'était un vrai « petit lutin » !

Dieu étant son horizon depuis toujours, il n'est pas étonnant qu'elle ait fait ressortir de sa mémoire la première communion de sa sœur Céline, le 13 mai 1880 :

> « J'ai conservé en mon cœur le très doux souvenir de la préparation que vous, ma Mère chérie, avez fait faire à Céline, chaque soir vous la preniez sur vos genoux et lui parliez de la grande action qu'elle allait faire, moi j'écoutais avide de me préparer aussi, mais bien souvent vous me disiez de m'en aller parce que j'étais trop petite, alors mon cœur était bien gros et je pensais que ce n'était pas trop de quatre années pour se préparer à recevoir

---

35. *Ms A*, 37v°.

36. Cité par G. GAUCHER « Croquis sur Thérèse Martin : l'enfance sainte », *VS 122* (1970-4), p. 444.

37. Dont nous ne nions pas l'authenticité! Les témoignages sont nombreux et abondent sur la toile.

> le Bon Dieu... Un soir je vous entendis qui disiez qu'à partir de la première Communion, il fallait commencer une nouvelle vie, aussitôt je résolus de ne pas attendre ce jour-là mais d'en commencer une en même temps que Céline... » (*Ms A*, 25r°)

À sept ans, Thérèse se préparait déjà intérieurement et dans le secret à accueillir Jésus : il ne serait plus à ses côtés mais en elle ! S'il lui faut encore patienter, elle obtiendra les prémices de ce qui l'attend : « Il me semblait que c'était moi qui allais faire ma première Communion. Je crois que j'ai reçu de grandes grâces ce jour-là et je le considère comme un des plus *beaux* de ma vie[38]... »

Des lectures adéquates

Un autre facteur décisif est l'apport de lectures savamment dirigées. Tout en étant sociable, Thérèse occupait une bonne partie de son temps dans la lecture. Elle en était férue[39], et elle lisait uniquement les ouvrages qui rencontrent l'approbation de ses sœurs :

> « Si je ne savais pas jouer, j'aimais beaucoup la lecture et j'y aurais passé ma vie, heureusement, j'avais pour me guider des *anges* de la terre qui me choisissaient des livres qui tout en m'amusant nourrissaient mon cœur et mon esprit. Dire le nombre de livres qui m'ont passé dans les mains ne me serait pas possible, mais jamais le Bon Dieu n'a permis que j'en lise un seul capable de me faire du mal. » (*Ms A*, 31v°)

---

38. *Ms A*, 25v°.

39. Avec la « grâce de Noël », Thérèse sera véritablement « prise d'un désir extrême de savoir » : ses lectures prendront un tour plus historique et scientifique (cf. *Ms A*, 46v°). Notamment, elle lira « Les conférences de Mr l'abbé [Charles] Arminjon, sur la fin du monde présent et les mystères de la vie future » (*Ms A*, 47r°).

Une sélection de livres largement profitable puisqu'elle lui fera découvrir sa mission.

Les « récits chevaleresques » et le déclic

Il est en effet un style littéraire qui retint davantage l'attention de Thérèse, déjà imprégnée de l'esprit de grandeur d'âme et de sacrifices. Ce sont les « récits chevaleresques » et les « récits des actions patriotiques des héroïnes françaises ». Leur souffle épique mettant en scène des personnages animés de sentiments généreux et dévoués entièrement – et au prix de leur vie – à une grande cause, l'ont durablement ébranlée :

> « Il est vrai qu'en lisant certains récits chevaleresques, je ne sentais pas toujours au premier moment le *vrai* de la *vie*; mais bientôt le bon Dieu me faisait sentir que la vraie gloire est celle qui durera éternellement et que pour y parvenir il n'était pas nécessaire de faire des œuvres éclatantes mais de se cacher et de pratiquer la vertu en sorte que la main gauche ignore ce que fait la droite... C'est ainsi qu'en lisant les récits des actions patriotiques des héroïnes Françaises, en particulier celles de la *Vénérable*[40] JEANNE D'ARC, j'avais un grand désir de les imiter, il me semblait sentir en moi la même ardeur dont elles étaient animées, la même inspiration Céleste ». (*Ms A*, 31v°-32r°)

Comment ne pas songer à saint Ignace de Loyola, ou à la *Madre* espagnole (Thérèse d'Avila), qui dévorèrent quantité de livres de chevalerie dans leur jeunesse. Dans un premier temps, c'est l'imagination de Thérèse qui est embrasée. Mais bientôt la gagne une « ardeur » qui suscite son « désir d'imiter » cette

40. Le pape Léon XIII a donné à Jeanne d'Arc le titre de vénérable le 27 janvier 1894. Elle sera béatifiée en 1909, canonisée en 1920 et déclarée sainte patronne secondaire de la France en 1922. Patronage qu'elle partage avec Thérèse de Lisieux depuis 1944!

grande figure féminine : « Il me semblait que le Seigneur me destinait aussi à de grandes choses[41]. »

Thérèse n'échappe pas aux clichés de la sainteté et aux attraits de la gloire. Loin d'apaiser son entrain, Dieu le mobilise dans une autre direction. Au lieu d'« œuvres éclatantes », qu'elle souhaite pouvoir exécuter à son tour, Thérèse pressent rapidement qu'il lui sera plutôt demandé « de se cacher et de pratiquer la vertu ».

En fait, Thérèse met au jour ce qui se tapit derrière l'éclat qui subjugue l'homme – et ne l'a pas totalement épargnée elle-même : « Alors je reçus une grâce que j'ai toujours regardée comme une des plus grandes de ma vie [...]. Je pensai que j'étais née pour la *gloire*, et cherchant le moyen d'y parvenir, le Bon Dieu m'inspira les sentiments que je viens d'écrire. Il me fit comprendre aussi que ma *gloire* à moi ne paraîtrait pas aux yeux mortels, qu'elle consisterait à devenir une grande *Sainte*[42] !!!... »

*« **Devenir une grande** Sainte !!! »*

Thérèse a huit ou neuf ans. C'est le « choc de la sainteté[43] ». Son penchant à l'oraison et au recueillement, joint à son amour du beau, ont affûté son penchant vers la grandeur, en l'orientant vers Dieu : jusqu'à l'éclosion expresse de son désir de sainteté. Son engouement pour Jeanne d'Arc en aura été une première annonce.

Thérèse avait de l'ambition pour elle-même. Mais Dieu s'est glissé dans cette faille pour lui révéler ce qui deviendra sa « petite voie ». La gloire la fascine et les hauts faits la captivent ? Sa véhémence et sa fougue natives y trouvent écho ? Ce n'est

41. *LT* 224, 2v°. Jusqu'à la fin, Thérèse conservera cet attrait pour les lectures hagiographiques : « J'aime beaucoup la lecture de la vie des saints, le récit de leurs actions héroïques enflamme mon courage et me porte à les imiter : mais j'avoue que parfois il m'est arrivé d'envier l'heureux sort de leurs parents qui ont eu le bonheur de vivre en leur compagnie, de jouir de leurs saintes conversations » (*LT 178*, r°).

42. *Ms A*, 32r°.

43. C. De Meester, *Les mains vides*, coll. « Foi vivante », 146, Paris, Cerf, 1973, p. 61.

pas la pusillanimité mais l'héroïsme qui subjugue son âme? Son admiration devant les personnalités fortes et entraînantes l'amène à souhaiter leur ressembler? Émerveillée, elle est gagnée par leur vitalité? Eh bien, elle n'échappera pas à la « *gloire* ». Ce sera celle de la sainteté.

Ses élans généreux à peine nés sont réajustés, pour prendre une consonance surnaturelle; et même un tour inédit puisqu'elle se sent appelée à un versant de la sainteté que ne mettaient pas du tout à l'honneur les canons généralement répandus parmi les chrétiens. Sa gloire « ne paraîtrait pas aux yeux des mortels ». Elle s'épanouira dans le secret (« se cacher ») et consistera à « pratiquer la vertu ». « On ne saurait trop rappeler, à ce propos, la valeur essentielle du désir de la sainteté dans la vie spirituelle. Il est à la fois force et direction pour acheminer l'âme à sa plus haute réalisation. C'est sur ce désir que Dieu fait fond. S'appuyer sur ce désir, c'est s'appuyer sur Dieu[44]. » De plus, « avoir un ardent désir de la Sainteté est le premier pas pour l'atteindre… Désirer, c'est chercher, et qui cherche, trouve[45]… » Et Thérèse a trouvé.

« La certitude d'un appel divin » (été 1882)

Sur les talons de cette découverte fondamentale, voilà que Pauline annonce officiellement son intention d'entrer au Carmel. Son départ est fixé au 2 octobre 1882. C'était le jour de la rentrée scolaire de Thérèse, et elle a complètement été prise de court :

> « Un jour, j'avais dit à Pauline que je voudrais être solitaire, m'en aller avec elle dans un désert lointain, elle m'avait répondu que mon désir était le sien et qu'elle *attendrait* que je sois assez grande pour partir. Sans doute ceci n'était pas dit sérieusement, mais la petite Thérèse l'avait pris

44. J. CLAPIER, *« Aimer jusqu'à mourir d'amour ». Thérèse et le mystère pascal*, Paris, Cerf, 2003, p. 145.

45. R. MASSOL, *Vers la sainteté avec sainte Thérèse de l'Enfant-Jésus*, Montpellier, Éd. L'âme et la vie, 1989², p. 17.

> au sérieux, aussi quelle ne fut pas sa douleur d'entendre un jour sa chère Pauline parler avec Marie de son entrée prochaine au Carmel... Je ne savais pas ce qu'était le Carmel, mais je comprenais que Pauline allait me quitter pour entrer dans un couvent, je comprenais qu'elle ne m'*attendrait* pas et que j'allais perdre ma seconde *Mère*... Ah ! Comment pourrais-je dire l'angoisse de mon cœur ? » (*Ms A*, 25v°)

Pauline ne sera qu'à quelques kilomètres de la maison des Buissonnets. Ce n'est donc pas son éloignement à proprement parler qui bouleverse Thérèse. L'« angoisse » qui étreint son cœur, et qu'elle n'hésite pas à comparer à la souffrance de la Vierge Marie à l'annonce de Zacharie, résulte d'une triple douleur. D'abord, elle l'apprend « par surprise ». Ensuite, ce nouvel arrachement survenant à l'improviste va également contre leur décision commune de s'attendre (qu'elle écrit deux fois en italique !) l'une l'autre. Enfin, Thérèse perd sa « seconde *Mère* » : « Jésus lui ravit sa chère *maman*, sa *Pauline* si tendrement aimée !... »

Le départ inattendu de Pauline va néanmoins offrir une nouvelle balise dans la trajectoire de sainteté de Thérèse. En effet, sur le fond, Thérèse n'est pas ébranlée. Sa décision personnelle de devenir religieuse, qui remonte à ses deux ans[46], avait déjà la profondeur et la vigueur d'une résolution libre et définitive : « Souvent j'entendais dire que bien sûr Pauline serait *religieuse*, alors sans trop savoir ce que c'était, je pensais : "*Moi* aussi *je serai religieuse.*" C'est là un de [mes] premiers souvenirs et depuis, jamais je n'ai changé ma résolution[47] !... » Son désir, aux contours encore imprécis, de se cacher pour n'être qu'avec Jésus, est entré en résonance avec celui de sa grande sœur. Sans en être

46. « Ce fut vous ma Mère chérie, que Jésus choisit pour me fiancer à Lui, [...] vous étiez mon *idéal*, je voulais être semblable à vous et c'est votre exemple qui dès l'âge de deux ans m'entraîna vers l'Époux des vierges... » (*Ms A*, 6r°).

47. *Ibid.*

le pâle écho, il existait par lui-même ; grâce à Pauline, il se trouve validé, pleinement éclairé et parfaitement défini. La conviction latente de Thérèse va céder le pas à une croissance fulgurante de son désir d'être carmélite :

> « Je me souviendrai toujours, ma Mère chérie, avec quelle tendresse vous m'avez consolée... Puis vous m'avez expliqué la vie du Carmel qui me sembla bien belle, en repassant dans mon esprit tout ce que vous m'aviez dit, je sentis que le Carmel était le *désert* où le Bon Dieu voulait que j'aille aussi me cacher... [...], ce n'était pas un rêve d'enfant qui se laisse entraîner, mais la *certitude* d'un appel Divin ; je voulais aller au Carmel non pour *Pauline* mais pour *Jésus seul*... Ayant entendu mes *grandes confidences* cette bonne Mère [Marie de Gonzague] crut à ma vocation, mais elle me dit qu'on ne recevait pas de postulantes de *9 ans* et qu'il faudrait attendre mes 16 ans... Je me résignai ». (*Ms A*, 26r°-26v°)

Thérèse accepte l'éloignement physique et – croit-elle – affectif, de sa deuxième maman. Elle n'a pas le choix. Et elle ne se dédommagera pas en se prenant une troisième maman ; c'est elle qui viendra à Thérèse.

Les « enseignements » de Marie et sa « feuille "Du renoncement" » (1882)

Marie est la puînée, et elle va occuper une nouvelle place dans le cœur et dans la vie de Thérèse :

> « L'unique soutien de mon âme... C'était Marie qui me guidait, me consolait, m'aidait à pratiquer la vertu, elle était mon seul oracle. Sans doute, Pauline était restée bien avant dans mon cœur, mais Pauline était loin, bien loin de moi !... j'avais souffert le martyre pour m'habituer à vivre sans elle, pour voir entre elle et moi des murs

infranchissables, mais enfin j'avais fini par reconnaître la triste réalité, Pauline était perdue pour moi, presque de la même manière que si elle était morte. Elle m'aimait toujours, priait pour moi, mais à mes yeux, *ma Pauline* chérie était devenue une Sainte, qui ne devait plus comprendre les choses de la terre ». (*Ms A*, 41r°-41v°)

Pour Thérèse, l'entrée en religion de Pauline signe sa sainteté. Une sainteté que Thérèse apparente à une extraction du monde et des « choses de la terre ». N'oublions pas le climat dans lequel baignait Thérèse : « D'une part, le monde ne pouvait être un lieu ni un moyen de sainteté ; d'autre part, les exigences chrétiennes imposaient un détachement des valeurs humaines et, si possible, la fuite du monde[48]. »

Thérèse ne se retrouve pas livrée désormais à elle-même. Loin s'en faut. Marie sera sa nouvelle auxiliaire. Son mentor. C'est elle qui va se charger de son éducation spirituelle. Et elle prend le relais en insistant davantage encore sur l'esprit de lutte et d'abnégation évangélique. Thérèse doit renoncer à sa grande sœur ? Suivre Jésus exigera d'autres renoncements :

« C'était Marie qui remplaçait Pauline pour moi, je m'asseyais sur ses genoux et là j'écoutais *avidement* ce qu'elle me disait, il me semble que tout son cœur, si *grand*, si *généreux*, passait en moi ; comme les illustres guerriers apprennent à leurs enfants le métier des armes, ainsi me parlait-elle des *combats* de la vie, de la palme donnée aux victorieux... Marie me parlait encore des richesses immortelles qu'il est facile d'amasser chaque jour, du malheur de passer sans vouloir se donner la peine de

48. P. Langeron, « Sainteté et société : la compénétration des deux cités », *in* : G. Cholvy (dir.), *La sainteté. Actes du Carrefour d'histoire religieuse (9-12 juillet 1998)*, Centre régional d'histoire des mentalités, Université Paul-Valéry, Montpellier, 1999, p. 47 et 50.

> tendre la main pour les prendre, puis elle m'indiquait le moyen d'être *sainte* par la fidélité aux plus petites choses, elle me donna la petite feuille "Du renoncement" que je méditais avec délices… Ah ! qu'elle était *éloquente* ma chère marraine ! J'aurais voulu n'être pas seule à entendre ses profonds enseignements, je me sentais si *touchée* que dans ma naïveté je croyais que les plus grands pécheurs auraient été touchés comme moi et laissant là leurs richesses périssables, ils n'auraient plus voulu gagner que celles du Ciel… » (*Ms A*, 33r°-33v°)

Le destin offre à Marie la possibilité d'exercer à plein son statut de marraine de baptême de sa petite sœur. De son côté, Thérèse a la chance incroyable de découvrir ce que sa marraine a aussi à lui transmettre. Marie utilise des images qui entrent en résonance chez Thérèse, et elle ne manque pas de ferveur pour la persuader : son vocabulaire est résolument militaire – « combats » et « palme » sont au programme ; mais il est aussi nimbé de tendresse maternelle : Thérèse « repose sur ses genoux ». La passion de Marie se communique ainsi instantanément à une Thérèse insatiable, qui en est comme irradiée.

Marie met aussi un nouvel accent sur l'accomplissement des « petites choses ». Ces « richesses immortelles qu'il est facile d'amasser chaque jour » deviendront par la suite ses « riens » – retenons cette expression, fondamentale dans la conception thérésienne de la sainteté.

L'apprentissage de Thérèse trouve encore un solide appui dans la « feuille "Du renoncement" ». Ce feuillet, reçu du père jésuite Almire Pichon[49], fournit un nouveau support à ses méditations solitaires. Jean-Marie Martin nous informe qu'il s'agit de « "la voie du saint Renoncement, ou Maximes des Saints et qui fait les Saints. Vainquez-vous vous-même". C'est le célèbre "agere contra" de saint Ignace, indiquant trente-huit petits sacrifices

49. Le confesseur de ses sœurs, qui deviendra celui de Thérèse à son entrée au Carmel.

cachés : “Vous êtes tenté de manger entre les repas, ne le faites pas. Vous ne voudriez pas aller là parce que cela vous déplaît, allez-y”[50] ». Ces maximes enseignaient à « “se vaincre soi-même”, et les deux premières disaient : “En général, sachez refuser à la nature ce que la nature vous demande sans nécessité” [*bisogno*] et “sachez faire donner à la nature ce qu’elle refuserait sans raison”[51] ». Était-ce au-dessus de son âge ? Thérèse s’en délecte pourtant. Elle en fera même son activité favorite, pour en avoir parfaitement cerné les enjeux. L’offre de Marie a vraiment correspondu à la demande de Thérèse.

Les images

Relevons encore l’impact des images pieuses sur Thérèse. Cet autre prodrome de la sainteté est plus suggestif, mais non moins vigoureux. Les images – dont on mesure mieux aujourd’hui la résonance sur les jeunes – ont nourri son imagination. Elles ont même contribué avec bonheur à ériger sa personnalité morale et spirituelle : « Je dois aux belles images que vous me montriez comme récompense, une des plus douces joies et des plus fortes impressions qui m’aient excitée à la pratique de la vertu... J’oubliais les heures en les regardant, par exemple : la *petite fleur* du Divin Prisonnier me disait tant de choses que j’en étais plongée. [...] Je m’offrais à Jésus pour être sa *petite fleur*[52]... » C’est en 1884, au cours d’une retraite qui la préparait à sa première communion, que Céline lui offrit l’image en question[53]. Le fait n’est pas rapporté de manière purement

50. J.-M. Martin, *Trajectoire de sanctification. Thérèse de Lisieux*, Paris, P. Lethielleux, 1988, p. 40.

51. A. M. Sicari, *La teologia di S. Teresa di Lisieux, Dottore della Chiesa*, Milano, Jaca Book, 1997, p. 93.

52. *Ms A*, 31v°.

53. « [Céline] avait obtenu la permission de venir me voir malgré la retraite pour m’offrir une image qui me fit bien plaisir, c’était : “La petite fleur du Divin Prisonnier”. Oh ! qu’il m’a été doux de recevoir ce souvenir de la main de *Céline !...* Combien de pensées d’amour n’ai-je pas eues à cause d’elle !... » (*Ms A*, 34v°).

anecdotique. Il démontre le pouvoir catalyseur d'une simple image et l'empreinte indélébile qu'elle peut laisser dans une âme qui se forme. Ainsi, l'illustration lui souffle un mot qui va entrer dans les « classiques » du vocabulaire de Thérèse, et même de sa spiritualité : être la « *petite fleur* » de Jésus. L'image l'a sensibilisée au langage parabolique, dont elle usera par la suite volontiers pour exprimer ses idées.

Le « petit livre » et les lettres de Pauline (mai 1884)

Si Pauline s'est éloignée physiquement de Thérèse en tant que sa sœur de sang, elle demeure proche d'elle affectivement et spirituellement en tant que sœur Agnès de Jésus. Dorénavant, elle seconde Marie dans le suivi de Thérèse – et de Céline aussi probablement. Elle continue à prendre de son temps et de son imagination pour disposer Thérèse à sa première communion, prévue le 8 mai 1884. Dans ce dessein informulé, sœur Agnès de Jésus lui a confectionné et envoyé un livret illustré :

> « Vous vous souvenez, ma Mère chérie, du ravissant petit livre que vous m'aviez fait trois mois avant ma première Communion?... Ce fut lui qui m'aida à préparer mon cœur d'une façon suivie et rapide, car si depuis longtemps je le préparais déjà, il fallait bien lui donner un nouvel élan, le remplir de *fleurs nouvelles* afin que Jésus puisse s'y reposer avec plaisir... Chaque jour je faisais un grand nombre de pratiques qui formaient autant de *fleurs*, je faisais encore un plus grand nombre d'aspirations que vous aviez écrites sur mon petit livre pour chaque jour et ces actes d'amour formaient les *boutons* de fleurs ». (*Ms A*, 33r°)

Thérèse a anticipé l'événement. Elle y tend depuis la première communion de sa sœur Céline, quatre ans plus tôt. « L'âge limite étant fixé à dix ans révolus avant le premier janvier, Thérèse se désolait d'être née un 2 janvier, et imaginait diverses possibilités d'échapper à la règle[54]. » N'y parvenant finalement pas, et malgré ses dispositions déjà excellentes, elle trouva dans ce cahier un appoint fortuit et efficace pour l'assister. En effet, il la mobilisa de façon suivie en proposant une mise en route quotidienne de sacrifices et de courtes prières, symbolisées par les fleurs et les parfums. Au total, cela fit « 3591 actes conscients d'amour et de sacrifice, c'est-à-dire en moyenne cinquante par jours[55] » ! Et Thérèse en rend compte à sœur Agnès de Jésus : « Tous les jours je tâche de faire le plus de pratiques que je peux, et je fais mon possible pour ne laisser échapper aucune occasion. » L'amour est au cœur de la démarche de Thérèse, qui reprendra plus tard la distinction entre les intentions (« *boutons* de fleur ») et les actes (« *fleurs* »).

La vigilance tout attentionnée de sœur Agnès de Jésus transparaît encore dans l'envoi de ses lettres hebdomadaires à Thérèse. Cette correspondance emplissait son « âme de pensées profondes et [l']aidait à pratiquer la vertu ». Ce soutien sera bienvenu, car Thérèse est visitée par des « peines d'âme » au sujet du sourire de la Vierge Marie et de la guérison de sa maladie.

Les trois grâces (mai-juin 1884)

Enfin, arrive le jour de la première communion de Thérèse. Jusqu'à présent, l'accent a été mis sur les facteurs humains. À présent, Dieu entre ouvertement en scène : en ce 8 mai 1884, Thérèse se sent aimée de Jésus jusqu'à la « *fusion* ». Le terme est fort. Il traduit sa pénétration précoce (onze ans) des Mystères les plus inouïs.

---

54. *OC*, note 118, p. 1254.

55. A. Combes, *L'amour de Jésus chez sainte Thérèse de Lisieux*, Paris, Éd. Saint-Paul, 1951[2] (1949), p. 32.

> « Ce fut un baiser d'*amour*, je me *sentais aimée*, et je disais aussi : "Je vous aime, je me donne à vous pour toujours." Il n'y eut pas de demandes, pas de luttes, de sacrifices, depuis longtemps, Jésus et la pauvre petite Thérèse s'étaient *regardés* et s'étaient compris… Ce jour-là ce n'était plus un *regard*, mais une *fusion*, ils n'étaient plus *deux*, Thérèse avait disparu, comme la goutte d'eau qui se perd au sein de l'océan. Jésus restait seul, Il était le maître, le Roi. Thérèse ne lui avait-elle pas demandé de lui ôter sa *liberté*, car sa *liberté* lui faisait peur, elle se sentait si faible, si fragile que pour jamais elle voulait s'unir à la Force Divine ! » (*Ms A*, 35r°-35v°)

Sans les comptabiliser, Thérèse cumulait ses bonnes actions et ses bonnes intentions pour les offrir à Jésus. Elles étaient nombreuses, mais insuffisantes. Alors à neuf ans, elle a donné à Jésus sa « *liberté* », en échange de Sa « Force divine ». Elle souligne le mot « liberté » parce qu'elle a bien conscience que celle-ci fait la grandeur de l'homme. Mais c'est aussi pour exprimer le caractère irréversible de son engagement. Sa liberté lui paraît dangereuse. Elle l'encombre. Au lieu de s'en délester et d'y renoncer purement et simplement, elle préfère l'offrir à Jésus, afin qu'il en fasse quelque chose : qu'il la modèle et la consolide de sa force.

N'ignorant pas la faiblesse et la fragilité de sa liberté, veut-elle du coup chercher un refuge en Jésus ? Non. Thérèse ne veut pas entrer avec lui dans un rapport féodal de suzerain (Jésus) à vassal (elle-même). Elle va plus loin : elle se fond en lui. Ou plutôt, elle se considère « comme la goutte d'eau qui se perd au sein de l'océan » divin ; sans se diluer pour autant. Avec une conviction et une audace, surprenantes au vu de ce qu'elle endure, Thérèse se lance en Dieu. C'est que, déjà, elle se *sait* aimée de lui.

Pour embrasser l'expérience de Thérèse dans toute sa profondeur, il faut quitter le champ de la morale pour entrer dans celui de la… mystique. En effet, pour avoir lu saint Jean de la

Croix par la suite, Thérèse comprend, douze ans plus tard, qu'elle a en fait engagé son « rien » dans le Tout divin[56]. La « fusion » a une tonalité nuptiale. Ainsi, le père Molinié avance que « l'état de Thérèse semble bien correspondre aux fiançailles spirituelles que Thérèse d'Avila situe dans les septièmes demeures[57] » – les dernières! Et à tout le moins, Thérèse expérimente sa première union spirituelle avec Jésus.

L'expérience est renouvelée lors de sa seconde communion eucharistique, fixée au 22 mai quatorze jours plus tard. Au cours de cette « communion de "l'Ascension" », Thérèse fait siennes, avec le recul, « ces paroles de St Paul : "Ce n'est plus moi qui vis, c'est Jésus qui vit en moi!..." » Elle se sent habitée par Jésus, au point qu'il lui paraît avoir « disparu » en lui.

La troisième grâce lui est donnée le mois suivant, aux alentours du 14 juin, au jour de sa confirmation : Thérèse est « inondée de consolations »; lesquelles sont des plus étranges puisque, dès cette heure, « la souffrance devint [son] attrait » :

> « [Marie] me parla de la souffrance, me disant que je ne marcherais probablement pas par cette voie mais que le Bon Dieu me porterait toujours comme une enfant... Le lendemain après ma communion, les paroles de Marie me revinrent à la pensée; je sentis naître en mon cœur un *grand désir* de la *souffrance* et en même temps l'intime assurance que Jésus me réservait un grand nombre de croix, je me sentis inondée de consolations si *grandes* que je les regarde comme une des grâces les plus *grandes* de ma vie. La souffrance devint mon attrait, elle avait des charmes qui me ravissaient sans les bien connaître.

56. Elle confie : « Ah! que de lumières n'ai-je pas puisées dans les Œuvres de Notre P. St J. de la C.!... À l'âge de 17 et 18 ans je n'avais pas d'autre nourriture spirituelle » (*Ms A*, 83r°). Or, nous sommes justement devant l'antithèse sanjuaniste du tout et du rien, que nous développerons plus loin.

57. M.-D. MOLINIÉ, *Je choisis tout.*, *op. cit.*, p. 84.

> Jusqu'alors j'avais souffert sans *aimer* la souffrance, depuis ce jour je sentis pour elle un véritable amour ». (*Ms A*, 36r°-36v°)

Thérèse a déjà souffert. Beaucoup. La mort de sa maman et le départ inopiné de sa « seconde *Mère* », les « épreuves intérieures pour [son] âme » qui la dévastent. Elle n'est pas au bout de ses peines et elle en a « l'intime assurance ». Cependant, unie à Jésus, elle reçoit « l'attrait » de la souffrance, et même « un véritable amour » pour elle. Pour le coup, la souffrance ne se présente pas à elle comme un moyen de purification personnelle qui abrasera sa nature, ou comme un instrument de sanctification, mais uniquement avec des « charmes », qu'elle devine et pressent plus qu'elle ne cerne vraiment. Ce qui est premier, c'est l'amour de Jésus dont elle a « senti » l'envahissement en elle. En contrepoint, elle commence à considérer autrement la souffrance. Elle lui trouve une valeur nouvelle dans l'amour. L'amour de Jésus pour elle et le sien pour lui donne enfin une signification à la souffrance. Elle souffrira encore, mais pour l'amour de Jésus. En ce sens, c'est déjà bien une consolation.

Chapitre II

L'adolescence

Deux événements majeurs et rapprochés dans le temps vont accélérer les choses. Ils se déroulent en 1886. Le premier : Marie franchit à son tour le seuil du carmel de Lisieux. Le second est ce que les commentateurs thérésiens ont appelé la « grâce de Noël[1] », qui inaugure la troisième période dont parle Thérèse. Enfin, le « récit de [sa] vocation » révélera sa décision explicite de devenir une sainte.

Marie entre au Carmel (15 octobre 1886)

Thérèse est entrée dans la puberté avec un florilège de souffrances liées à une grave et singulière maladie, qui fut probablement consécutive aux pertes successives de ses deux mamans. Elle en a été guérie le 13 mai 1883. Son relèvement tenait du miracle et elle l'attribue à un fait dont elle se mit à douter par la suite : elle a vu la Vierge lui sourire. Marie, mise dans le « secret », communique la nouvelle à la communauté, qui entre en effervescence. Thérèse reçoit « mille marques d'affection » et elle se prend à conjecturer : « Toutes ces questions me troublèrent et me firent de la peine [...], voyant que les carmélites s'imaginaient

1. Elle-même n'utilise jamais cette expression.

tout autre chose (mes peines d'âme commençant déjà au sujet de ma maladie, je me figurai avoir menti » (Ms A, 31, r°). Elle connut cependant une interruption de paix[2], « l'année qui suivit [sa] première Communion » : du 8 mai 1884 jusqu'à sa « seconde communion », le 21 mai 1885. Au cours de sa retraite l'y préparant, elle entend les sermons de l'abbé Victor-Louis Domin, dont elle rapporte, dans ses notes de retraite : « Ce que M. l'abbé nous a dit était très effrayant il nous a parlé du péché mortel[3] ». Cela a-t-il réveillé ses « peines d'âmes » ? En tout cas, celles-ci resurgissent avec plus de force et sous une nouvelle forme :

> « Ce fut pendant ma retraite de seconde Communion que je me vis assaillie par la terrible maladie des scrupules… Il faut avoir passé par ce martyre pour le bien comprendre, dire ce que j'ai souffert pendant *un an* et *demi*, me serait impossible… Toutes mes pensées et mes actions les plus simples devenaient pour moi un sujet de trouble, je n'avais de repos qu'en les disant à Marie, ce qui me coûtait beaucoup, car je me croyais obligée de lui dire les pensées extravagantes que j'avais d'elle-même. Aussitôt que mon fardeau était déposé, je goûtais un instant de paix, mais cette paix passait comme un éclair et bientôt mon martyre recommençait. Quelle patience n'a-t-il pas fallu à ma chère Marie, pour m'écouter sans jamais témoigner d'ennui !… » (*Ms A*, 39r°-39v°)

2. Sans exagération, car elle écrit : « Ah ! ce que j'ai souffert je ne pourrai le dire qu'au Ciel !… » *Ibid.*

3. C. De Meester, *Dynamique de la confiance.*, *op. cit.*, p. 142.

Marie écoute inlassablement Thérèse, qui se trouve elle-même pitoyable. Au terme des aveux de la benjamine, Marie s'applique à la rassurer :

> « C'était surtout la veille de ses confessions que [les scrupules] redoublaient. [Thérèse] venait me raconter tous ses prétendus péchés. J'essayais de la guérir en lui disant que je prenais sur moi ses péchés, qui n'étaient même pas des imperfections, et je ne lui permettais de n'en accuser que deux ou trois que je lui indiquais. Bientôt la paix vint de nouveau inonder son âme. » (*PO*, p. 241-242)

Mais cette paix ne durait pas.

Marie était l'indispensable et « unique appui qui l'attacha à la vie ». Et voilà qu'elle quitte la maison à son tour, pour suivre les traces de l'aînée au carmel de Lisieux.

La réaction de Thérèse ne se fait pas attendre. Elle est brutale. Dès l'instant où elle apprend la « détermination » de Marie, elle décide « de [ne] prendre plus aucun plaisir sur la terre… » Puisque cette vie ne lui offre qu'une succession de séparations, il lui apparaît désormais impossible de s'attacher à qui que ce soit sans souffrir.

Si Thérèse continue néanmoins de s'y prendre de toutes les façons pour avoir le dessus, elle estime ne pas recevoir assez de témoignages de reconnaissance en retour. Elle écrit par exemple :

> « Je ne faisais aucun travail de ménage ; après l'entrée de Marie au Carmel, il m'arrivait quelquefois pour faire plaisir au Bon Dieu d'essayer de faire le lit, ou bien d'aller en l'absence de Céline rentrer le soir ses pots de fleurs ; comme je l'ai dit, c'était pour le *Bon Dieu tout seul* que je faisais ces choses, ainsi je n'aurais pas dû attendre le *merci* des créatures. Hélas ! il en était tout autrement, si Céline avait le malheur de n'avoir pas l'air d'être heureuse

> et surprise de mes petits services, je n'étais pas contente et le lui prouvais par mes larmes[4]… » (*Ms A*, 44v°)

Le « petit lutin » vif et espiègle avait déjà cédé la place à une petite fille réservée et timide. À présent, Thérèse est pleurnicharde, ultrasensible et vraiment désolée de ce nouvel état. Il n'est pas étonnant qu'elle ait désiré « la grâce "d'avoir sur [ses] actions un empire absolu, d'en être la maîtresse et non pas l'esclave[5]" ». La douleur était à son comble, mais elle essayait malgré tout de retrouver une maîtrise perdue, à coup de « bonne volonté », en quête d'un « acte de courage », et à la poursuite d'un « grand effort ».

Avec le recul, c'est ici que Thérèse situe l'effort. L'effort est requis dans tout changement personnel et inclus dans la sanctification. Car il manifeste notre collaboration tout en exprimant notre amour qui a besoin de se prouver.

Le « jour inoubliable de Noël » (25 décembre 1886)

Les courageuses dispositions de Thérèse étaient déjà l'œuvre de la grâce de Dieu, qui l'appelait à dépasser sa faiblesse. À cette grâce, Thérèse collaborera dans une pleine mesure, et c'est un incident qui deviendra le canal d'une nouvelle grâce, qui ne va pas l'exempter de tout effort à venir, mais lui donner de pouvoir dépasser définitivement son état de faiblesse. Partant, « ce n'est pas du volontarisme puisque c'est une grâce – c'est aux antipodes

4. Quatre mois avant sa mort, elle reviendra sur ce qui peut sembler être de l'ingratitude. On éprouve alors des « sentiments dont on ne peut se défendre quelquefois, lorsqu'après avoir rendu un service on ne reçoit aucun témoignage de reconnaissance. Moi aussi, je vous assure, j'éprouve le sentiment dont vous me parlez ; mais je ne suis jamais attrapée, car je n'attends sur la terre aucune rétribution : je fais tout pour le bon Dieu, comme cela je ne puis rien perdre et je suis toujours très bien payée du mal que je me donne à servir le prochain » (*CJ* 9.5.2).

5. *Ms A*, 43r°.

de la passivité, puisque c'est un grand effort[6] ». Nous reviendrons sur ce fragile équilibre.

Cette intervention gratuite de Dieu, ardemment désirée de Thérèse, va générer un changement irréversible dans la jeune fille de bientôt quatorze ans. Presque dix ans plus tard, Thérèse demeure sous le coup de l'émerveillement en racontant ce second[7] « miracle ».

> « J'étais vraiment insupportable par ma trop grande sensibilité, ainsi, s'il m'arrivait de faire involontairement une petite peine à une personne que j'aimais, au lieu de prendre le dessus et de ne pas *pleurer*, ce qui augmentait ma faute au lieu de la diminuer je *pleurais* comme une Madeleine et lorsque je commençais à me consoler de la chose en elle-même, je *pleurais* d'*avoir pleuré*... Tous les raisonnements étaient inutiles et je ne pouvais arriver à me corriger de ce vilain défaut. Je ne sais comment je me berçais de la douce pensée d'entrer au Carmel, étant encore dans *les langes* de l'*enfance*[8]!... Il fallut que le Bon Dieu fasse un petit miracle pour me faire *grandir* en un moment et ce miracle il le fit au jour inoubliable de Noël, en cette *nuit* lumineuse qui éclaire les délices de la Trinité Sainte, Jésus le doux *petit* Enfant d'une heure, changea la nuit de mon âme en torrents de lumière... en cette *nuit* où Il se fit *faible* et souffrant pour mon amour, Il me rendit *forte* et courageuse, Il me revêtit de ses armes et depuis cette nuit bénie, je ne fus vaincue en aucun combat, mais au contraire je marchai de victoires

---

6. M.-D. Molinié, *Je choisis tout.*, *op. cit.*, p. 49.

7. Le premier étant celui de la guérison de son « étrange maladie » (*Ms A*, 28r°), trois ans plus tôt.

8. L'expression est de Jean de la Croix, tirée de la *Nuit obscure* qui parle de la purification des sens.

> en victoires et commençai pour ainsi dire “une course de géant !...” » (*Ms A*, 44 v°)

Chez Thérèse, l’expérience de l’impossibilité radicale s’est exprimée à travers ses « peines d’âme », puis sa « maladie des scrupules ». Thérèse ne parvenait pas à s’en affranchir, et cela exacerbait, sa « sensibilité excessive ». Son développement moral, psychique et intellectuel en était également retardé – sans l’avoir jamais amenée à baisser les bras, puisqu’elle conservait sa « bonne volonté » envers et contre tout.

Il en fut ainsi jusqu’à l’événement fondateur de sa « complète conversion ». C’est son papa qui le déclencha. Involontairement.

> « Ce fut le 25 décembre 1886 que je reçus la grâce de sortir de l’enfance, en un mot la grâce de ma complète conversion. — Nous revenions de la messe de minuit où j’avais eu le bonheur de recevoir le Dieu *fort* et *puissant*. En arrivant aux Buissonnets je me réjouissais d’aller prendre mes souliers dans la cheminée, cet antique usage nous avait causé tant de joie pendant notre enfance que Céline voulait continuer à me traiter comme un bébé puisque j’étais la plus petite de la famille... Papa aimait à voir mon bonheur, à entendre mes cris de joie en tirant chaque surprise des *souliers enchantés*, et la gaîté de mon Roi chéri augmentait beaucoup mon bonheur, mais Jésus voulant me montrer que je devais me défaire des défauts de l’enfance m’en retira aussi les innocentes joies, il permit que Papa fatigué de la messe de minuit éprouvât de l’ennui en voyant mes souliers dans la cheminée et qu’il dît ces paroles qui me percèrent le cœur : “Enfin, heureusement que c’est la dernière année !...” Je montais alors l’escalier pour aller défaire mon chapeau, Céline connaissant ma sensibilité et voyant des larmes briller dans mes yeux eut aussi bien envie d’en verser, car elle m’aimait beaucoup et comprenait mon chagrin : “Ô

> Thérèse ! me dit-elle, ne descends pas, cela te ferait trop de peine de regarder tout de suite dans tes souliers." Mais Thérèse n'était plus la même, Jésus avait changé son cœur ! Refoulant mes larmes, je descendis rapidement l'escalier et comprimant les battements de mon cœur, je pris mes souliers et les posant devant Papa, je tirai *joyeusement* tous les objets, ayant l'air heureuse comme une reine. Papa riait, il était aussi redevenu joyeux et Céline croyait *rêver* !... Heureusement c'était une douce réalité, la petite Thérèse avait retrouvé la force d'âme qu'elle avait perdue à 4 ans et demi et c'était pour toujours qu'elle devait la conserver !... » (*Ms A*, 45r°)

Monsieur Martin était d'ordinaire attentionné vis-à-vis de sa « petite reine ». Or il a un mouvement d'humeur qui le conduit à exprimer assez haut sa lassitude du rituel. En réaction, Thérèse pose un « acte de courage » emblématique : elle réprime son émotion et contient les larmes qui perlent au coin de ses yeux. Elle fait comme si elle n'avait rien entendu. En réalité, elle surmonte ses impressions personnelles et ce que les autres peuvent penser d'elle. Elle s'oublie. Cette nuit lumineuse et courte de 1886 la fait sortir instantanément d'une nuit ténébreuse – avec des éclaircies clairsemées – et longue de dix ans (depuis le décès de sa maman).

Cette date ne marque pas une étape parmi d'autres de son évolution. C'est une révolution[9] à proprement parler. D'abord, elle retrouve sa *vraie* nature espiègle et gaie, mais brimée par le "mal-être" de toutes ces années de deuils et pertes successifs. Ensuite, elle recouvre la maîtrise d'elle-même, acquise à trois

9. Comme la planète opère une révolution en revenant « à son point de départ après une rotation autour d'elle-même ou autour d'une autre planète », de même, « appliqué à la condition humaine, [le terme] renvoie au retour à soi qui fait apparaître l'autre face de soi [...,] retour aux possibilités créatrices [qui étaient] contenues dans l'inconscient » ; dans le cas de Thérèse, ces « possibilités » étaient « contenues » (détenues et retenues) dans le temps de Dieu. Le parallèle nous a été suggéré par Bertrand Vergely (*Obscures lumières. La révolution interdite*, Paris, Cerf, 2018, p. 24).

ans déjà, mais qu'avait malmenée une succession d'événements accablants pour son affectivité. Enfin, sa vocation est affinée : elle doit « travailler à la conversion des pécheurs ».

Revenons-y dans le détail.

La sortie des « langes et des imperfections de l'enfance »

La sensibilité de Thérèse n'est pas supprimée, mais sa fragilité affective est pansée, et son sentiment d'insécurité guéri. Ce « jour inoubliable de Noël » marque la fin, discrètement et sans rien d'extraordinaire, de la « seconde période de [son] existence, la plus douloureuse des trois ». Sa volonté fait tarir les larmes intempestives. Instantanément et définitivement est résorbé le conflit entre ses désirs de perfection et sa vulnérabilité psychologique extrême.

Oui, Thérèse amorce un nouveau départ. Elle a reçu tout l'arsenal de dons et de vertus qui la prédisposeront à la sainteté. Dotée de ce nouvel équipement moral, sa « conversion[10] » se cristallise dans une nouvelle « force d'âme ». Un retournement (selon l'étymologie du mot « conversion ») qui la détourne d'elle, dans une ouverture renouvelée et définitive aux âmes. Un état nouveau qui la transpose dans un altruisme apostolique :

> « En un instant l'ouvrage que je n'avais pu faire en 10 ans, Jésus le fit se contentant de ma *bonne volonté* qui jamais ne me fit défaut. Comme ses apôtres, je pouvais Lui dire : "Seigneur, j'ai pêché toute la nuit sans rien prendre." Plus miséricordieux encore pour moi qu'Il ne le fut pour ses disciples, Jésus *prit Lui-même* le filet, le jeta et le retira

10. « La nuit de Noël 1886 fut, il est vrai, décisive pour ma vocation, mais pour la nommer plus clairement je dois l'appeler : la nuit de ma conversion. En cette nuit bénie [...], Jésus qui se faisait enfant par amour pour moi daigna me faire sortir des langes et des imperfections de l'enfance, Il me transforma de telle sorte que je ne me reconnaissais plus moi-même » (*LT* 201, 2r°). Cf. aussi *Ms A*, 45r°.

rempli de poissons… Il fit de moi un pêcheur d'*âmes*, je sentis un grand désir de travailler à la conversion des pécheurs, désir que je n'avais [pas] senti aussi vivement… Je sentis en un mot la *charité* entrer dans mon cœur, le besoin de m'oublier pour faire plaisir et depuis lors je fus heureuse!… » (*Ms A*, 45v°)

Saint Jean de la Croix l'avait affirmé : « Vous avancerez plus dans une heure avec les dons et les grâces de Dieu, que vous ne feriez en tout le cours de votre vie par votre industrie et vos propres forces[11]. » Et en voici l'explication : « C'est là la théologie mystique que les théologiens appellent sagesse secrète et qui d'après saint Thomas se communique et s'infuse par la voie de l'amour. […] L'Esprit Saint seul l'infuse et en orne l'âme qui, nous dit l'Épouse des Cantiques, ne s'en est pas aperçue et ne comprend pas comment cela s'est passé[12] ». De fait, Thérèse a la certitude que « sans ce changement [elle eût] dû rester encore bien des années dans le monde ». Et seul Dieu est l'auteur de ce changement.

Les limites de Thérèse n'ont jamais bridé ses élans de perfection, ni brimé ses douloureux et rémanents efforts pour s'améliorer. Toutefois, la percée définitive a été opérée par cette grâce : le don de l'amour lui a ouvert la porte et fait sortir de l'impasse. L'Esprit Saint l'a prise sous son patronage et embarquée dans une sérénité enfin retrouvée. Après ce qui fut pour elle une humiliation, qui a couru sur une décennie, Thérèse peut désormais s'épanouir dans l'amour.

11. *Maximes*, 48, « Direction spirituelle pour s'occuper saintement avec Dieu… », Poitiers, 1869 (cité par J. Clapier, *« Aimer jusqu'à mourir ».*, *op. cit.*, p. 223).

12. *Nuit obscure*, Livre II, ch. XXVII, p. 628.

La fin de sa « névrose »

Plusieurs spécialistes de Thérèse s'accordent à penser que la grâce de Noël a mis fin à sa névrose. Jusqu'alors, Thérèse souffrait d'angoisses, d'obsessions, de doutes et d'inhibition. Le sourire de la Vierge aurait seulement mis fin à une crise particulièrement forte ; les scrupules ayant pris le relais par la suite. De même, comment savoir si ses scrupules furent le résultat de son perfectionnisme ou du climat religieux de son époque ? En revanche, il n'est pas exclu que ses « épreuves intérieures » de toutes sortes et ses scrupules aient rempli successivement le rôle de « purifications passives[13] ».

En fait, la question préoccupe les esprits parce que, « avouons-le, le terme de "névrose" accolé au nom d'une sainte canonisée par l'Église a une résonance qui, au premier abord, nous inquiète[14] ». Le père Marie-Eugène ne tombe-t-il pas lui-même dans l'écueil qu'il vient de pointer du doigt ? Il assure en effet que la sainteté de Thérèse « n'est d'ailleurs pas mise en cause par cette névrose [...,] [du fait qu'elle] se situe à une période assez lointaine de l'épanouissement de sa sainteté, et guérie par la grâce de Noël[15] ». Pourtant, Thérèse n'utilise jamais le mot névrose – qui fut « vulgarisé » par Sigmund Freud en 1893, et dont elle aurait pu entendre parler. Par contre, elle incrimine, si nous osons dire, son impuissance et sa faiblesse. Et la petite voie, qu'elle annoncera plus tard, démontre que le désir de sainteté

---

13. Cf. Saint Jean de la Croix. Au contraire de celles qui sont dites « actives », parce qu'imposées par nous-mêmes, elles sont des « croix » données – ou du moins permises – par Dieu, pour purifier notre sensibilité et la soumettre à notre esprit. À cette « purification des sens », commune chez les commençants, peut s'ajouter la « purification de l'esprit » – que connaîtra Thérèse dans sa foi (cf. chapitre VII).

14. M.-E. de l'Enfant-Jésus, « La grâce de Noël chez Thérèse de l'E.-J. », *Carmel* (1959-II), p. 99. Pour le père De Meester également, « lorsque Thérèse souffrait de névrose, elle était encore loin d'être sainte. Et lorsque Thérèse atteignait la sainteté, sa névrose était déjà loin ! » (*Dynamique de la confiance.*, *op. cit.*, p. 25).

15. *Ibid.*

peut très bien s'accommoder de cette fragilité humaine. Un saint le devient *avec* sa nature humaine : la grâce élève la nature sans la supprimer.

Dans tous les cas, Thérèse s'engage dans une véritable « course de géant », qui lui permet en quelque sorte de rattraper le temps perdu. Dorénavant soustraite à l'empire de l'hypersensibilité, elle apprend, dessine et lit avec un égal enthousiasme.

Son désir de sainteté est également, et désormais, décentré d'elle-même, disions-nous. La grâce de Noël a effectivement fouetté et même élargi ses élans. Ceux-ci prennent une coloration résolument apostolique en trois étapes : juillet 1887 avec Pranzini ; 1889 avec son souci des prêtres ; et juin 1895 avec sa « consécration à l'Amour miséricordieux ».

Pranzini (juillet 1887)

De fait, sept mois plus tard, Thérèse est gratifiée d'une autre faveur. Une fiévreuse appétence d'apostolat la saisit à la vue d'une photographie du Christ en croix. On n'y voit pas le sang couler. Pourtant, c'est ce sang divin qui l'émeut jusqu'aux entrailles : « Je fus frappée par le sang qui tombait d'une de ses mains Divines, j'éprouvai une grande peine en pensant que ce sang tombait à terre sans que personne s'empresse de le recueillir, et je résolus de me tenir en esprit au pied de [la] Croix pour recevoir la Divine rosée[16] qui en découlait, comprenant qu'il me faudrait ensuite la répandre sur les âmes[17]... » Un souci ancien de sauver les pécheurs resurgit et se cheville sur le « besoin de [s]'oublier » afin de travailler pour eux. Jusqu'à la fin de sa vie elle assurera :

16. Cette « Divine rosée » rend de manière poétique et amoureuse le sang versé par Jésus en croix.

17. *Ms A*, 45v°.

« Oh! je ne veux pas laisser perdre ce sang précieux. Je passerai ma vie à le recueillir pour les âmes[18]. »

La première âme à sauver – et qu'elle sauvera! – est celle du criminel Pranzini. Condamné à mort le 13 juillet 1887, il a été touché par la grâce *in extremis*, juste avant son exécution Thérèse brosse la scène qu'elle a lue dans le journal :

> « Pranzini ne s'était pas confessé, il était monté sur l'échafaud et s'apprêtait à passer sa tête dans le lugubre trou, quand tout à coup, saisi d'une inspiration subite, il se retourne, saisit un *Crucifix* que lui présentait le prêtre et *baise* par *trois fois* ses *plaies sacrées*!... Puis son âme alla recevoir la sentence *miséricordieuse* de Celui qui déclare qu'au Ciel il y aura plus de joie pour un seul pécheur qui fait pénitence que pour 99 justes qui n'ont pas besoin de pénitence!... J'avais obtenu "le signe" demandé et ce signe était la reproduction fidèle de grâces que Jésus m'avait faites pour m'attirer à prier pour les pécheurs. N'était-ce pas devant les *plaies* [*de*] *Jésus*, en voyant couler son *sang* Divin que la soif des âmes était entrée dans mon cœur? » (*Ms A*, 46r°-46v°)

« Oui, c'était bien légèrement que nous suivions les traces de Jésus »

Pauline et Marie ont joué jusqu'ici un grand rôle dans la jeunesse de Thérèse. C'est le tour de Céline, la « petite compagne de son enfance ». Plus âgée de quatre ans, elle devient la « confidente intime de [ses] pensées » missionnaires, sa « sœur d'âme ». Thérèse a tellement mûri que la « distance d'âge » entre elles a quasiment disparu; elles vont s'épauler l'une l'autre dans leur avancée vers la perfection.

---

18. *CJ* 1.8.1.

Dans cette nouvelle complicité spirituelle, Céline l'aidera incidemment. En effet, Thérèse aspire à suivre les traces des deux sœurs aînées au Carmel. Mais auparavant, il lui faudra entreprendre des démarches plus audacieuses les unes que les autres, et prendre ses dernières dispositions avant son admission.

Céline et Thérèse : les conséquences de leur rapprochement

Trois harmoniques retiendront notre attention : les « grâces », les « vertus » et les « secrets de la perfection ».

Des « grâces d'un ordre aussi élevé que celles accordées aux grands saints »

Elles s'échangent leurs pensées et se communiquent mutuellement leur vie intérieure. Elles sont émules l'une de l'autre dans leur marche vers Jésus, qui « voulait [les] faire avancer ensemble ». Dans une osmose harmonieuse de leurs âmes, l'été 1887 apporte à Thérèse l'assurance qu'elles reçoivent des grâces ineffables :

> « Oui, c'était bien *légèrement* que nous suivions les traces de Jésus, les étincelles d'amour qu'Il semait à pleines mains dans nos âmes, le vin délicieux et fort qu'Il nous donnait à boire faisait disparaître à nos yeux les choses passagères et de nos lèvres sortaient des aspirations d'amour inspirées par Lui. Qu'elles étaient douces les conversations que nous avions chaque soir dans le belvédère! [...] Tout élevait nos âmes vers le Ciel, le beau Ciel dont nous ne contemplions encore "que l'*envers* limpide..." Je ne sais si je me trompe, mais il me semble que l'épanchement de nos âmes ressemblait à celui de Sainte Monique avec son fils (nda : saint Augustin) [...] Il me semble que nous recevions des grâces d'un ordre aussi élevé que celles accordées aux grands saints. » (*Ms A*, 48r°)

Enflammées sans être exaltées, elles se découvrent sans attache avec ce qui passe, et uniquement attirées par Dieu. Leurs cœurs s'épanchent uniquement pour favoriser leurs transports vers lui, et laisser s'épanouir leur ferveur ainsi que l'amour dont elles sentent la progression en elles. En effet, chez les deux jeunes filles, « le doute n'était pas possible, déjà la Foi et l'Espérance n'étaient plus nécessaires, l'*amour* nous faisait trouver sur la terre Celui que nous cherchions[19] ». Sans entrer dans un exposé systématique, Thérèse nous livre une authentique leçon de théologie : « Quand on dit que la charité suffit en effet, ce n'est pas qu'elle remplacerait ou rendrait inutiles les autres vertus[20], c'est qu'elle les suscite et, dans une certaine mesure, les apporte et les fait agir. "La charité, lien de la perfection et plénitude de la loi (cf. Col 3,14), dirige tous les moyens de sanctification, les informe et les conduit à leur fin. Aussi c'est par la charité envers Dieu comme envers le prochain que se caractérise le vrai disciple du Christ"[21]. »

La charité envers les hommes sera au cœur du troisième Manuscrit (C) de Thérèse. Ici, elle parle d'« aspirations d'amour inspirées par [Jésus] » envers lui, comme si elle se trouvait en amont du torrent qui déposera plus tard ses alluvions au cœur de ses relations humaines.

Ces « étincelles d'Amour » irradient son être et débordent de son cœur, jusqu'à transparaître dans son attitude et rejaillir sur

19. *Ms A*, 48r°.

20. Des trois vertus théologales qui fixent nos rapports avec Dieu, seule la charité perdurera après notre mort. Elle « demeurera dans la patrie, puisque son objet est Dieu pour lui-même, dans sa réalité » (He 11,13-14. Saint Thomas D'AQUIN, *Somme théologique*, II^{a} II^{ae}, Q. 67, a. 6). Quant aux deux autres vertus théologales : l'espérance implique « un mouvement vers Dieu » (*ibid.*, Q. 18, a. 1) que l'on ne possède pas encore ; la foi « porte sur des vérités qu'on ne voit pas » (*ibid.*, Q. 66, a. 6). Au ciel, nous serons en Dieu et nous le verrons ; l'espérance et la foi, qui nous aidaient à progresser, n'y seront plus nécessaires.

21. « La sainteté, vocation de tous les membres de l'Église », *Vatican II. La constitution dogmatique sur l'Église. L'Église de Vatican II*, coll. « Unam Sanctam » 51c, tome III (commentaires), Paris, Cerf, 1966, p. 1115.

sa conduite : « Des grâces aussi grandes ne devaient pas rester sans fruits, aussi furent-ils abondants, la pratique de la vertu nous devint douce et naturelle ; au commencement mon visage trahissait souvent le combat, mais peu à peu cette impression disparut et le renoncement me devint facile même au premier instant. [...] Pour une grâce fidèlement reçue Il m'en accordait une multitude d'autres[22]... » Thérèse confirmera plus tard que « ce qui attire le plus de grâce du Bon Dieu, c'est la reconnaissance, car si nous le remercions d'un bienfait, il est touché et s'empresse de nous en faire dix autres, et si nous le remercions avec la même effusion, quelle multiplication incalculable de grâces ! J'en ai fait l'expérience, essayez et vous verrez[23] ! »

Les vertus et leur pratique « douce et naturelle »

Si Thérèse, forte de la force de Dieu, laisse son « visage *trahir* souvent le combat », c'est que, vraiment, la difficulté est au rendez-vous. Cependant, l'effort effectué et l'épreuve surmontée sont aussitôt primés par le don d'une nouvelle grâce. Thérèse n'a pas eu tort d'exhorter les âmes en ces termes : « Qu'elles fassent donc ce que j'ai fait : un grand effort. Le bon Dieu ne refuse jamais cette première grâce qui donne le courage d'agir ; après cela le cœur se fortifie et l'on va de victoire en victoire[24]. »

Thérèse se montre fidèle aux *grâces actuelles*[25]. Elle en est récompensée par le don d'une nouvelle vertu, qui se renforce à mesure de sa constance et de son progrès dans l'épaisseur du temps. Ainsi, elles s'appliquent à être vertueuses en pratiquant davantage ce que l'on appelle les vertus « acquises » ou « humaines ». En réponse à leurs efforts, elles reçoivent des

22. *Ms A*, 48r°-48v°.

23. *CSG*, p. 72.

24. *CJ* 8.8.3.

25. Qui sont des secours particuliers et passagers de Dieu : il nous les accorde quand on en a besoin, ou à notre demande ; tandis que la « grâce habituelle » – ou « sanctifiante » – est donnée dans les sacrements. Cf. *CEC* n° 2000.

vertus « surnaturelles », qui dynamisent et élèvent les vertus humaines – qui elles-mêmes donnent forme aux vertus infuses et aux dons du Saint-Esprit. À force d'entraînement, de volonté et d'industrie, telle faculté d'agir acquise devient vertu, du moment que l'accompagnent joie, aisance et facilité[26] : la « pratique de la vertu [lui] devient douce [joie] et naturelle [aisance] [...] et facile [facilité] même au premier instant ».

Les « secrets de la perfection »

Ses anciens désirs de perfection n'étaient pas de simples attraits, ni des foucades de jeune fille imprégnée d'idéalisme. Ils étaient d'authentiques résolutions, fruits d'impressions et de sentiments arrivés à maturité. Voilà que la « grâce de [sa] *complète conversion* » va leur donner un tour décisif :

> « Il ne me fallait pas d'autre guide que Jésus... [...] Lui qui s'écriait aux jours de sa vie mortelle dans un transport de joie : "Mon Père, je vous bénis de ce que vous avez caché ces choses aux sages et aux prudents et que vous les avez révélées aux plus petits" voulait faire éclater en moi sa miséricorde, parce que j'étais petite et faible il s'abaissait vers moi, il m'instruisait en secret des *choses* de son *amour.* Ah! Si des savants ayant passé leur vie dans l'étude étaient venus m'interroger, sans doute auraient-ils été étonnés de voir une enfant de quatorze ans comprendre les secrets de la perfection, secrets que toute leur science ne leur peut découvrir, puisque pour les posséder il faut être pauvre d'esprit!... » (*Ms A*, 48v°-49r°)

Thérèse soulève ici deux sujets d'admiration intimement liés. D'une part, son apprentissage de la perfection s'effectue par le biais d'une action directe de Dieu : Jésus est son unique « guide ».

26. Les vertus acquises sont le fruit des efforts répétés de l'homme, mais jamais uniquement : il y a toujours intervention de la grâce divine prévenante et coopérante.

D'autre part, Dieu l'enseigne parce qu'elle est « pauvre d'esprit ». En fait, nous commençons à cerner les contours d'un point très ferme de son enseignement : le choix de Dieu se porte volontiers sur une créature « sans science ni vertu », du fait que « se donner » est un mouvement *vital* de Sa nature. Et ce don de Dieu implique un « abaissement » de sa part[27]. Thérèse a donc été choisie parce qu'elle était « petite et faible ». Non pas faute de mieux, mais parce qu'elle aime Jésus depuis bien longtemps et qu'elle lui a donné son cœur. Son cœur ne lui appartenant plus – donc libre et *à prendre* –, il est prêt à tout recevoir de lui : son Amour et ses dons, ses lumières et sa sagesse. Dans le même ordre d'idée, la parabole du festin des Noces met en jeu un père qui invite les éclopés et les mendiants non pas à défaut des autres, mais parce que ces derniers étaient justement susceptibles de souhaiter se rendre au festin et d'espérer y avoir une place. Les éclopés et les mendiants n'étaient pas des « pis-aller », mais les seuls qui pouvaient donner libre cours à l'amour divin, qui s'abaisse pour élever.

Séjour romain (automne 1887)

La décision d'entrer au carmel de Lisieux est irréversible chez Thérèse. Elle doit cependant encore en informer ses proches. À commencer par son papa. Elle lui en parle le 29 mai 1887 – jour de la Pentecôte. Il se laisse aisément persuader par cette nouvelle vocation : « Avec [sa] nature simple et droite […], il fut bientôt convaincu que mon désir était celui de Dieu lui-même et dans sa foi profonde il s'écria que le Bon Dieu lui faisait un grand honneur de lui demander ainsi ses enfants […] Papa semblait jouir de cette joie tranquille que donne le sacrifice accompli, il

27. Ce qu'elle exprime dans cet adage : « Le propre de l'amour est de s'abaisser » (*Ms A*, 2v°), en parlant de l'amour de Dieu.

me parla comme un saint[28] ». Il avait peut-être envisagé ce cas de figure et s'y était préparé ; d'autant plus que Léonie venait de lui annoncer son désir d'entrer à la Visitation de Caen[29].

Il n'empêche que son calme et son abnégation ont de quoi impressionner. Au lieu de la résignation devant l'inéluctable, monsieur Martin dispose les éléments du sacrifice entrevu et contribue activement à sa réalisation matérielle. Comme le dit Thérèse, l'attitude de son papa est un écho du don, par Abraham, de son fils Isaac[30].

Aussi irréductible soit-elle, la décision de Thérèse va néanmoins à l'encontre de certains parents et ecclésiastiques. Elle doit en obtenir tour à tour le consentement. Après l'accord de son papa, il lui faut accéder à celui de son oncle Guérin, le subrogé tuteur des enfants Martin depuis le décès de leur maman ; il agrée définitivement la décision de Thérèse, le 22 octobre.

Pourtant, le supérieur ecclésiastique du carmel de Lisieux refuse l'entrée de Thérèse dans ce couvent avant ses vingt et un ans. L'obstination du chanoine Delatroëtte dans son *veto* suscite chez Thérèse de la « surprise » et du « chagrin ». Quant à l'évêque de Bayeux – monseigneur Flavien Hugonin –, sans opposer de contre-indication personnelle, il préfère s'en remettre au verdict du supérieur du carmel. Au 31 octobre 1887, la situation semble bloquée.

Reste la rencontre avec le pape Léon XIII. Elle se déroulera dans le cadre d'un pèlerinage (du 11 novembre au 2 décembre 1887) prévu de longue date et organisé en collaboration avec le diocèse de Bayeux. Providentiellement, Thérèse devait être du voyage.

---

28. *Ms A*, 50r°-50v°.

29. Après une première tentative infructueuse chez les Clarisses.

30. C'est aussi dans une « foi [...] comparable à celle d'Abraham » que son oncle accéda à la demande de sa fille Marie d'entrer également au carmel de Lisieux (cf. *LT* 178, r°-2r°).

Elle part vers l'inconnu, en ayant parfaitement conscience des dangers auxquels l'expose cette expédition vers la Ville éternelle :

> « Je suppliai encore Notre Dame des Victoires d'éloigner de moi tout ce qui aurait pu ternir ma pureté, je n'ignorais pas qu'en un voyage comme celui d'Italie, il se rencontrerait bien des choses capables de me troubler, surtout parce que ne connaissant pas le mal je craignais de le découvrir, n'ayant pas expérimenté que tout est pur pour les purs et que l'âme simple et droite ne voit de mal à rien, puisqu'en effet le mal n'existe que dans les cœurs impurs et non dans les objets insensibles… » (*Ms A*, 57r°)

Thérèse avoue son ingénuité. Sans coquetterie ni étalage. Elle ne connaît pas le mal, duquel son éducation l'a soigneusement tenue à l'écart. Mais aussi, elle n'a jamais cherché à le débusquer pour ne s'y être jamais intéressée. Il est donc compréhensible d'en redouter la portée et les incidences sur elle : elle ignore encore que le mal n'existe pas en soi, mais seulement par rapport au bien dont il est le manque, et qu'il ne peut donc ternir quiconque le refuse et le rejette.

Les deux lignes de crête de son apprentissage romain seront la « vanité » humaine et la réalité du « martyre » : « Ah ! quel voyage que celui-là !… Lui seul m'a plus instruite que de longues années d'études, il m'a montré la vanité de tout ce qui passe et que tout est affliction d'esprit sous le soleil… Cependant j'ai vu de bien belles choses, […], surtout j'ai foulé la même terre que les Saints Apôtres, la terre arrosée du sang des Martyrs et mon âme s'est agrandie au contact des choses saintes[31]… »

La vanité humaine

Thérèse saisit l'inconsistance des prétentions aristocrates. Les titres nobiliaires, après lui avoir – « de loin » et

---

31. *Ms A*, 55v°.

« quelquefois » – « jeté un peu de poudre aux yeux », se montrent – de près et définitivement – dans leur inanité.

Thérèse prend aussi connaissance du dénuement des hommes d'Église. De plein fouet, elle découvre l'urgence de prier pour les prêtres, qu'il lui faudra mettre en bonne place dans ses soucis apostoliques. Familiarisée avec la plupart des ecclésiastiques, elle ne les avait jamais pour autant côtoyés de près : « N'ayant jamais vécu dans leur intimité, je ne pouvais comprendre le but principal de la réforme du Carmel. Prier pour les pécheurs me ravissait, mais prier pour les âmes des prêtres, que je croyais plus pures que le cristal, me semblait étonnant ». Et pourtant :

> « Pendant un mois j'ai vécu avec beaucoup de *saints prêtres* et j'ai vu que si leur sublime dignité les élève au-dessus des anges, ils n'en sont pas moins des hommes faibles et fragiles... Si de *saints prêtres* que Jésus appelle dans son Évangile : “Le sel de la terre” montrent dans leur conduite qu'ils ont un extrême besoin de prières, que faut-il dire de ceux qui sont tièdes? Jésus n'a-t-Il pas dit encore : “Si le sel vient à s'affadir, avec quoi l'assaisonnera-t-on?” Ô ma Mère! qu'elle est belle la vocation ayant pour but de *conserver* le *sel* destiné aux âmes! Cette vocation est celle du Carmel, puisque l'unique fin de nos prières et de nos sacrifices est d'être l'*apôtre* des *apôtres*, priant pour eux pendant qu'ils évangélisent les âmes par leurs paroles et surtout par leurs exemples... » (*Ms A*, 56r°)

Thérèse se préoccupe du sort des prêtres parce qu'elle les considère comme les plus chers amis de Jésus. Elle estime qu'ils sont les mieux à même de l'aimer et de le faire aimer. C'est en juillet 1889 qu'elle s'en ouvrira pour la première fois à Céline – qui sera d'ailleurs son unique confidente sur le sujet. Par la suite, Thérèse ne cessera de lui rappeler la nécessité impérieuse de sauver ceux qui se perdent : « Prions pour les prêtres, chaque jour montre combien les amis de Jésus sont rares... Il me semble que c'est ce qui Lui doit être le plus sensible que l'ingratitude, surtout de voir les âmes qui lui sont consacrées donner à d'autres le cœur qui lui appartient d'une façon si absolue[32]... »

Ce souci primordial ne cessera jamais de l'absorber – au point que le père Philipon lui a donné le titre d'« ange du sacerdoce ».

Sa rencontre avec les saints et les martyrs de l'Église

Thérèse voit s'affermir sa vocation grâce également à une troisième catégorie de personnes. Après la déconvenue avec les nobles, le désenchantement avec la prélature, c'est l'édification avec Antoine de Padoue, Catherine de Sienne, François et Claire d'Assise. De rapides « entrevues » avec eux dans les chapelles et les églises, leurs reliques contemplées ou même amassées, la comblent de joie.

Ce ne sont pas des élans éphémères de piété naïve. Leur concours lui prodiguera des encouragements surabondants dans ses aspirations à la sainteté. Certains d'entre eux auront même sur elle un impact que ne démentira pas le temps. De profondes complicités existentielles se nouent et déboucheront sur de vraies affinités de caractère et d'enseignement. Ainsi en va-t-il, par exemple, de sainte Cécile, à qui Thérèse restera fidèle jusqu'à la mort. C'est dès ce voyage que la sainte lui a inspiré « une véritable *tendresse* d'*amie* » ; elle deviendra sa « sainte de prédilection », sa « confidente intime » et l'emblème de la renonciation totale de soi-même. En elle, Thérèse trouve, mûries et épanouies, ses propres inclinations.

Thérèse est aussi introduite au martyrologe chrétien, qui résonne vivement en elle : « Je la voyais donc enfin cette arène [du Colisée] où tant de martyrs avaient versé leur sang pour Jésus [...] Mon cœur battait bien fort lorsque mes lèvres s'approchèrent de la poussière empourprée du sang des premiers chrétiens, je demandai la grâce d'être aussi martyre pour Jésus et je sentis

32. *LT* 122, 1r°-1v°.

au fond du cœur que ma prière était exaucé[33]e!... » Ce geste symbolique va marquer son itinéraire du sceau de la souffrance. À sa demande. Plus tard, elle évoquera le martyre comme étant son « rêve de jeunesse ».

Il va bientôt prendre une première forme dans son audience pontificale. Thérèse supplie le pape Léon XIII de lui accorder la dispense d'âge pour entrer au Carmel. Il répond évasivement à sa requête : « Si le bon Dieu veut vous entrerez. » Thérèse est « comme anéantie », elle se sent « abandonnée ». Au lieu de lui concéder une dérogation d'âge – qui n'était pourtant pas exceptionnellement obtenue à l'époque –, le Saint-Père lui a recommandé de faire « ce que les supérieurs [lui] diraient ».

Ce « non-lieu » ne la conduit pas à renoncer à sa décision. Elle continue « d'espérer contre toute espérance ». Surtout, elle se livre à l'« *abandon* » – à l'image de sainte Cécile, la « Sainte de l'ABANDON » par excellence. Elle s'offre à Jésus pour être sa « petite balle de nulle valeur » et son « *petit jouet* », dont Il peut faire ce qu'Il veut.

Derrière ce langage infantile, Thérèse se plonge résolument dans une « *confiance illimitée* » en la Providence divine. Car, pour l'essentiel, le voyage lui a révélé la teneur de l'appel divin à la vie religieuse : « J'ai compris *ma vocation* en *Italie*, ce n'était pas aller chercher trop loin une si utile connaissance... »

Les bienfaits des trois nouveaux mois d'attente (janvier-mars 1888)

Les verrous récalcitrants des autorités ecclésiastiques les plus circonspectes vont finalement sauter. L'évêque de Lisieux et son vicaire général l'abbé Maurice-Joseph Révérony donnent leur accord à la fin du mois de décembre 1887.

---

33. *Ms A*, 61r°.

L'enchaînement des obstacles se prolonge pourtant. Contre toute attente, sœur Agnès de Jésus (Pauline) suggère à la révérende mère Marie de Gonzague un délai supplémentaire de trois mois avant de laisser Thérèse entrer au Carmel. En fait, Pauline fait repousser à Pâques 1888 l'autorisation afin d'épargner à sa petite sœur le froid hivernal et le jeûne quadragésimal. Thérèse l'ignore et c'est tant mieux.

Cet ajournement va en effet lui donner de creuser dans la terre fertile de l'humilité[34], qui est en tête dans l'ordre des moyens pour devenir saint. Or, Thérèse vit de cette vertu pour ressembler à Jésus. Elle n'a pas encore pris conscience que celui qui est véritablement humble n'ose pas rechercher sa propre perfection. Ce report temporel va l'y amener progressivement.

Un abandon proactif

Ce qui ressemble à un dernier mauvais coup du sort va en effet consolider l'emboîture entre sa décision prise et son exécution. Thérèse le comprend promptement : « Sans le paraître, cette épreuve fut *très grande* et me fit beaucoup *grandir* dans l'abandon et dans les autres vertus[35] ».

C'est que la qualité de son abandon est encore en voie de germination. Ainsi, en cette fin d'année, Thérèse « subit [...] sa dernière tentation dans le monde, celle de se laisser aller dans l'attente : de ne pas valoriser le temps, mais de le laisser s'écouler dans l'habitude[36] ». Thérèse n'y succombe pas durablement. Elle n'a pas du tout l'intention de jouir du repos du guerrier en se confinant dans une expectative paresseuse. C'est maintenant que tout se joue. L'heure de l'armistice n'a pas sonné. L'ennemi est loin d'être terrassé.

---

34. Petit jeu de mots, puisque le mot humilité est tiré du latin *humus*, qui signifie « terre ».

35. *Ms A*, 68r°.

36. A. M. SICARI, *La teologia di S. Teresa di Lisieux, Dottore della Chiesa*, *op. cit.*, p. 149.

Et, comme à son habitude, elle prend les devants. Plus tard, sur son lit de mort elle dressera les contours de l'enjeu :

> « Un jour, raconte sœur Marie de la Trinité, [Thérèse] me faisait promettre d'être une sainte ; elle me demandait si je faisais des progrès ; alors je lui répondis : "Je vous promets d'être sainte quand vous serez partie au Ciel ; à ce moment-là, je m'y mettrai de tout mon cœur." — Oh ! n'attendez pas cela, me répondit-elle. Commencez dès maintenant. Le mois qui précéda mon entrée au Carmel est resté pour moi comme un doux souvenir. Au commencement, je me disais comme vous : "Je serai sainte quand je serai au Carmel ; en attendant je ne vais pas me gêner…" Mais le bon Dieu m'a montré le prix du temps ; j'ai fait tout le contraire de ce que je pensais ; j'ai voulu me préparer à mon entrée en étant très fidèle ; et c'est un des plus beaux mois de ma vie. "Croyez-moi, n'attendez jamais au lendemain pour commencer à devenir sainte." » (*DE/SME*, 11.9)

La religieuse s'était peut-être exprimée sur le ton de la boutade, pour divertir Thérèse. Celle-ci ne l'en a pas moins prise au sérieux, et saisi l'occasion pour affirmer le « prix du temps ». En matière de sainteté, on ne procrastine pas. Pour l'avoir rapidement intégré, elle en a pu tirer les fruits : « Comment se passèrent ces *trois mois* si riches en grâces pour mon âme ?… *D'abord* il me vint à la pensée de ne pas me gêner à mener une vie aussi bien réglée que j'en avais l'habitude, *mais bientôt* (nous soulignons) je compris le prix du temps qui m'était offert et je résolus de me livrer plus que jamais à une vie *sérieuse* et *mortifiée*[37] ». À nouveau, l'esprit d'initiative et l'énergie règlent son agir, vers lequel la porte son tempérament.

---

37. *Ms A*, 68v°.

« *Une vie* sérieuse *et* mortifiée *» ; ses « riens »*

La grâce de Dieu est prévenante. Sans être simplement une force de surcroît, qui suppléerait notre faiblesse, elle ne poursuit son œuvre en toute sa fécondité qu'à l'unisson de notre consentement personnel : dans l'accueil de la grâce, puis à travers une coopération active. Thérèse apportera son écot dans une « vie *sérieuse* et *mortifiée* ». Elle escompte bien placer son avenir conventuel sous les meilleurs auspices. Par-là, elle renonce à s'encapuchonner dans les habitudes d'un passé désormais révolu. C'est aussi une façon d'apaiser les affres de l'attente. Mais surtout, Thérèse démontre désormais que nulle cloison étanche ne sépare la vie du monde et la vie religieuse[38].

Thérèse ne dit rien expressément de ce qu'elle entend par « vie sérieuse ». Tout au plus pouvons-nous conjecturer qu'elle nourrit sa détermination. En revanche nous sont exposés les expédients auxquels se livre la jeune fille pour se mortifier. Elle déplore même son manque de bravoure dans le domaine :

> « Lorsque je dis mortifiée, ce n'est pas afin de faire croire que je faisais des pénitences, hélas ! je n'en ai *jamais fait aucune*, bien loin de ressembler aux belles âmes qui dès leur enfance pratiquaient toute espèce de mortifications, je ne sentais pour elles aucun attrait ; sans doute cela venait de ma lâcheté, car j'aurais pu, comme Céline, trouver mille petites inventions pour me faire souffrir, au lieu de cela je me suis toujours laissée dorloter dans du coton et empâter comme un petit oiseau qui n'a pas besoin de faire pénitence... Mes mortifications consistaient à briser ma volonté, toujours prête à s'imposer, à retenir une parole de réplique, à rendre de petits services sans les faire valoir,

38. Cette clairvoyance est remarquable quand on se souvient que, cinq ans plus tôt, elle associait la sainteté à la vie religieuse : en entrant au Carmel, sa « *Pauline* chérie était devenue une Sainte, qui ne devait plus comprendre les choses de la terre » (*Ms A*, 41v°).

> à ne point m'appuyer le dos quand j'étais assise, etc., etc. Ce fut par la pratique de ces *riens* que je me préparai à devenir la fiancée de Jésus, et je ne puis dire combien cette attente m'a laissé de doux souvenirs... » (*Ms A*, 68v°)

Thérèse ne rechigne pas devant la souffrance, mais elle ne recourt à aucune « pénitence ». La « seule petite mortification » physique qu'elle s'autorise à pratiquer « dans le monde » n'a rien d'édifiant ; elle lui sera même ôtée au Carmel, en raison de sa propension à se voûter. En plus, c'est au Carmel que « l'amour de la mortification [lui sera] donné », et il sera « d'autant plus grand que rien ne [lui sera] permis pour le satisfaire[39]... »

Le fait est que Thérèse évalue ses mortifications à l'aune de ses exigences personnelles. Ne parvenant pas à concrétiser grandement ses désirs de sainteté, elle doit se contenter de réaliser des « *riens* ». En réalité, elle s'engage malgré elle dans un agir visible d'elle et de Jésus seuls. Incapable de s'adonner à la souffrance corporelle, elle est réduite à une ascèse intérieure. Avec le recul, elle en conservera une excellente impression. Elle n'a pas perdu son temps avec ces « riens » : outre que leur répétition sert au développement des vertus dites « acquises », Thérèse redoute, depuis longtemps, son amour-propre, qui « comme un fatal vent éteint tout ». Eh bien, elle le met en croix ; et sans lésiner, puisque c'est la meilleure façon de laisser libre cours à l'action divine en elle.

Deux mois et demi avant de mourir, elle synthétisera ainsi son entreprise : « Je suis partie en guerre contre moi-même dans le domaine spirituel, par l'abnégation, les petits sacrifices cachés ; j'ai trouvé la paix et l'humilité dans ce combat obscur où la nature n'a aucune prise[40] ». Pour elle, il n'y avait pas de quoi se rengorger de ses riens ; pour d'autres, ce sera justement le plus exigeant.

---

39. *Ms A*, 74v°.

40. *Ms A*, 68v°.

Au bout du compte, Thérèse a mis en histoire son intuition sur la gloire qui lui semblait être destinée. Elle est résolument sortie des sentiers battus de la sainteté en se tournant vers des mortifications spirituelles : c'est-à-dire des peines intérieures. L'hypertrophie de la pénitence corporelle offre tant de raccourcis vers l'exaltation de soi-même ; Thérèse préfère donc briser sa volonté au lieu de s'abîmer dans ce genre de mortifications. Pour le coup, Céline prend le pas sur sa cadette en trouvant « mille petites inventions pour [se] faire souffrir » : ou bien elle l'a dit à Thérèse, ou bien Thérèse l'a surprise en acte.

Il reste qu'en adoptant cette voie de sainteté, Thérèse accepte de ne pas soutenir la comparaison avec les « belles âmes », c'est-à-dire les « grands saints », puisqu'elle n'est, elle-même, « qu'une toute petite âme ». Elle ne se laisse pas démonter pour autant. Mieux. Elle contourne habilement la difficulté : au lieu de juguler ses élans de perfection et de les mettre au pas de ses capacités, ou d'envisager des compromis avec l'ascèse corporelle, elle explore les voies parallèles, afin d'aboutir au même but. En ponctuant sa vie quotidienne, les « riens » l'éloignent du formalisme, qui tue l'esprit. Ces riens la prémunissent encore contre l'automatisme, qui anémie la vie. Enfin, ils la ramènent à l'essentiel : l'amour de Dieu, dans la gratuité et le secret. En résumé, celui de sœur Marie de la Trinité : ils « ne nuisent pas à la santé, ils ne nous font pas remarquer, et ils entretiennent notre âme dans un état surnaturel de ferveur ».

En effet, ces petits brandons d'agir n'en sont pas moins incandescents. Et cette capacité à faire feu de tout bois va plus rapidement l'introduire dans la volonté de Dieu sur elle. Or, c'est l'ajournement[41] de son entrée au Carmel qui lui donnera le recul pour se rendre compte que de l'amour-propre s'était glissé dans

41. Mais aussi la lecture d'un ouvrage du père jésuite Jean-Joseph Surin (1600-1665) : *Les fondements de la vie spirituelle* (cf. *Ms A*, 73v°).

son empressement[42]. À présent qu'elle l'a providentiellement débusqué, elle peut le déjouer en laissant s'imposer la volonté de Dieu. Non plus au détriment de sa propre volonté, mais avec son accord enjoué et entreprenant : « Ô mon Dieu ! [...] j'attendrai autant que vous le voudrez, seulement je ne veux pas que par ma faute mon union avec vous soit différée, aussi je vais mettre tous mes soins à me faire une belle robe enrichie de pierreries[43] ».

« (Je veux être une sainte...) » (mars 1888)

Trois lettres[44], qu'elle a rédigées au cours de ces « trois mois d'attente », retiennent l'attention.

La première nous renseigne sur un petit incident : négligeable en soi, il lui redit néanmoins la vanité des choses terrestres. L'agneau, que son papa venait de lui offrir, décède inopinément l'après-midi même. Le coup est rude pour Thérèse. À trois titres. D'abord, monsieur Martin avait expressément souhaité que l'animal lui tînt compagnie avant son entrée au Carmel. Ensuite, le présent avait été apporté le mercredi des Cendres, *le* jour de

---

42. Thérèse souhaitait, en effet, que son entrée coïncide avec le jour anniversaire de sa grâce de conversion, deux ans plus tôt. Témoin cette précision qu'elle donne : « J'allais avoir quatorze ans et demi, six mois seulement nous séparaient encore de la belle *nuit de Noël* où j'avais résolu d'entrer, à l'heure même où l'année précédente j'avais reçu "ma grâce" » (*Ms A*, 50°).

43. *Ms A*, 74r°. Elle tiendra le même jugement dans deux ans, à la veille de sa profession religieuse – également différée à cause de l'état de santé de son papa (voir chapitre suivant) – : « Un jour le bon Dieu m'a fait comprendre qu'il y avait dans ce désir de prononcer mes Saints Vœux une *grande recherche de moi-même* ; alors je me suis dit : Pour la prise d'habit on m'a revêtue d'une belle robe blanche garnie de dentelles et de fleurs, qui donc a songé à m'en donner une pour mes noces ?... Cette robe *c'est moi qui dois la préparer toute seule.* Jésus veut *que personne ne m'aide excepté Lui*, donc avec son secours je vais me mettre à l'ouvrage, travailler avec ardeur... *Les créatures ne verront pas mes efforts* qui seront cachés dans mon cœur. Tâchant de me faire oublier, je ne voudrai d'autre regard que celui de Jésus... [...] En pensant tout cela j'ai senti une grande paix en mon âme, j'ai senti que c'était la vérité et la paix ! *Je ne me suis plus inquiétée de la date de ma profession*, pensant que dès le jour où ma robe de noces serait achevée Jésus viendrait chercher sa pauvre petite épouse... » (*LT* 176, 1v°-2r°). C'est nous qui soulignons les trois éléments convergents dans les deux événements.

44. *LT* 42, *LT* 43, *LT* 45.

l'année qui rappelle notre inanité. Enfin, l'agneau lui « faisait penser à Pauline », et donc la rapprochait d'elle. Au final, « la mort de ce petit animal [lui] a donné à réfléchir, oh oui ! sur la terre il ne faut s'attacher à rien, pas même aux choses les plus innocentes car elles vous manquent au moment où on y pense le moins. Il n'y a que ce qui est éternel qui peut nous contenter ».

Ensuite, l'épisode est peut-être aussi révélateur de son appréhension devant ce qui l'attend au Carmel. C'est ce qui ressort de la seconde missive, le mois suivant : elle y confie qu'elle essaye de correspondre « aux grâces que Jésus veut bien lui faire [..., Mais qu']elle est BIEN PEU ce qu'elle voudrait être ». « BIEN PEU ». L'accent est puissamment mis par Thérèse.

Que voudrait-elle être ? Quelle réalité l'habite intimement depuis ses huit ou neuf ans ? Elle le dévoile dans la troisième lettre : la dernière qu'elle écrit dans le monde, et adressée à Pauline. Son contenu est crucial : « Je voudrais te dire bien des choses à propos du petit grain de sable[45] mais je n'ai pas le temps... (Je veux être une sainte...) J'ai vu l'autre jour des paroles qui me plaisent beaucoup, je ne me rappelle plus le saint qui les a dites c'était : "Je ne suis pas parfait mais je veux le devenir." Que de mots décousus ! pardonne-moi, ma petite sœur chérie, je me dépêche beaucoup. Au 9 avril ! » Thérèse s'exprime avec enthousiasme et même sous le coup d'une certaine excitation. Aussi fiévreuse soit-elle, elle ne se départit pas pour autant de sa pudeur, qu'elle saura préserver à toute heure de sa vie[46]. Sa réserve native mesure ses aveux. C'est donc moins sa franchise coutumière qui la contraint à divulguer ses aspirations que la véhémence de celles-ci. D'abord, la jeune fille de quinze ans devine qu'elles sont singulières. En atteste sa formulation, qui peut sembler prudente : elle s'approprie le souhait de devenir

45. Ce nouveau symbole de son enfouissement apparaît pour la première fois. Il va désormais alterner avec celui « du petit jouet », et Thérèse s'en nourrira jusqu'à sa profession, en 1890.

46. *LT* 45, 1v°-2r°. Thérèse sera toujours très discrète sur sa vie intérieure, surtout en ce qui regardait ses épreuves spirituelles.

sainte tout en le mentionnant entre parenthèses ; elle cite quelqu'un d'autre pour évoquer son aspiration à la perfection, comme pour se protéger derrière l'autorité d'un saint. Ensuite, et probablement en raison de l'imminence de son postulat, Thérèse expose au grand jour son projet de sainteté. Elle l'assume. Enfin, c'est au Carmel qu'elle escompte concrétiser ses ambitions[47], même si elle s'y attelle déjà.

Pour l'heure, il y a encore chez elle une dissonance entre son vœu de sainteté et son imperfection personnelle. Devons-nous en conclure que la sainteté lui semble, pour d'obscures raisons encore, plus accessible que la perfection ? Seule Thérèse le sait. Cette découverte lui donne cependant l'audace de confier à sa sœur Pauline un projet bien ancien : « J'ai toujours désiré d'être une sainte », avoue Thérèse dans le préambule de son troisième manuscrit autographe[48].

L'*inédit* de ses aspirations à la sainteté ne résulte donc pas de leur soudain jaillissement, mais de leur nouveau mode d'être : ils sont passés du soubassement de sa personnalité à son expression formelle. Quant à la perfection, elle n'entre pas dans ces projets directs, mais elle l'attire : ces « paroles » lui « plaisent beaucoup ». Autrement dit, si Thérèse branche la sainteté sur la perfection, celle-ci n'apparaît que comme le corollaire de la première.

Thérèse « se dépêche beaucoup ». Cette redondance est une maladresse de style qui rend bien compte de son agitation intérieure. Les heures ultimes avant le jour J sont souvent celles des dernières mises au point : sa « robe de fiancée » est-elle prête ? C'est que dans une huitaine de jours, elle va traverser les grilles du Carmel ! Après tous ces obstacles, sa « petite nacelle[49] » arrivera enfin « au port » !

---

47. Notre hypothèse n'est pas démentie par la lettre envoyée à son papa, étudiée au chapitre suivant.

48. *Ms C*, 2v°. Inauguré le 3 juin 1897, la rédaction du manuscrit sera suspendue dès le mois suivant.

49. Image par laquelle Céline manifestait sa compassion pour Thérèse.

Chapitre III

Le postulat

9 avril 1888. Ce jour[1] marque le début du postulat de Thérèse. Elle est en avance d'une année sur le règlement. C'est une victoire dont elle ne tire aucune satisfaction. Rien n'est acquis. Et certainement pas les faveurs du chanoine Delatroëtte, duquel Thérèse reçoit, en guise de bienvenue, ces paroles sépulcrales : « Eh bien ! mes Révérendes Mères, vous pouvez chanter un *Te Deum* ! Comme délégué de l'Évêque, je vous présente cette enfant de quinze ans, dont vous avez voulu l'entrée. Je souhaite qu'elle ne trompe pas vos espérances, mais je vous rappelle que s'il en est autrement, vous en porterez seules la responsabilité[2]. »

Soit. Ou plutôt *fiat*. Car peu lui chaut finalement : Thérèse est bien entourée par ailleurs.

« Je tâcherai de faire ta gloire en devenant une grande sainte »

Les religieuses du couvent – ses « *sœurs chéries* » – sont « désormais [prises] pour modèles de [ses] actions ». En particulier mère Geneviève de Sainte-Thérèse dont la réputation de

1. Il est aussi celui de la première demande en mariage à Céline, qui a dix-neuf ans.

2. *PA*, p. 141.

sainteté était communément admise de son vivant. Il y a aussi sœur Marie des Anges et du Sacré-Cœur, la maîtresse des novices entre 1888 et 1892, et dont Thérèse estime qu'elle « était une *vraie sainte*, le type achevé des premières carmélites ». Celle-ci, de son côté, parlera de Thérèse en termes élogieux : « Elle avait une telle intuition de la vertu et de la perfection religieuses, qu'il n'y avait, pour ainsi dire, qu'à l'instruire de la Règle, des Constitutions et des usages propres à notre saint Ordre, pour qu'elle s'en acquitte immédiatement dans la perfection[3]. »

Enfin, il y a toujours M. Martin. Après avoir éveillé sa « petite reine » aux valeurs les plus hautes, il continue d'être pour elle une référence, et même un emblème éminent de la sainteté. Sous les auspices de l'éloignement physique, Thérèse module ses pensées qui confluent vers la sainteté de son père.

> « Quand je pense à toi mon petit Père chéri, je pense naturellement au bon Dieu, car il me semble qu'il est impossible de voir quelqu'un de plus saint que toi sur la terre. » (*LT* 58, 1v°)
> « Si [Thérèse] n'est pas une Sainte ce sera bien de sa faute, car avec un Père comme toi elle en a bien les moyens !... » (*LT* 72, 2r°)
> « S'il est défendu d'écrire, c'est pour ne pas troubler le silence de la retraite, mais peut-on troubler sa paix en écrivant à un Saint ? » (*LT* 77, 2r°-2v°)

Il n'est pas nouveau que Thérèse allègue la sainteté de celui-ci. Est-ce par manière de le consoler de son départ et de maintenir serrés les liens qui l'unissent à lui ? Sans doute un peu. Est-ce parce qu'elle espérait atténuer la peine de son papa, devant les premiers

3. P.-D. Link, « Thérèse de Lisieux, Grâce et volonté dans la sanctification d'après les Manuscrits autobiographiques », *VT 115* (juillet-août-septembre 1989), p. 348.

symptômes[4] de l'artériosclérose cérébrale qui l'emportera ? Ce n'est pas impossible non plus. Est-ce parce qu'elle n'hésite pas à voir en autrui et autour d'elle des saints[5] ? Peut-être aussi, et elle ne se prive plus d'entretenir ses proches sur la sainteté, qui focalise désormais toute son attention.

Cependant, Thérèse revient avec une telle insistance sur ce genre de compliments à l'endroit de son père qu'il y a autre chose ; laquelle nous semble exprimée dans cette promesse : « Oui, je resterai toujours ta petite reine et je tâcherai de faire ta gloire en devenant une grande sainte. » Thérèse a contracté une dette envers lui et elle veut se comporter en conséquence. Moins pour qu'il soit fier d'elle que pour lui montrer que son enseignement et son exemple vont produire du fruit. Ses soins paternels ont fait de Thérèse une émule enthousiaste et ardente de la sainteté et elle l'en remercie. Son objectif de devenir « une grande sainte » ne se réduit plus à une entreprise personnelle : Thérèse y fédère M. Martin, en exposant l'objectif comme un effort commun entre elle et lui.

« Conquérir la palme » de la sainteté

Thérèse découvre au carmel de Lisieux une vie correspondant en tout point à l'idée qu'elle s'en était forgée. Les premières semaines n'en sont pas moins éprouvantes :

> « Les *illusions*, le bon Dieu m'a fait la grâce de *n'en avoir* AUCUNE en entrant au Carmel : j'ai trouvé la vie

4. En effet, l'année précédente, « le 1er mai 1887, M. Martin est atteint d'une première congestion cérébrale. Sa jambe est devenue lourde, quant à la parole, elle est très confuse mais tout revient rapidement dans l'ordre » (D. Perrier, *Thérèse de Lisieux. Une petite fille qui voulait être sainte*, Condé-sur-Noireau, Éd. C. Corlet, 1997, p. 23).

5. Cf. par exemple deux lettres écrites à la même époque : *LT* 59, 2r° à sa tante et *LT* 60, 1v° à M. David.

> religieuse *telle* que je me l'étais figurée, aucun sacrifice ne m'étonna et cependant, vous le savez, ma Mère chérie, mes premiers pas ont rencontré plus d'épines que [de] roses!… […] Jésus me fit comprendre que c'était par la croix qu'Il voulait me donner des âmes et mon attrait pour la souffrance grandit à mesure que la souffrance augmentait. Pendant cinq années cette voie fut la mienne mais à l'extérieur, rien ne traduisait ma souffrance ». (*Ms A*, 69r°-70°)

Thérèse ne dit rien à la légère. La souffrance constituera le fond de sa vie de 1888 à 1893, date à laquelle refait surface, dans ses écrits, l'expression du « petit grain de sable » disparue depuis sa profession. La communauté ne se montre pas hostile envers elle, mais peut-être qu'affleurent la jalousie et/ou l'incrédulité. Après tout, Thérèse est jeune et c'est la troisième Martin[6] qui entre au couvent. Enfin, ses rapports avec la nouvelle révérende mère – Marie de Gonzague – sont parfois difficiles.

Ces « épines » ne font pas chanceler sa détermination, ni flancher sa bonne volonté. D'autant que, un mois après son entrée (en mai 1888), le père confesseur Pichon l'a entendue dans une « confession générale ». Après avoir été le directeur spirituel des sœurs Martin, il suit désormais Thérèse qui rapporte :

> « À la fin le Père me dit ces paroles, les plus consolantes qui soient venues retentir à l'oreille de mon âme : "En présence du Bon Dieu, de la Sainte Vierge et de tous les Saints, je déclare que jamais vous n'avez commis un seul péché mortel." Puis il ajouta : remerciez le Bon Dieu de ce qu'il fait pour vous, car s'il vous abandonnait, au lieu d'être un petit ange, vous deviendriez un petit démon. Ah ! je n'avais pas de peine à le croire, je sentais combien j'étais

6. Après Pauline en octobre 1882 et Marie en octobre 1886.

> faible et imparfaite, mais la reconnaissance remplissait mon âme, j'avais une si grande crainte d'avoir terni la robe de mon Baptême. » (*Ms A*, 70r°)

Ce jugement la soulage puissamment, et l'impression en elle ne s'effacera pas[7]. Thérèse, avait effectivement « une si grande crainte d'avoir terni la robe de [son] Baptême ».

Le baptême. Par ce sacrement, Dieu nous donne la vie surnaturelle en partage et nous devenons ses enfants. Voilà pourquoi Thérèse souhaitait ressembler aux saints innocents : leur robe baptismale n'avait pas eu le temps de se « ternir ». Elle soutenait en effet que le baptême – qu'elle écrit sciemment avec un « B » majuscule – est à même de « répandre dans [l']âme une sainte blancheur », du fait que « le vrai Dieu [y] habite par Lui-même ». Inhabitation divine dans la créature qu'inaugure le baptême[8]. Or, Thérèse apprend avec bonheur qu'elle a préservé jusqu'à présent « la rosée du Baptême », par laquelle Dieu « dépose dans [nos] cœurs un germe d'immortalité ». En fin de compte, son immense respect envers le baptême découle de cette vérité théologique : nous sommes, « depuis notre baptême, "réellement saints" [...] nous n'avons pas seulement à nous diriger vers la sainteté, mais encore à agir à partir d'elle[9] ».

---

7. C'est ce verdict que Thérèse retiendra du confesseur : « Le P. Pichon me traitait trop comme une enfant; cependant il m'a fait du bien aussi en me disant que je n'ai pas commis de péché mortel » (*CJ* 4.7.5).

8. *PN* 3, 60. « Le baptême, en donnant la vie de la grâce du Christ, efface le péché originel et retourne l'homme vers Dieu, mais les conséquences pour la nature, affaiblie et inclinée au mal, persistent dans l'homme et l'appellent au combat spirituel » (*CEC*, n° 405).

9. Constitution dogmatique *Lumen gentium*, n° 40.

L'aveu de sa faiblesse

Thérèse est on ne peut plus réaliste. Loin d'être froissée par l'avertissement du père Pichon, elle est plutôt affermie dans ses appréciations d'elle-même. Elle se *sentait* « faible et imparfaite ». Sincèrement, elle pensait n'être qu'une petite âme en comparaison des saints.

Bien plus : le double aveu de sa faiblesse et de son imperfection est fondamental pour comprendre sa voie de sainteté. Il sera même un point névralgique de sa « petite voie ». Sa faiblesse et son imperfection ayant servi de lieu d'accueil de la « grâce de Noël », ils seront ses armes pour devenir une grande sainte. Pour l'heure, « c'est sa faiblesse qui fait toute sa confiance ». Loin d'être une pierre d'achoppement dans son enseignement, sa faiblesse en est déjà la pierre angulaire : elle est la tonalité de son postulat, et Thérèse la met sur le même pied que son imperfection. Il lui faudra encore accepter sereinement celle-ci pour que sa faiblesse puisse devenir le chaînon – encore manquant – entre, d'un côté, ses aspirations à la sainteté, et de l'autre, son incapacité à y répondre. Sans s'exclure l'une l'autre – et c'est déjà ça –, son imperfection et la sainteté se contredisent encore en elle. Thérèse le vit intérieurement et l'extériorise dans ce cri : « Mais rien de trop à souffrir pour conquérir la palme… » ; car « lorsqu'on veut atteindre un but, il faut en prendre les moyens ».

De fait, l'heure est encore au combat. Et Thérèse va y adjoindre sa sœur Céline.

« Jésus te demande TOUT, TOUT, TOUT, autant comme il peut demander aux plus grands Saints »

C'est à présent Céline qui va nous aider à dégager et approfondir la façon dont Thérèse conçoit la sainteté : elle va progressivement passer du statut de partenaire moral de Thérèse à celui de première disciple. Et Thérèse a beaucoup à lui apprendre.

> « Jésus demande TOUT à ses deux lis [Céline et Thérèse], il ne veut rien leur laisser que leur blanche robe [...] La vie souvent est pesante, quelle amertume... mais quelle douceur ! oui, la vie coûte, il est pénible de commencer une journée de labeur [...] [Cependant, Dieu] veut nous donner une si belle récompense, ses ambitions pour nous sont si grandes. Mais comment dira-t-il : "mon tour" si le nôtre n'est venu, si nous ne lui avons rien donné ? Hélas ! il lui en coûte de nous abreuver de tristesses mais il sait que c'est l'unique moyen de nous préparer à "le connaître comme il se connaît et à devenir des Dieux nous-mêmes". Oh ! quelle destinée, que notre âme est grande. Élevons-nous au-dessus de ce qui passe, tenons-nous à distance de la terre, plus haut l'air est pur... [...] Jésus te demande TOUT, TOUT, TOUT, autant comme il peut demander aux plus grands Saints ». (*LT* 57, 1v°-2v° tv).

Le contexte familial douloureux contribue à orienter en ce sens les réflexions de Thérèse, qui les communique à Céline. En effet, celle-ci est désormais le témoin direct du délabrement de l'état de santé de M. Martin. Les premières manifestations de troubles psychiques sérieux ont surgi moins de huit jours après l'annonce de Céline : le 15 juin 1888, c'est-à-dire deux mois à peine après le départ de Thérèse, Céline l'a informé de son projet de devenir carmélite à son tour. Cependant, au lieu de commenter les aléas de la vie, qui ne sont que la pointe visible de l'iceberg, Thérèse en tire directement la leçon théologale. Les épreuves ne sont que la surface émergée d'un enseignement divin sous-jacent : les tribulations peuvent être sanctificatrices. Nous ne devons donc pas nous laisser submerger par elles, mais les appréhender en tant que des moments anticipateurs et formateurs de notre destinée surnaturelle. Pour Thérèse, il y a imbrication entre leurs souffrances personnelles et leur sanctification. La souffrance prépare à connaître Dieu et à recevoir ses dons : « mon tour ». Jusqu'à la fin de sa vie, Thérèse répétera que la souffrance est un raccourci vers la sainteté[10], du fait que souffrir est ce qui coûte le plus, et que l'on ne peut offrir davantage qu'en souffrant[11].

Thérèse dégage le même objectif à sœur Agnès de Jésus, en ajoutant l'amour : « Pour l'agneau [Pauline] et l'agnelet [Thérèse] il faut la palme d'Agnès [du martyre], si ce n'est par le sang, il faut que ce soit par l'amour[12]... » Thérèse met en balance le martyre – tout acte douloureux et pénible – et l'amour. Elle comprendra mieux plus tard à quel point ils sont indissociables. Mais déjà, elle insiste sur l'amour, tant il est vrai qu'un amour profond et vrai fait souffrir. La souffrance est citée en premier, mais elle n'est qu'un moyen – quand ce n'est pas une conséquence. C'est l'amour, l'unique moteur fournissant l'impulsion pour accéder à la « palme de la sainteté ». Thérèse va le développer.

« Jésus ne regarde pas autant à la grandeur des actions ni même à leur difficulté qu'à l'amour qui fait faire ces actes... »

Après trois mois de silence, Thérèse envoie une nouvelle dépêche à Céline, où de nouveaux éléments sont apportés.

> « Quelle grâce quand le matin nous ne nous sentons aucun courage, aucune force pour pratiquer la vertu,

---

10. « Rappelez-vous que c'est par la souffrance qu'une sœur Geneviève de Ste Thérèse [Céline] peut arriver à la sainteté. Vous n'aurez pas de peine à chérir la Croix et les larmes de Jésus si vous pensez souvent à cette parole : "Il m'a aimée et s'est livré pour moi ! » (*LT* 184).

11. « Ô grande et universelle douleur que vous avez soufferte pour l'amour de nous en votre chair virginale ! Très doux Jésus, qu'auriez-vous pu faire pour nous que vous n'ayez fait ! », s'était exclamée sainte Brigitte de Suède (*Les quinze oraisons révélées par Notre Seigneur à sainte Brigitte dans l'église Saint-Paul à Rome*, Éd. du Parvis, Stella Maris, Hauteville/Suisse, p. 10).

12. *LT* 54.

> c'est alors le moment de mettre la cognée à la racine de l'arbre [...] c'est alors le moment difficile, on est tenté de laisser tout là, mais dans un acte d'amour même pas senti, tout est réparé et au-delà [...] Jésus ne regarde pas autant à la grandeur des actions ni même à leur difficulté qu'à l'amour qui fait faire ces actes... J'ai trouvé il y a quelque temps une parole que je trouve bien belle. La voici, je crois qu'elle va te faire plaisir : "La résignation est encore distincte de la volonté de Dieu, il y a la même différence qu'il existe entre l'union et l'unité. Dans l'union on est encore deux, dans l'unité on n'est plus qu'un[13]." Oh ! oui ne soyons qu'un avec Jésus, méprisons tout ce qui passe, nos pensées doivent se porter au Ciel puisque c'est là la demeure de Jésus ». (*LT* 65, 1v°-2v°, 20 octobre 1888)

Thérèse conserve une terminologie virile et rude. Comme peuvent l'être les travaux ruraux – « mettre la cognée à la racine de l'arbre ». C'est que, dans la faiblesse, il faut fournir des efforts plus importants. Efforts rendus plus considérables encore par le fait qu'il s'agit de s'exécuter sans « aucun courage », sans « aucune force » ; voire dans « un acte d'amour même pas senti » !

Sans renoncer à l'effort, il est en réalité plus foncièrement question de s'abandonner. Jean Guitton éclaire le paradoxe tout en le renforçant : « Il existe un effort favorable, beau et bon, qui est la détente du vouloir [...] Cet effort que les spirituels appellent *l'abandon* (et qui est, en un sens, un effort sans effort[14]) ». Car, quand nous sommes à ce point démunis, comment mettre du cœur à l'ouvrage autrement qu'en imprégnant notre agir de l'amour ! Du coup, nous nous concentrons moins sur notre effort en soi, que sur l'amour que nous y mettons, peu importe s'il « n'est même pas senti ».

---

13. Elle le redira à l'infirmerie (*CJ* 23.7.5).

14. J. Guitton, *Le génie de Thérèse de Lisieux*, Paris/Lisieux, Éd. de l'Emmanuel/OCL, 1995² (1965), p. 71.

Adhésion à la volonté de Dieu n'est pas résignation

La souffrance peut rebuter et décourager, contrairement à l'amour. Thérèse ne veut pas tant éluder la question de la souffrance que rester fidèle à un autre point très important de son enseignement. Loin de chercher à édulcorer son propos ou à diminuer l'idéal, elle a découvert une intuition de sainte Thérèse d'Avila : « Jésus ne regarde pas autant à la grandeur des actions ni même à leur difficulté qu'à l'amour qui fait faire ces actes[15]… » Cette intuition ira sans cesse s'amplifiant, dans les espérances de Thérèse comme dans ses instructions. Jusqu'à ce qu'elle allègue, six mois plus tard, qu'« un seul acte d'amour nous fera mieux connaître Jésus [… et] nous rapprochera de Lui pendant toute l'éternité !… »

En voulant réconforter Céline, Thérèse continue de sculpter sa pensée. Ce ne sont ni la résignation docile aux relents de contrainte ni la servilité à l'arrière-goût de fatalité, qui doivent donner le ton à nos actes. C'est la « volonté de Dieu », que l'on agrée, accueille et fait fructifier. À l'exemple de monsieur Martin.

Par ailleurs, si les efforts et les sacrifices vécus généreusement peuvent nous sanctifier et nous préparer une place au ciel, Thérèse ne mise pas directement dessus. Il est vrai qu'elle dit à son père, quand il connaît des périodes d'accalmie et de lucidité : « Je sais bien pourquoi le bon Dieu nous envoie cette épreuve, c'est pour que nous gagnions le beau Ciel, il sait que notre Père chéri est tout ce que nous aimons le plus sur la terre, mais il sait bien aussi qu'il faut souffrir pour gagner la vie éternelle, et c'est pour cela qu'il nous éprouve[16] ». Mais rien ne nous empêche de penser que ce fut aussi pour adoucir ses blessures d'amour-propre. Nous voyons bien que l'amour s'est déjà glissé dans son entreprise de sainteté, quand même la souffrance doit l'accompagner. Partant, c'est une façon de relativiser la souffrance par rapport à l'amour,

---

15. Cf. Thérèse d'Avila, *Château intérieur, VIIe demeure*, chap. 4.

16. *LT* 68, 1r°-1v°.

qui reste premier et primordial. La souffrance ne prend du sens que quand elle est mise en relation avec l'amour, dans une perspective surnaturelle.

Oui, mais… Est-il possible de se mettre à l'œuvre sans aucune disposition particulière, et par amour de surcroît ? La résolution de l'énigme dépend de l'éclaircissement d'un autre concept, qui ne manque pas non plus de mystère : celui d'un « amour non senti », dont elle reparle trois mois plus tard. L'expression avait dû interloquer Céline.

L'amour « non senti »

Comment un amour peut-il être « non senti » alors que c'est aussi une passion qui, par définition, nous investit de sorte que nous la ressentons ? N'est-ce pas équivoque de prétendre agir par amour quand cet amour n'est nullement éprouvé et apparemment absent ?

> « Mais tu ne sens pas ton amour pour TON ÉPOUX, tu voudrais que ton cœur soit une flamme qui monte vers lui sans la plus légère fumée, fais bien attention que la fumée qui t'environne n'est que pour toi ; pour t'ôter toute la vue de ton amour pour Jésus, la flamme n'est vue que de lui seul, au moins alors il l'a tout entière, car pour peu qu'il nous la montre un peu, vite l'amour-propre vient comme un fatal vent qui éteint tout !… » (*LT* 81, r°)

Thérèse semble se contredire : elle évoque une flamme « sans la plus légère fumée », en même temps qu'elle met en garde contre la présence de cette fumée. En fait, elle met le doigt sur la complexité de l'être humain. D'un côté, Céline pourrait vouloir que la flamme de son amour pour Jésus soit parfaite : sans fumée. D'un autre côté, la fumée, qui pourrait s'en dégager, dresserait immanquablement un voile entre elle et Jésus. En ce cas, la fumée représenterait, en Céline, les effets de cet amour qu'elle pourrait rechercher, avant de risquer de s'y complaire.

Dans les deux cas, « sentir » quelque chose nous ramène à nous-mêmes. Nous prenons conscience de ce que nous vivons, et nous en jouissons. Or, ce repliement sur soi n'est pas inoffensif. Ces impressions peuvent générer une certaine addiction. De plus, du moment que nous nous attardons sur elles, nous nous détournons de Dieu. Enfin, elles nous font aimer Dieu pour les « consolations » sensibles qu'il pourrait nous prodiguer. Au lieu de l'aimer pour lui-même et « Lui seul », nous l'aimons en raison des effets de son amour en nous. C'est ce qu'explique Thérèse l'année suivante, à sœur Agnès de Jésus :

> « Mon âme est toujours dans le souterrain mais elle y est bien heureuse, oui heureuse de n'avoir aucune consolation car je trouve qu'alors son amour n'est pas comme l'amour des fiancés de la terre qui regardent toujours aux mains de leur Fiancé pour voir s'il ne leur apporte pas quelques présents, ou bien à leur visage pour y surprendre un sourire d'amour qui les ravit... Mais la pauvre petite fiancée de Jésus sent qu'elle aime Jésus pour Lui seul. » (*LT 115, v°*)

Un acte d'amour non senti repousse toute velléité de s'approprier Dieu et d'exiger des signes tangibles de sa présence. C'est donc dans cette absence du sentir que l'on peut distinguer l'amour vrai de la pure émotivité, et l'en dissocier. C'est lorsque ces douces impressions sont absentes, c'est lorsque nous agissons sans « ferveur » que notre amour est authentique. C'est l'amour pur du Fils de Dieu qui a donné sa vie en sachant qu'elle serait refusée par beaucoup. Voilà pourquoi Thérèse écrira : « Jésus [...] ne doit regarder qu'à l'amour. Demandez-lui de m'en donner beaucoup aussi à moi, je ne demande pas de l'amour sensible mais seulement senti de Jésus[17] ».

---

17. *LT* 114, v°.

Certes, sans être forcément mécanique, le geste est néanmoins posé, apparemment, froidement : sans entrain, sans enthousiasme. Pourtant, c'est l'acte d'amour dans sa plus pure essence, parce que dans sa plus parfaite gratuité. Un don intime étant forcément une expression de vulnérabilité et d'amour, donner étant inéluctablement une façon d'aimer, il s'ensuit qu'un don gratuit ne peut être accompli sans amour ; simplement, on ne l'éprouve pas toujours de manière sensible.

Il n'est donc pas question de tenter de transcender ce non-sentir en lui donnant l'apparence de la « joie », ni d'essayer de la dissimuler aux yeux des autres. Il ne s'agit pas davantage de nier que cet amour non senti engendre une réelle souffrance morale résultant d'un sentiment d'inachevé. En effet, il y a cette mise en garde ultérieure de Thérèse : « N'êtes-vous pas prête à souffrir tout ce que le Bon Dieu voudra ? Je sais bien que oui, alors, si vous désirez sentir de la joie, avoir de l'attrait pour la souffrance, c'est votre consolation que vous cherchez, puisque lorsqu'on aime une chose, la peine disparaît[18]. » Cette « peine » est bien présente. La désavouer empêcherait de comprendre qu'elle est, en fait, source de grandes grâces. Ainsi, nous venons de lire que « l'âme [de Thérèse] est toujours dans le souterrain ». Autrement dit, Thérèse ne sent rien de son union à Jésus. Dans un sentir perceptible par les sens s'entend. C'est un état de fait pénible et ingrat. Néanmoins, elle tâche de ne pas se préoccuper de ne rien éprouver, ni de ne percevoir aucun des effets de la grâce en elle ; ce que recherchent souvent les adeptes d'une fausse mystique.

L'intuition de Thérèse est celle-ci : par nous-mêmes, nous ne pouvons aimer comme il se doit. C'est au-dessus de nos forces. Par suite, il faut laisser Dieu aimer à travers nous. Nous devons lui « emprunter » son amour – soit recourir à une « greffe de cœur », dit joliment le père Descouvemont. Alors, l'amour ne

18. Citation de saint Augustin, *LT* 197, 1v°.

sera pas senti du fait qu'il ne prend pas sa source en nous – qu'il ne fait que traverser –, mais en Dieu, qui en est le seul dispensateur.

Cet amour n'est donc pas à entendre au sens d'une passion, mais d'une vertu théologale[19] : un Amour avec un grand « A », directement infusé par Dieu. Thérèse opère cette distinction en affirmant qu'en nous mettant « à l'œuvre, sans joie, sans courage, sans force, [...] tous ces titres [...] faciliteront l'entreprise [... et nous feront] travailler par Amour ». Nous voyons la progression : l'amour avec un « a » minuscule jusqu'à l'Amour avec un « A » majuscule. Nous ne pouvons pas nous prévaloir des actes d'Amour avec un grand « A » ni en revendiquer la paternité : « C'est Jésus qui peut seul donner un tel prix à nos actions », précisera plus tard Thérèse. Cet amour n'est pas le fruit de notre générosité ou de notre volonté : il vient de Dieu.

Par conséquent, l'enjeu est de nous accoler directement à Dieu : sans repli sur soi, et donc sans tenir compte de ce que nous pourrions ressentir. Or, c'est la simplicité qui unifie notre personne et permet que nous ne formions plus qu'un unique pli[20].

La simplicité

La simplicité est l'un des cachets distinctifs de Thérèse, et même une clé majeure pour comprendre sa conception de la sainteté. Elle est le préambule de la pauvreté en esprit dont elle parle beaucoup.

Un fait anodin constitue la toile de fond de son émergence : Thérèse épanche avec peine son âme auprès de la maîtresse des novices. Sœur Fébronie lui explique la raison de ses réticences : « "Ma petite fille, il me semble que vous ne devez pas avoir grand'chose à dire à vos supérieures." — Pourquoi, ma Mère,

---

19. Les deux autres étant la foi et l'espérance.

20. Selon la racine latine du mot « simple » : *simplex*, « formé d'un seul élément ».

dites-vous cela ?… [rétorque Thérèse] — “Parce que votre âme est extrêmement *simple*, mais quand vous serez parfaite, vous serez *encore* plus *simple*, plus on s'approche du Bon Dieu, plus on se simplifie”[21]. » Thérèse s'applique depuis longtemps à brimer son amour-propre. Aussi bien, cette remarque ne la vexe pas. Mais comment cerne-t-elle la simplicité ?

Pour elle, le manque de simplicité trahit l'orgueil qui « se glisse partout », la présomption et la vanité. Trois défauts qui embrassent une seule et même réalité : la recherche de soi au détriment de Dieu. L'orgueilleux est fier des vertus qu'il a développées ; le présomptueux s'en prévaut ; le vaniteux s'en rengorge. Chacun, à sa façon, ouvre une brèche identique à l'ennemi : celle de l'amour-propre, qui consiste à « se rechercher » et à « se faire admirer » – au moins indirectement. Thérèse y repensera à la fin de sa vie en lisant un verset du Cantique des Cantiques :

> « Il faut faire bien attention à ne pas se rechercher car on aurait le cœur blessé et l'on pourrait dire avec vérité : “les gardes m'ont enlevé mon manteau, ils m'ont blessée… ce n'est qu'après les avoir dépassés un peu que j'ai trouvé mon Bien-Aimé”. Je pense que si l'âme avait humblement demandé aux gardes où était son Bien-Aimé, ils lui auraient indiqué où il se trouvait, mais pour avoir voulu se faire admirer, elle est tombée dans le trouble, elle a perdu la simplicité du cœur. » (*CJ* 25.7.13)

La simplicité est l'antidote de l'autosatisfaction, qu'il ne faut surtout pas renflouer. Elle est un sas qui passe au crible la plus petite fulgurance d'élévation de soi. Dans un autre exemple, Thérèse « *raconta qu'autrefois pour se mortifier, elle pensait à des choses sales en mangeant.* “Mais après, reconnut-elle, j'ai trouvé cela plus simple d'offrir au bon Dieu ce que je trouvais à mon

21. *Ms A*, 70v°.

goût[22]" ». Ici, la simplicité nous évite de chercher de savantes voies pour plaire à Jésus. Car la formule « plus on s'approche du Bon Dieu, plus on se simplifie », vaut également en sens contraire : plus on est simple, plus on se rapproche de Dieu. Il faut donc se détacher de tout ce qui lui fait obstacle et concurrence. À commencer par soi-même. Et Dieu sait si nous sommes complexes – et même compliqués.

L'attachement à Dieu et le détachement des créatures

Au soir du 5 janvier 1889, Thérèse entre dans sa retraite préparatoire au noviciat[23]. Céline brigue le Carmel, mais elle demeure à la maison pour exercer son office de garde-malade de monsieur Martin, dont l'état mental continue de se dégrader. Les deux sœurs en sont les témoins impuissants. Thérèse, comme à son habitude, en tire des leçons spirituelles.

Ainsi, la progression des troubles mentaux de monsieur Martin a prolongé de trois mois son postulat – neuf au lieu des six mois requis. Partant, sa hâte et toute initiative dans son ascension vers la sainteté sont escamotées. Mais surtout, Dieu ne fait rien moins qu'exaucer son vœu de « changer pour [elle] en *amertume*, toutes les consolations de la terre !... » (*Ms A*, 36v°). Ne s'appuyant aucunement sur les douces impressions et ne les recherchant pas, Thérèse peut tenir de justes propos sur le « non-sentir[24] » à Céline.

Elle continue donc de sonder le « détachement » de soi, facteur indispensable de notre sanctification. Elle recourt aussi au

---

22. *CJ* 1.9.12.

23. Elle durera jusqu'au 9 janvier et elle est relatée en *Ms A*, 75v°.

24. Que Thérèse réhabilite : « les désirs de martyre [...] sont une consolation, que Jésus accorde parfois aux âmes faibles comme la [sienne] (et ces âmes sont nombreuses) mais [que] lorsqu'il ne donne pas cette consolation c'est une grâce de privilège » (*LT* 197, 1v°).

verbe plus incisif de s'« arracher » à ce qui nous entoure et nous constituait jusqu'alors. Car elle n'est pas sans ignorer la douleur qu'engendre ce renoncement. Pour sa part, elle n'a pas encore inhibé tout à fait le réflexe vital de lutter contre le dépouillement intérieur. Nous avons pour preuve les trois passages suivants, extraits de trois lettres écrites sur deux jours, et adressées à ses deux sœurs. Thérèse ne cherche pas à donner le change, mais elle lutte ouvertement et bravement contre les sentiments qui pourraient la submerger :

> « Si vous saviez combien je veux être indifférente aux choses de la terre, que m'importent toutes les beautés créées, je serais malheureuse en les possédant, mon cœur serait si vide !… C'est incroyable comme mon cœur me paraît grand quand je considère tous les trésors de la terre, puisque je vois que tous réunis ne pourraient le contenter ». (*LT* 74, 2r°)
> « Pourquoi chercher du bonheur sur la terre, je vous avoue que mon cœur en a une soif ardente, mais il voit bien, ce pauvre cœur, que nulle créature n'est capable d'étancher sa soif, au contraire, plus il boit à cette source enchantée plus sa soif devient ardente !… » (*LT* 75)
> « Qu'il est bon pour moi celui qui sera bientôt mon fiancé, qu'il est divinement aimable en ne voulant me permettre de m'attacher à AUCUNE chose créée ! Il sait bien que si il [*sic*] me donnait seulement une *ombre* de BONHEUR, je m'y attacherais avec toute l'énergie, toute la force de mon cœur ; cette ombre il me la refuse, il aime mieux me laisser dans les ténèbres que de me donner une fausse lueur qui ne serait pas *lui* !… Puisque je ne puis trouver *aucune* créature qui me contente, je veux tout donner à Jésus, je ne veux pas donner à la créature seulement un *atôme* [*sic*] de mon amour ; puisse Jésus me donner toujours de comprendre que lui seul est le bonheur parfait même quand lui-même paraît absent !… Aujourd'hui

> plus qu'hier, si cela est possible, j'ai été privée de toute consolation ; je remercie Jésus qui trouve cela bon pour mon âme, et puis peut-être que si il [*sic*] me consolait je m'arrêterais à ces douceurs, mais Il veut que *tout* soit pour lui !... Eh bien, *tout* sera pour lui, tout, même quand je ne sentirai rien à pouvoir lui offrir, alors comme ce soir je lui donnerai ce *rien* !... [...] Le bonheur, il n'est que dans la souffrance et dans la souffrance sans aucune consolation !... » (*LT* 76, 1v°-2v°)

Ce que vit Thérèse est rude. Elle en déduit que dans le créé, il ne peut y avoir la moindre consolation, valable ni durable, à déceler. Au lieu de refuser ou de simplement étouffer cette vérité, elle la pointe du doigt avec une véhémence d'accent qui en essaime toute la fécondité : c'est en accueillant sans réserve cet apprentissage que l'on pourra « comprendre que [Dieu] seul est le bonheur parfait ». C'est bien plus tard qu'elle écrira sereinement : « Je ne trouve rien sur la terre qui me rende heureuse ; mon cœur est trop grand, rien de ce qu'on appelle bonheur en ce monde ne peut le satisfaire[25]. »

En attendant, mieux vaut vivre dans les ténèbres que dans « une fausse lueur » ou dans une « *ombre* de BONHEUR ». Thérèse préfère évoluer dans cette vérité radicale et y discerner une invitation d'autant plus pressante à entrer dans une relation exclusive avec Jésus.

Revenons sur la dernière phrase du troisième extrait (*LT* 76), qui réduit le bonheur à « la souffrance sans aucune consolation ». Cela peut sembler outrancier et doloriste. En réalité, Thérèse veut démarquer le bonheur d'une conception trop humaine. Sans être un objectif en soi, la souffrance remplit le rôle positif – et très éprouvant – de sa purification. C'est par son truchement que l'on assainit le besoin d'amour qui nous habite tous sans exception.

25. *LT* 245, v°.

Nous pourrions aussi y voir une figure de style : la contraction métonymique qui veut que nous buvions le verre dont nous n'avalons en réalité que le contenu. En l'occurrence, Thérèse aime la souffrance, concrétisée dans l'absence de consolation, parce qu'elle marque son attachement inconditionnel à Jésus, dans un amour purifié de l'humain. Et certes, « cet amour peut paraître aller jusqu'à aimer la douleur. Il ne l'aime pas du tout ; il n'a de goût qu'au bonheur [avec Dieu]. Mais ce qu'il aime dans la douleur d'amour, c'est qu'elle signifie une présence toute pure à l'aimé, une présence qui ne revendique plus rien[26] ». Nous pourrions enfin l'interpréter comme une synecdoque : prendre la partie (la souffrance) pour le tout (l'amour de Jésus, qui reste prioritaire). Ces hypothèses ne s'annulent aucunement pas plus qu'elles ne dénaturent la pensée de Thérèse. Mais il y a encore autre chose.

C'est seulement une fois comprise et agréée, que sa sécheresse spirituelle[27] va pouvoir commander le développement de sa conception de la sainteté – jusque dans ses ramifications les plus profondes. Thérèse doit renoncer à tout soutien humain, dont il lui faut fuir même « l'ombre », la moindre esquisse. Plus tard, elle analysera longuement ce point de l'enseignement divin :

> « Comment un cœur livré à l'affection des créatures peut-il s'unir intimement à Dieu ?… Je sens que cela n'est pas possible. Sans avoir bu à la coupe empoisonnée de l'amour trop ardent des créatures, *je sens* que je ne puis me tromper, j'ai vu tant d'âmes séduites par cette *fausse lumière*, voler comme de pauvres papillons et se brûler

26. M. Bellet, *Thérèse et l'illusion*, Paris, DDB, 1998, p. 37.

27. Qu'elle met une fois au pluriel (cf. *LT* 143 1v°).

les ailes, puis revenir vers la vraie, la douce lumière de l'*amour* qui leur donnait de nouvelles ailes plus brillantes et plus légères afin qu'elles puissent voler vers Jésus, ce Feu Divin "qui brûle sans consumer". Ah ! je le sens, Jésus me savait trop faible pour m'exposer à la tentation, peut-être me serais-je laissée brûler tout entière par la *trompeuse lumière* si je l'avais vue briller à mes yeux… […] Je n'ai donc aucun mérite à ne m'être pas livrée à l'amour des créatures, puisque je n'en fus préservée que par la grande miséricorde du Bon Dieu ! Je le sais : "celui à qui on remet moins, aime moins" mais je sais aussi que Jésus m'a *plus remis* qu'à *Sainte Madeleine*, puisqu'il m'a remis *d'avance*, m'empêchant de tomber. […] Je suppose que le fils d'un habile docteur rencontre sur son chemin une pierre qui le fasse tomber et que dans cette chute il se casse un membre, aussitôt son père vient à lui, le relève avec amour, soigne ses blessures […] Sans doute cet enfant a bien raison d'aimer son père ! Mais je vais encore faire une autre supposition. — Le père ayant su que sur la route de son fils se trouvait une pierre, s'empresse d'aller devant lui et la retire (sans être vu de personne). Certainement, ce fils, objet de sa prévoyante tendresse, […] s'il vient à connaître le danger auquel il vient d'échapper, ne l'*aimera*-t-il *pas davantage* ? Eh bien, c'est moi qui suis cette enfant, objet de l'amour prévoyant d'un *Père* qui n'a pas envoyé son Verbe pour racheter les *justes* mais les *pécheurs*. Il veut que je l'*aime* parce qu'il m'a *remis*, non pas beaucoup, mais *tout*. Il n'a pas attendu que je l'*aime beaucoup* comme Ste Madeleine, mais il a voulu que JE SACHE comment il m'avait aimée d'un amour d'ineffable prévoyance, afin que maintenant je l'aime à la *folie* !… » (*Ms A*, 38r°-39r°)

Thérèse surmonte ce qu'il y a d'âpreté dans le détachement des créatures et dans le renoncement au bonheur humain – qui semble davantage à notre portée –, en en déchiffrant le sens eschatologique[28]. Dans son cas, elle a saisi que la grâce prévenante[29] – « sa prévoyante tendresse » et son « amour prévoyant » – l'a « empêchée de tomber ». Elle n'a pas eu le temps de se « livrer à l'affection des créatures » parce que Dieu lui a tout « remis *d'avance* ». Ainsi, dans une sidération[30] et une certitude[31] partagée par tous les saints, Thérèse sait que sans la prévenance divine, elle aurait tout aussi bien pu déchoir, ou du moins « se brûler les ailes » en s'approchant de la « *fausse lumière* ». Jusqu'où donc Dieu s'abaisse-t-il ! Amour ineffable et incompréhensible pour l'homme, et qui n'eut de cesse de provoquer la gratitude[32] de Thérèse. Alors même qu'elle vit dans l'aridité la plus pure et qu'il lui faut désormais se désaccoutumer de sa grande intimité avec Jésus. N'oublions pas qu'en 1887 – année bénie avec 1884 –, Jésus était son « *Directeur* » qui l'« instruisait en secret des choses de son amour », et qu'elle avait connu envers lui de véritables « transports d'amour ».

Les heures fastes sont-elles donc finies ? Non. Mais sa sanctification est passée à un autre niveau. Sa lucidité n'atténue pas les douleurs ressenties. Son cœur aimant eut pu l'égarer dans la

28. Concernant les fins dernières de l'homme.

29. Ce que la théologie appelle le « mérite *de condigno* », nous assure le salut. Il découle de notre justification opérée par la mort et la résurrection de Jésus Christ. Cette première grâce de conversion est sans mérite de notre part (cf. *CEC* n° 2010).

30. Elle en reparle dans le cadre d'une pièce de théâtre de son invention : « "Mais moi, pauvre petite bergère, comment a-t-Il pu s'abaisser jusqu'à me prendre pour son épouse ? Il savait bien pourtant que je n'avais ni science ni vertu." [Thérèse, qui joue le rôle, répond] : "Notre Seigneur ne s'est pas plus abaissé en venant à vous qu'Il ne l'a fait pour nous ; au contraire, à ses yeux la plus humble condition est la plus grande ; mais comme vous je suis émue en contemplant son amour" » (*RP* 7, 1r°).

31. Au reste, ce fut la tonalité de toute sa vie et elle l'indique dès l'ouverture de son premier manuscrit autobiographique : « La fleur [Thérèse] qui va raconter son histoire se réjouit d'avoir à publier les prévenances tout à fait gratuites de Jésus, elle reconnaît que rien n'était capable en elle d'attirer ses regards divins et sa miséricorde seule a fait tout ce qu'il y a de bien en elle… » (*Ms A*, 3v°).

32. Citons par exemple : « Seigneur, tu m'as choisie dès ma plus tendre enfance / Et je puis m'appeler l'œuvre de ton amour… / Je voudrais, ô mon Dieu ! dans ma reconnaissance / Oh ! je voudrais pouvoir te payer de retour ! » (*PN* 53, str. 1).

vie en société avec son défilé de mondanités ; dans les dédales du cœur de l'homme ; dans la versatilité des sentiments humains. Pourtant, en dépit de sa courte existence, Thérèse a eu le temps d'être éconduite dans les attaches humaines. Ces deux seuls cris, lapidaires mais suivis de points d'exclamation et de points de suspension, en disent long sur ses déconvenues : « Hélas ! Qu'il est *étroit* et *volage* le cœur des créatures !!!... » ; « Les créatures, oh ! les créatures ». Qui n'a pas découvert à ses dépens l'inconstance du cœur humain ? Thérèse en a aussi fait les frais. Mais après en avoir souffert, elle fait éclater, après coup et comme en un bouquet final, sa gratitude d'avoir été préservée du pire.

Du côté humain, la jalousie, le scepticisme et la méfiance de certains ont ouvert les bras à Thérèse ; pendant que la douce personnalité de monsieur Martin se dégrade. Du point de vue spirituel, Jésus a mis un terme à ses consolations dont elle était jusqu'alors abreuvée. La sécheresse a pris les rênes de sa vie de foi, pour ne plus les lâcher. Elle apprend que l'amour de Dieu doit être assumé au-delà de toutes les sécurités affectives et sensibles, pour ne pas risquer de se laisser corroder par elles.

Elle tirera les fruits de cette leçon en intimant Céline à agir de même : « Les créatures sont trop petites pour remplir le vide immense que Jésus a creusé en toi, ne leur donne pas de place dans ton âme[33]... » Elle-même se comportera en conséquence pendant son noviciat.

33. *LT* 93, v°.

2e partie

Noviciat

10 janvier 1889. Thérèse quitte son statut de postulante et prend l'habit. À cette occasion, elle met sur papier la résolution phare qui dispensera la première nourriture de son noviciat qui commence : « Demandez à Jésus que je devienne une grande sainte, je demanderai la même grâce pour ma chère petite[1] ! »

L'audace de son vœu n'a plus de quoi nous surprendre. Thérèse ne veut « pas être une *sainte à moitié* », mais « une grande sainte ». De plus, elle veut entretenir tout le monde de son désir de sainteté. En revanche, nous apprenons qu'elle nourrit le même vœu pour la destinataire de la lettre, et même pour tout le monde. Ainsi émerge un point décisif des convictions qu'elle affichera en ce domaine : personne n'est exempté ni du souhait de devenir saint ni de celui de solliciter auprès de Jésus « la même grâce ».

La supplique est hardie et Thérèse n'en retranchera jamais rien. Même si elle sera « remise au pas » par le père Jean Blino, venu prêcher une retraite en mai 1890. Après avoir confié au jésuite qu'elle voulait « devenir une sainte » et « aimer le Bon Dieu autant que sainte Thérèse [d'Avila] », il lui a rétorqué, sans prendre de gants : « Quel orgueil ! Bornez-vous à corriger vos défauts, à ne plus offenser le Bon Dieu, à faire chaque jour de petits progrès, et modérez vos désirs téméraires[2] ». Était-ce vraiment de l'orgueil ? Les élans de Thérèse ont-ils été compris ?

---

1. *LT* 80.

2. J.-M. Martin, *Trajectoire de sanctification.*, *op. cit.*, p. 82. Voir aussi *PA*, p. 605.

Chapitre IV

Du 10 janvier 1889 à janvier 1893

Cela n'empêchera pas Thérèse de bénéficier « d'abondantes lumières sur la perfection religieuse ». Ces lumières lui offriront d'ailleurs une base ferme pour affronter « les trois années du martyre » qui pointent à l'horizon ; et Thérèse les recevra par les biais de deux autres personnes.

« D'abondantes lumières sur la perfection religieuse »

Son cheminement dans la voie de la souffrance ne lui épargne pas d'être éclairée, notamment sur le vœu de pauvreté, sur les petites vertus, mais aussi sur la mortification.

Le « vœu de pauvreté »

> « Depuis ma prise d'habit, j'avais déjà reçu d'abondantes lumières sur la perfection religieuse, principalement au sujet du vœu de Pauvreté. Pendant mon postulat, j'étais contente d'avoir de gentilles choses à mon usage et de trouver sous la main tout ce qui m'était nécessaire. "Mon *Directeur*" [Jésus] souffrait cela patiemment, car Il n'aime pas à tout montrer aux âmes en même temps. Il donne

> ordinairement sa lumière petit à petit. [...] Je fus prise à cette époque d'un véritable amour pour les objets les plus laids et les moins commodes, ainsi ce fut avec joie que je me vis enlever la jolie *petite cruche* de notre cellule et donner à sa place une *grosse* cruche *tout ébréchée...* » (*Ms A*, 74r°-74v°).

La simplicité creuse de multiples sillons dans la nature humaine. Le sens de la pauvreté en est un. À nouveau, c'est un fait anodin en soi qui va l'aiguiller vers deux autres cartes dont elle doit encore se défausser : celle de l'amour des « gentilles choses » et celle de la jouissance du « nécessaire ».

Pour sa sœur Céline, il était naturel qu'« avec son tempérament d'artiste, elle eût (*sic*) préféré les choses de bon goût et non détériorées[3] ». Leurs parents[4] étaient issus de la petite bourgeoisie, et les photographies en disent assez sur l'assise matérielle de son oncle maternel Isidore Guérin[5]. Thérèse était donc accoutumée à l'aisance et elle était toujours coquettement habillée, « comme une petite reine ». Voilà pourquoi il lui aura fallu du temps avant de songer à renoncer aux « gentilles choses ». Sans avoir été démesurément attachée au confort matériel, elle perçoit qu'il ne suffit pas de ne s'accorder aucun penchant pour celui-ci, ni de n'y avoir aucun goût. Elle veut carrément s'entourer d'objets dont personne ne veut – souvent parce qu'ils sont « laids », ou simplement « moins commodes ». Elle est prise dans la spirale du dépouillement, dont elle sent la terrible exigence : au détachement sincère des objets doit succéder l'indigence absolue. Car, non contente de délaisser ce qui est cossu,

3. *CSG*, p. 124.

4. Son papa était horloger et sa maman confectionnait des pièces de dentelle – le fameux « point d'Alençon » qui les aura peut-être convaincus de s'installer dans la ville éponyme.

5. Même si Thérèse n'a pas connu le château de la Musse, dans l'Eure, dont son oncle Isidore Guérin hérita d'un certain monsieur David (cf. *LT* 60).

elle va jusqu'à refuser le « nécessaire ». Quitte à essuyer des rebuffades en le réclamant : « Il faut bien parfois demander les choses indispensables, mais en le faisant avec humilité on ne manque pas au commandement de Jésus, au contraire, on agit comme les pauvres qui tendent la main afin de recevoir ce qui leur est nécessaire, s'ils sont rebutés ils ne s'étonnent pas, personne ne leur doit rien[6]. »

« Je m'appliquais surtout à pratiquer les petites vertus »

Thérèse continue de traquer le principal ennemi de la sainteté : l'amour-propre. Sa stratégie est identique à celle utilisée dans le monde avant d'entrer au Carmel : accomplir des « petites pratiques », c'est-à-dire des mortifications invisibles pour qui ne sait pas regarder.

> « Voici ma première victoire, elle n'est pas grande mais elle m'a bien coûté. — Un petit vase placé derrière une fenêtre se trouva brisé, notre Maîtresse croyant que c'était moi qui l'avais laissé traîner, me le montra en disant de faire plus attention une autre fois. Sans rien dire je baisai la terre [selon l'usage, nda], ensuite je promis d'avoir plus d'ordre à l'avenir. — À cause de mon peu de vertu ces petites pratiques me coûtaient beaucoup et j'avais besoin de penser qu'au jugement dernier tout serait révélé, car je faisais cette remarque : lorsqu'on fait son devoir, ne s'excusant jamais, personne ne le sait, au contraire, les imperfections paraissent tout de suite… Je m'appliquais surtout à pratiquer les petites vertus, n'ayant pas la facilité d'en pratiquer de grandes, ainsi j'aimais à plier les manteaux oubliés par les sœurs et à leur rendre tous les petits services que je pouvais. » (*Ms A*, 74v°)

---

6. *Ms C*, 16v°.

Dans une autocritique rétrospective, elle concède sans artifices que la récompense de ses efforts nourrissait sa bonne volonté et soutenait sa motivation. La perspective eschatologique de la divulgation de ses bonnes actions (ses « petites pratiques ») et de son « devoir » accompli dans le secret (« personne ne le sait »), adoucissait l'ingratitude qui accueillait « tous les petits services » rendus. Quelle leçon d'humilité.

Pourtant, dans le même temps, c'est tout à son honneur d'aspirer à des récompenses surnaturelles[7]. Ne constituent-elles pas l'objet de l'espérance ?! « La récompense de l'Amour, du désir de l'Aimé, c'est la rencontre avec l'Aimé. Est-il vil, ce désir ? Égoïste ? Pauvre morale kantienne, tendue, inhumaine ! À force de vouloir diviniser l'homme, elle en fait une espèce de machine, sans cette humilité qui convient à la créature [...] [Car,] l'espérance comporte une imperfection par rapport à la charité. Celle-ci s'oublie elle-même, l'espérance mendie [...] cette Béatitude infinie qui est cachée dans le cœur de Dieu[8]. »

Thérèse n'ignorait pas non plus l'exclamation de saint François de Sales, qu'elle cite : « Hélas !, nous ne voulons que des vertus empanachées[9] ! » Finalement, elle n'est pas du tout mal emmanchée en s'appliquant « surtout à pratiquer les petites vertus ». Bien au contraire. De ces actes insignifiants et sans prétention, on ne peut tirer aucune contrepartie : ni fierté, ni remerciement, ni louange.

C'est ainsi que Thérèse procédait déjà étant petite : ses actes étaient si modestes et dérisoires qu'ils passaient souvent inaperçus (cf. ses menues tâches ménagères). Mais en ce temps-là, bien que ces actes fussent les seuls à sa portée et qu'elle agissait déjà pour

7. Et même à des récompenses sur la terre déjà : cf. par exemple *Ms C*, 18r° et *CSG*, p. 131.

8. Ch. Journet, *Dieu à la rencontre de l'homme. La voie théologale*, Fribourg/Paris, Saint-Paul/DDB, 1981, p. 37, p. 119.

9. Dans son *Introduction à la vie dévote*. Thérèse a reçu son éducation à la Visitation de Caen et sa tante maternelle y fut religieuse.

« Jésus seul », elle ne pouvait s'empêcher d'en éprouver du désappointement. Il en est tout autrement à présent. Pour avoir parfaitement calibré son incapacité à accomplir de grandes choses, elle le thématise en termes de petitesse. Ces menus gestes, réminiscence de ses « riens », la préservent de la suffisance présomptueuse et du triomphalisme qui l'accompagnent. Bien plus, ils ne lui donnent pas l'illusion d'approcher du terme – la sainteté :

> « (Au commencement de ma vie spirituelle, vers l'âge de 13 à 14 ans, je me demandais ce que plus tard j'aurais à gagner, car je croyais qu'il m'était impossible de mieux comprendre la perfection, j'ai reconnu bien vite que plus on avance dans ce chemin plus on se croit éloigné du terme, aussi maintenant je me résigne à me voir toujours imparfaite et j'y trouve ma joie…) » (*Ms A*, 74r°)

L'incise est entre parenthèses, mais elle est fondamentale. À la suite de tous les saints, Thérèse a pris conscience de sa propre impuissance à faire quoi que ce soit pour Dieu. Au reste, ce ne sera jamais assez. Ce ne sera jamais parfait. Thérèse en a pris acte. Aussi s'autorise-t-elle à penser « qu'au jugement dernier, tout serait révélé » de ce qu'elle accomplit de manière cachée.

« *L'amour de la mortification me fut aussi donné* »

Ce n'est toutefois pas simplement un « accusé de réception » qu'elle donne. Thérèse est aussi saisie par un « amour de la mortification ». Ce n'est pas vraiment un paradoxe puisque se mortifier consiste à mourir à soi-même[10], dans la perspective de la mort et de la résurrection du Christ. Cet amour va néanmoins prendre également un tour inattendu. Un nouvel horizon va se

10. Du latin *mortificare* qui veut dire « mettre à mort ».

déplier devant elle : celui d'une souffrance non plus provoquée, mais accueillie comme une grâce dans l'amour. La cible en est toujours son amour-propre.

> « L'amour de la mortification me fut aussi donné, il fut d'autant plus grand que rien ne m'était permis pour le satisfaire... La seule petite mortification que je faisais dans le monde et qui consistait à ne pas m'appuyer le dos lorsque j'étais assise me fut défendue à cause de ma propension à me voûter. Hélas! mon ardeur n'aurait sans doute pas été de longue durée si l'on m'avait accordé beaucoup de pénitences... Celles qu'on m'accordait sans que je les demande consistaient à mortifier mon amour-propre, ce qui me faisait beaucoup plus de bien que les pénitences corporelles. Le réfectoire qui fut mon emploi aussitôt après ma prise d'habit me fournit plus d'une occasion de mettre mon amour-propre à sa place, c'est-à-dire sous les pieds... » (*Ms A*, 74v°-75r°)

Thérèse souscrivait à la « discipline[11] » prescrite au Carmel. Céline nous rapporte qu'elle s'y adonnait « avec une grande générosité ». Après lui avoir un jour confié qu'elle évitait de se faire trop mal, Thérèse lui avait répondu :

> « "Ah! pas moi! Je trouve que ce n'est pas la peine de faire les choses à moitié. Je prends la discipline pour me faire du mal et je veux qu'elle me fasse le plus de mal possible." Elle m'avoua [reprend sa sœur] que parfois, les larmes lui en venaient aux yeux, mais qu'elle s'efforçait de sourire, afin d'avoir sur son visage l'empreinte des sentiments de

11. C'est-à-dire le fouet. Elle était prise « trois fois par semaine, en vertu des Constitutions; les sœurs pouvaient porter un instrument de pénitence également trois fois, pendant deux ou trois heures, avec une permission individuelle » (*OC*, note 345, p. 1268).

> son cœur, joyeux de souffrir en union avec son Bien-Aimé, pour lui sauver des âmes. » (*CSG*, p. 144)

Thérèse pratiquait la discipline pour offrir ses souffrances aux âmes qui se perdent, mais elle avait néanmoins précisé à Céline « que toutes les pénitences corporelles n'étaient rien, mises en balance avec la charité ». Sœur Agnès de Jésus a également communiqué cette information de la bouche même de Thérèse :

> « Les grandes pénitences ne sont pas pour moi ; le bon Dieu sait bien que je les désire, mais il n'en a jamais voulu la réalisation, autrement je n'aurais pas été malade pour si peu de chose. Qu'est-ce que cela auprès des macérations des Saints ? D'ailleurs, j'y aurais trouvé trop de joie, et les satisfactions naturelles peuvent très bien se mêler à la pénitence la plus austère. Il faut s'en défier. Croyez-moi, ma mère, ne vous lancez jamais dans cette voie, ce n'est pas celle des toutes petites âmes comme les nôtres. » (*PO*, p. 168-169)

Thérèse avait compris que dans ces pratiques, « il s'y mêle souvent plus de nature qu'autre chose[12] ». L'orgueil humain peut y trouver un aliment de choix à vouloir impressionner les autres ; au lieu de les édifier. Thérèse, en observatrice pénétrante et pour être passée par-là, savait de quoi il retournait de cette surenchère sans fin qui attise la tentation de « frapper plus fort » que les autres. Ce n'est pas l'ascèse en soi qui est blâmable, mais son excès, son extension de vertu préliminaire et adjuvante à toute l'étendue de l'avancée dans la perfection.

12. *CJ* 3.7.6.

Thérèse voulait se mortifier. Elle n'a pu entièrement[13] satisfaire ses désirs du fait que sa faible constitution la dispensait des grandes « mortifications corporelle[14]s ». Partant, elle y a suppléé en saisissant habilement, et sans rien laisser paraître, toutes les occasions de souffrir qui se présentaient à elle. Elle a accueilli avec un égal bonheur tout ce qui pouvait mortifier son amour-propre ; ce qui convient parfaitement à une petite âme. Ainsi, ses insuccès l'ont conduite à remettre les « pénitences corporelles » à leur juste place.

Thérèse n'a jamais voulu se faire illusion sur elle[15], mais elle n'a pas encore reçu la preuve formelle[16] « que ce n'était pas la volonté du bon Dieu sur elle ni sur [les petites âmes, nda] qu'on se jette à de grandes mortifications[17] ». En attendant, elle évolue sous un voile qui dissimulait aux autres ce qu'elle accomplit dans le secret, au fil de gestes d'une invention continuelle, aimante et bientôt naturelle. D'après sœur Geneviève, « elle pratiquait, en effet, la parfaite abnégation, avec tant d'aisance qu'on aurait pu la croire naturelle chez elle. Et cependant, cette vertu était due à sa généreuse correspondance à la grâce du bon Dieu[18] ».

---

13. Par exemple, Thérèse a lâché à l'infirmerie : « Oh ! que ma petite épaule est meurtrie, si vous saviez ! » Et alors qu'on lui proposait de « *mettre de la ouate* », elle rétorqua vivement : « Non, il ne faut pas m'ôter ma petite croix » (*CJ* 3.8.7). Thérèse porta-t-elle des instruments de pénitence jusqu'à la fin ? En effet, elle utilise le présent en juin 1897 : « La récitation du chapelet me coûte plus que de mettre un instrument de pénitence » (*Ms C*, 25v°). Pour le moins, cette réalité lui était familière.

14. Notamment, son jeune âge lui a épargné, au début, de jeûner complètement pendant le Carême.

15. Pour tendre vers la sainteté, il faut éviter deux écueils, qui sont ses contrefaçons : rechercher l'expérience mystique peut gonfler l'*ego* et conduire à l'illuminisme ; privilégier l'ascèse peut incliner au volontarisme, au détriment de l'accent à mettre sur la prépondérance de la grâce. Ces deux démarches peuvent nous couper de Dieu en devenant une fin en soi.

16. Elle la recevra à l'automne 1896, quand le port d'une petite croix de fer l'infectera assez sérieusement (cf. *OC*, note 95, p. 1466).

17. *CJ* 27.7.16.

18. *CSG*, p. 132.

À la fin de sa vie, Thérèse récapitulera où l'a conduite ce choix des mortifications spirituelles et morales :

> « Dans la vie du bienheureux Henri Suso, un passage m'a frappée relativement aux pénitences corporelles. Il en avait fait d'effroyables qui avaient ruiné sa santé, quand un ange lui apparut et lui dit de cesser en ajoutant : "Tu n'as encore combattu que comme simple soldat, à présent je vais t'armer chevalier." Et il fit comprendre au saint la supériorité du combat spirituel sur les mortifications de la chair. "Eh bien ! ma petite Mère, le bon Dieu n'a pas voulu de moi comme simple soldat, j'ai été tout de suite armée chevalier et je suis partie en guerre contre moi-même dans le domaine spirituel, par l'abnégation, les petits sacrifices cachés ; j'ai trouvé la paix et l'humilité dans ce combat obscur où la nature n'a aucune prise." » (*CJ* 3.8.5)

« Les trois années du martyre de Papa »

La santé mentale de leur papa se désagrège inexorablement. Ce contexte n'en continue pas moins de l'acheminer « dans les sentiers de la perfection ». Thérèse résume cette période :

> « Oui les trois années du martyre de Papa me paraissent les plus aimables, les plus fructueuses de toute notre vie, je ne les donnerais pas pour toutes les extases et les révélations des Saints, mon cœur déborde de reconnaissance en pensant à ce *trésor* inestimable qui doit causer une sainte jalousie aux Anges de la Céleste cour… […] Nous ne marchions plus dans les sentiers de la perfection, nous volions toutes les cinq [sœurs de sang, nda]. […] Lorsque Céline et Thérèse se parlaient, jamais un mot des choses de la terre ne se mêlait à leurs conversations qui déjà étaient toutes dans le Ciel. Comme autrefois dans le

belvédère, elles rêvaient les choses de l'*éternité* et pour jouir bientôt de ce bonheur sans fin, elles choisissaient ici-bas pour unique partage "La souffrance et le mépris" ». (*Ms A*, 73r°-73v°)

Le déclin du papa oriente la réflexion de Thérèse et donne le ton à une correspondance assidue avec Céline[19].

« L'amour que Jésus lui porte, amour qui demande TOUT » (mars 1889)

Monsieur Martin est le jouet d'hallucinations. Après une crise particulièrement sévère, il est interné le 12 février 1889 dans la maison de santé du « Bon Sauveur », un asile de Caen situé à une centaine de kilomètres du carmel de Lisieux. Céline se cabre et regimbe devant d'intolérables « réflexions humiliantes au sujet de la maladie de leur père[20] ».

Thérèse tait son propre chagrin. En revanche, elle ne tarit pas sur l'inconsistance des « coups d'épingle[21] », dont elle veut persuader Céline, afin de la soustraire à la révolte devant les vexations subies. Elle lui prodigue tout le réconfort possible, sans changer de discours ; elle réitère ses convictions, déjà avancées huit mois plus tôt :

> « Quel **privilège** Jésus nous fait en **nous envoyant** une si grande douleur, ah ! l'éternité ne sera pas trop longue pour le remercier, Il nous comble de ses faveurs comme il en **comblait les plus grands saints**, pourquoi une si grande

19. Dix-sept lettres sur les quarante écrites entre janvier 1889 et septembre 1890.

20. *OC*, note 5 de *LT* 81, p. 1305.

21. Cf. *LT* 55, 1r°. Thérèse n'ignore pas que, par des insinuations malveillantes, on juge tacitement que son entrée au Carmel a déclenché les crises de démence de son papa.

> prédilection ?... C'est un secret que Jésus nous révélera dans notre patrie le jour où "**Il essuiera toutes les larmes** de nos yeux"... [...] ce qu'elle [Céline] ignore peut-être c'est l'amour que Jésus lui porte, amour qui **demande TOUT**, il n'y a rien qui puisse lui être impossible, **il ne veut pas mettre de borne à la SAINTETÉ** de son Lys, sa borne à lui c'est qu'il n'y en ait pas !... Pourquoi y en aurait-il ? nous **sommes plus grandes** que l'univers entier, un jour nous aurons nous-mêmes une **existence Divine** ». (*LT* 83, r°)

Thérèse tient quant au fond le même langage, afférent aux mêmes circonstances. Même si d'intéressantes modifications, tout en nuances peuvent être repérées. De part et d'autre, « Jésus demande TOUT », et seuls les « plus grands saints » sont concernés. Cependant, la « récompense » cède la place au « privilège », à la « faveur » et à la « prédilection », qui nous paraissent se situer plus en amont. Comme si elle insistait moins sur le côté ardu de l'épreuve que sur son origine : l'amour particulier de Jésus pour elles. Par ailleurs, c'est toujours la divinisation qui en est le terme, mais avec la nouvelle précision que Jésus « ne veut pas mettre de borne à [leur] SAINTETÉ ». Ces termes n'ont-ils pas plus d'impact, pour être moins généraux et davantage personnalisés ? Enfin, l'aphorisme « mon tour » est explicité : « Il essuiera toutes les larmes de [leurs] yeux » en raison de « l'amour » qu'il leur « porte ». La sainteté se conjugue donc toujours avec la tribulation et la souffrance, mais dans une délicate articulation avec un amour sincère et profond.

Thérèse a toujours refusé une sainteté en demi-teinte. Son détachement de tout ce qui n'est pas Dieu n'en sera que plus vertigineux. La déconstruction de soi doit se prolonger en vue d'une reconstruction en Dieu. Thérèse doit creuser davantage dans les profondeurs de sa faiblesse, afin qu'y soient posées solidement les bases en Dieu. Son être devait encore s'émonder :

à la défection des jouissances du cœur et de l'esprit[22] s'ajoute le mal de Louis Martin, qui continue à sombrer.

Pourtant, si la souffrance est au cœur de son vécu, l'amour la file comme son ombre. C'est à Dieu qu'elle et Céline doivent s'inféoder. Puisque l'épreuve est un « coup d'amour » de Jésus, elles doivent la vivre dans l'amour. Thérèse s'encourage elle-même en exhortant Céline. Elle vit intensément ce qu'elle griffonne à la hâte à sa sœur :

> « En attendant commençons notre martyre, laissons Jésus nous arracher tout ce qui nous est le plus cher, et ne lui refusons rien » (*LT* 86);
> « Comment donc Jésus a-t-il fait pour détacher ainsi nos âmes de tout le créé ? Ah ! il a frappé un grand coup... mais c'est un coup d'amour » (*LT* 94);
> « Ah ! petite sœur, détachons-nous de la terre, volons sur la montagne de l'amour où se trouve le beau Lys de nos âmes... Détachons-nous des consolations de Jésus, pour nous attacher à Lui !... » (*LT* 105, 1v°-2r°)

Le chemin vers la sainteté doit sa configuration aux sentiers escarpés de ce qui apparaît, aux yeux de beaucoup, comme la décadence navrante de monsieur Martin. Éprouvé dans sa santé, il l'est aussi dans sa réputation, et les retombées se répercutent sur ses filles. Ni Thérèse, ni personne n'y peut rien changer. En revanche, il est possible d'accuser le coup avec courage, et de spiritualiser ce qui arrive. En « acceptant si généreusement le sacrifice », elles feront « de rapides progrès dans la perfection ». Cette remarque à sa cousine est plus tardive, mais d'actualité en ce que leur réponse d'amour les y acheminera. Thérèse accueille l'épreuve en ce sens; elle presse Céline d'en faire autant.

---

22. Thérèse vit donc dans la sécheresse depuis son entrée au Carmel (cf. *Ms A*, 73v°).

Thérèse formule toujours ce projet de sainteté – Dieu sur elle et Céline – dans le cadre d'un donnant-donnant : elle évoque la « récompense », le « mon tour », « la palme », etc. Eh bien oui, il s'agit d'un contrat. Celui de la sainteté. Dieu et la créature s'engagent. D'un côté Dieu, avec son amour infini et paternel pour chacun de nous. Comme le dit la Lettre aux Hébreux : « C'est en *fils* que Dieu nous traite [...] afin de nous faire participer à sa sainteté » (He 12,7-10). Et Thérèse est catégorique. Les épreuves sont la marque et le sceau de l'« amour infini » de Jésus pour elles[23] : « Ah ! petite sœur chérie, loin de me plaindre à Jésus de la croix qu'il nous envoie, je ne puis comprendre l'amour infini qui l'a porté à nous traiter ainsi[24]... » D'un côté Dieu, disions-nous et de l'autre, la créature avec ses limites et les souffrances qui en découlent : « Quel bonheur d'être humiliée, c'est la seule voie qui fait les saints !... Pouvons-nous douter maintenant de la volonté de Jésus sur nos âmes ? [...] Plus nos souffrances sont grandes, plus notre gloire sera infinie[25]... »

Au lieu de subir ce qui arrive comme une fatalité, Thérèse y discerne un double mouvement, à la fois vers le haut et vers le bas : transcender (vers le haut) la matérialité des faits, pour en approfondir (vers le bas) le sens spirituel. Gymnastique de l'esprit rendue possible avec la grâce. Mais aussi, seule cette démarche peut conduire à la démission de ses intérêts personnels pour entrer dans ceux de Dieu. Car les événements de la vie ont une densité théologale insoupçonnée, un goût d'éternité à redécouvrir.

23. Et pour leur père : « Je me sens portée à remercier le bon Dieu, car si sa main nous a présenté un calice d'amertume, son cœur divin a su nous soutenir dans l'épreuve et il nous a donné la force nécessaire pour boire son calice jusqu'à la lie [...] Ce Père chéri a reçu la récompense de ses vertus, Dieu lui a envoyé une épreuve digne de lui » (*LT* 100, 1v°-2r°).

24. *LT* 82, v°.

25. *Ibid.*

Un agir théologal

Thérèse filtre donc la part douloureuse de l'événement pour déceler sa face cachée : son versant surnaturel, qui préconise une totale conversion de soi. À seize ans, elle mesure que, dans la sainteté, il ne faut lésiner sur rien. Par conséquent, elle veut mettre au service de cet objectif toutes ses énergies : affectives, spirituelles et morales. Car c'est en ouvrant à Jésus toutes ces dimensions de notre vie qu'il pourra pleinement vivre en nous, disposer librement de toute notre personne – avec nous –, et exploiter pleinement son amour en nous. Thérèse s'y engagea, sans aucune restriction ni réserve de soi. Elle a converti l'épreuve en facteur de progrès spirituel, puisque c'est là qu'elle y a discerné le procédé divin de sa sanctification.

En cas d'hésitation ou de recul devant cette perspective, Thérèse rappelle que « bientôt nous vivrons de la vie même de Jésus… […] nous serons déifiés ». Dans « cette vie qui n'aura plus de fin […] Dieu sera l'âme de notre âme… mystère insondable[26]… » D'ici là, Thérèse nous enjoint à « marcher en paix en regardant le Ciel, l'UNIQUE but de nos travaux ». Car « le temps, ce n'est qu'un mirage, un rêve… » ; il « passe comme une ombre ». La vie n'est qu'« un instant entre deux éternités… » ; elle « n'est qu'un jour », une succession de « COURTS INSTANTS[27] ». En un mot : « Tout passe ».

> « Cette pensée de la brièveté de la vie me donne du courage, elle m'aide à supporter les fatigues du chemin. Qu'importe (dit l'*Imitation*) un peu de travail sur la terre ; nous passons et n'avons point ici de demeure permanente !

26. *LT* 94. Plus tard, elle présentera les mêmes faits du côté de Dieu et non plus de l'homme : « Dans la Sainte Patrie / Mes élus seront glorieux / En leur communiquant ma vie / J'en ferai comme autant de *dieux* » (*RP* 2, 8r°).

27. *LT* 92, *LT* 94, *LT* 101. Ce découpage du temps permet de vivre l'instant présent, loin tant des regrets stériles du passé que de l'appréhension timorée de l'avenir : « de moment en moment, on peut beaucoup supporter » (*CJ* 14.6).

> Jésus est allé devant afin de nous préparer une place en la maison de son Père et puis Il viendra et Il nous prendra avec Lui afin que là où Il est nous y soyons aussi… Attendons, souffrons en paix, l'heure du repos approche, les légères tribulations de cette vie d'un moment produisent en nous un poids éternel de gloire […] Il te trouve digne de souffrir pour son amour et c'est la plus grande preuve de tendresse qu'Il puisse te donner, car c'est la souffrance qui nous rend semblables à Lui… » (*LT* 173, 1v°-2r°)

Thérèse n'aura de cesse de rappeler à Céline que les « tribulations » de cette vie constituent « une mine d'or à exploiter », « un trésor » que nous ne devons pas « perdre ». Ils prennent sens dans une perspective eschatologique, en revêtant le rôle d'instruments – provisoires mais incontournables –, du moment que l'on se situe dans l'horizon de la sainteté : notre ressemblance à Jésus, être « semblables à Lui ». Dès lors, tout ce qui nous arrive peut être opportunité de nous rapprocher de Lui. Y compris la souffrance.

La sainteté, « elle consiste à souffrir *et à souffrir* de tout. *"La Sainteté! il faut la conquérir à la pointe de l'épée, il faut* souffrir… *il* faut agoniser*!…* " »

Face à sa propre « douleur morale », Thérèse n'oppose « ni raideur stoïcienne de volonté ni diversion indifférente. Elle se livre à la souffrance pour la traverser par un nouveau progrès spirituel[28] ». Au lieu de se figer dans un hiératisme d'airain, Thérèse ressent, dans toute son ampleur, combien elle est démunie devant l'épreuve.

> « Souffrons avec amertume, sans courage!… "Jésus a souffert avec *tristesse*! Sans tristesse est-ce que l'âme souffrirait?…" Et nous voudrions souffrir généreusement,

28. A. COMBES, *Sainte Thérèse de l'Enfant-Jésus. Contemplation et apostolat*, Paris, Bonne Presse, 1949, p. 19-20.

> grandement!... Céline! Quelle illusion!... Nous voudrions ne jamais tomber?... Qu'importe, mon Jésus, si je tombe à chaque instant, *je vois* par-là ma faiblesse et c'est pour moi un grand gain... *Vous voyez* par là ce que je puis faire et maintenant vous serez plus tenté de me porter en vos bras. Si vous ne le faites pas, c'est que cela vous plaît de me voir *par terre*... alors je ne vais pas m'inquiéter, mais toujours je tendrai vers vous des bras suppliants et pleins d'amour!... Je ne puis croire que vous m'abandonniez!... "Les Saints lorsqu'ils étaient aux pieds de Notre Seigneur, c'est *alors* qu'ils rencontraient leurs croix"!... Céline chérie, doux écho de mon âme!... Si tu connaissais ma misère!... oh! si tu savais... La Sainteté ne consiste pas à dire de belles choses, elle ne consiste pas même à les penser, à les sentir!... elle consiste à *souffrir* et à souffrir *de tout.* "La Sainteté! il faut la conquérir à la pointe de l'épée, il faut *souffrir*... il *faut agoniser*!..." Profitons de notre unique moment de souffrance!... ne voyons que chaque instant!... un instant c'est un trésor... Un seul acte d'amour nous fera mieux connaître Jésus... il nous rapprochera de Lui pendant toute *l'éternité*!... » (*LT* 89, 1v°-2v°)

Elle est « *par terre* », dans la « misère ». Mais également « aux pieds de Notre Seigneur », vers qui elle tend « des bras suppliants et pleins d'amour », pour l'inciter à être « tenté » de la « porter en [ses] bras ». Thérèse compare son état à celui des saints : au pied de la croix, ils participent à la déréliction éprouvée par le Fils de Dieu sur la croix et portant le poids de nos péchés innombrables[29]. Thérèse veut signifier que la sainteté ne consiste pas à se tenir fièrement debout.

---

29. Quand le Christ a vécu au plus fort le sentiment terrible et angoissant d'être abandonné par Dieu – état de rejet consécutif au péché et du refus du pardon, qui nous coupent de Dieu.

N'allons pas croire pour autant qu'il faille se recroqueviller sur soi pour parer les coups du sort, ou se morfondre sur ses souffrances. Il faut se tenir à genoux, en supportant cet instant de grande conscience de notre « misère », et en tendant « des bras suppliants et pleins d'amour » vers Jésus. Jusqu'à ce qu'il nous tende les siens. Ces bras de Jésus que Thérèse mentionne pour la première fois en ce 26 avril 1889[30].

Car il y a une distance abyssale entre Thérèse qui est « par terre », et les « bras » de Jésus. Cette image est censée rendre compte de l'acuité de sa souffrance. Sur la terre, la souffrance n'a pas de sens par elle-même. Elle est inacceptable et absurde. D'après le schéma thérésien, amour et souffrance doivent confluer ensemble vers Jésus. Au point de se confondre[31] et d'être miscibles – c'est-à-dire de se mêler jusqu'à former un mélange homogène, où l'amour sort vainqueur de la souffrance en l'assimilant. Critère suprême des faveurs aimantes de Dieu pour elle, la souffrance est appelée à susciter un surcroît d'amour en elle. En effet, la souffrance peut étayer et affiner l'amour humain, en le désencombrant de tout « attachement désordonné » : « Pour devenir une sainte il faut beaucoup souffrir, parce que nous devons rechercher toujours le plus parfait et nous oublier nous-mêmes ». La souffrance n'est pas là pour tremper la volonté mais pour brûler les scories de l'amour humain, l'éprouver, avant de l'élever. Ce que Thérèse conceptualise en certifiant que « l'affection est encore plus grande, si cela est possible, quand on a tant souffert ».

Inversement, l'amour cautérise la souffrance et nous fait sortir d'elle, et donc de nous-mêmes. Jean Clapier résume l'enjeu :

30. L'expression ne reviendra pas avant juillet 1893.

31. Par exemple dans cette phrase : « Ma seule arme est l'amour et la souffrance » (*LT* 193, v°) : le verbe est au singulier alors qu'il y a deux sujets (amour et souffrance). Thérèse mentionne l'amour avant la souffrance, mais il lui est arrivé d'inverser l'ordre (peut-être en fonction du destinataire) : « Je le sens, nous devons aller au Ciel par la même voie, celle de la souffrance unie à l'amour » (*LT* 258, 1v°). Souvenons-nous aussi de son raisonnement sur la différence entre union et unité (cf. chapitre III).

« Si la souffrance purifie et libère, si elle dilate les énergies de l'amour, l'amour, en retour, sauve la souffrance de son ambiguïté native. Il lui confère une visée et une vertu rédemptrices. C'est dans l'amour et uniquement par l'amour que la douleur ouvre l'homme à plus que lui-même[32] » ; à Jésus et aux âmes qui se perdent par milliers.

En effet, la souffrance humaine, jointe à celle du Christ, peut devenir corédemptrice. Et justement, Thérèse appréhende, depuis toute petite, la souffrance par le biais de la question du salut. Selon elle, « la *souffrance seule* peut enfanter des âmes ». En cette année de douleurs, elle y convoque plus que jamais ses interlocuteurs : « Si un soupir peut sauver une âme, que ne peuvent faire des souffrances comme les nôtres[33]. »

Toutes ces explications ayant été apportées, on comprend que Thérèse ait lancé un jour : « Je m'exerce à souffrir joyeusement[34] » ; et qu'elle ait pu approuver cette parole de l'*Imitation :* « Quand vous trouverez la souffrance douce et que vous l'aimerez pour l'amour de Jésus Christ, vous aurez trouvé le Paradis sur terre[35]. » Étant avéré que la souffrance est souvent inéluctable et imparable – conséquence du péché originel oblige –, autant en tirer le meilleur profit surnaturel et la vivre de manière féconde.

Scrupules ou clairvoyance ? (Été 1890)

Dès l'été 1890, un autre souci éperonne Thérèse. Une circonstance va lui donner d'affûter une réflexion déjà ancienne : sa cousine Marie Guérin lui détaille les scrupules qui l'assaillent. Thérèse, qui n'ignore pas que Marie veut entrer au Carmel, a également connu les tourbillons des scrupules. Or, ils court-circuitent les élans d'amour vers Dieu, ils malmènent la foi en lui, et ils étiolent l'espérance en sa miséricorde infinie et

32. J. Clapier, *« Aimer jusqu'à mourir d'amour »*..., *op. cit.*, p. 466.

33. *LT* 85, v°.

34. *PA*, p. 484.

35. *LT* 221, 1v°.

primordiale. Le mal est immense : il peut anémier la meilleure volonté. Thérèse n'hésite donc pas à s'investir personnellement dans ses conseils prodigués à Marie.

> « Marie, si tu n'es rien il ne faut pas oublier que Jésus est *tout*, aussi il faut perdre ton petit rien dans son *infini* tout et ne plus penser qu'à ce *tout* uniquement aimable… Il ne faut pas désirer non plus de voir le fruit recueilli de tes efforts ; Jésus se plaît à garder pour lui seul ces petits riens qui le consolent… Tu te trompes, ma chérie, si tu crois que ta petite Thérèse marche toujours avec ardeur dans le chemin de la vertu, elle est faible et bien faible, tous les jours elle en fait une nouvelle expérience, mais Marie, Jésus se plaît à lui enseigner comme à saint Paul la science de se glorifier dans ses infirmités, c'est une grande grâce que celle-là et je prie Jésus de te l'enseigner, car là seulement se trouve la paix et le repos du cœur, quand on se voit si misérable on ne veut plus se considérer et on ne regarde que l'unique Bien-Aimé !… Ma chère petite Marie, pour moi je ne connais pas d'autre moyen pour arriver à la perfection que "L'amour"… […] il n'y a qu'un être qui puisse comprendre la profondeur de ce mot : Aimer !… Il n'y a que notre Jésus qui sache nous rendre infiniment plus que nous lui donnons… […] Jésus est malade et il faut remarquer que la maladie de l'amour ne se guérit que par l'amour !… » (*LT* 109, vtv°)

Thérèse ne recule pas devant l'aveu de n'être pas toujours visitée par la générosité de grands sentiments. Elle admet ne pas toujours « marcher avec ardeur dans le chemin de la vertu » et se sentir parfois « faible et bien faible ». Si sa confession n'est pas nouvelle, Thérèse peut désormais établir que ses « infirmités » sont une rampe de lancement efficace vers Dieu ». N'étant pas belles à voir, elles la décentrent d'elle-même : « On ne veut plus se considérer et on ne regarde que l'unique Bien-Aimé. » Au lieu de se désoler sur son sort, on se souvient de Jésus. Notre faiblesse devient alors un écho de notre dépendance à la grâce. Par suite : il devient possible de lui implorer son aide et de nous rendre réceptifs à cette intervention gracieuse de Dieu, que nous sollicitons et provoquons[36]. Enfin, nous pouvons apprendre qu'en fait, il n'attend de nous que notre amour et qu'il n'« ambitionne » que « tout [notre] cœur » – *avec* ses « faiblesses » et ses « infirmités ».

Le scrupule, en revanche, désoriente et entraîne loin de Dieu. Il n'a même rien à voir avec la clairvoyance. Le premier nous fait voir des péchés en nous, alors qu'ils n'existent pas; la seconde nous éclaire sur notre indigence et notre indignité, qui sont bien réelles. Celui-là charrie le doute, dans l'oubli de l'amour bienveillant d'un Dieu qui mendie notre amour; celle-ci ne manque pas d'à-propos et nous remet en mémoire la clémence de Dieu et sa soif d'amour.

Ainsi, une grande confiance en la miséricorde de Dieu habite Thérèse, mais sans jamais pour autant atténuer son sens du péché. Bien au contraire. Elle était pourvue de ce « radar spirituel » qui lui faisait « *chercher Dieu de toute son âme*, détecter et fuir tout ce qui pourrait nous en éloigner[37] ». Seulement, il est inutile de prolonger les examens de soi-même. Ces retours sur soi sont même dangereux. L'introspection peut être productive, comme son excès peut donner prise au démon. Soit par le truchement du découragement : l'on étale ses petites misères et l'on s'attarde

---

36. Si le secours divin n'arrive pas, eh bien il faut persévérer tout de même. C'est ce qu'allègue Thérèse à une novice qu'elle aimait beaucoup : « Où serait votre mérite s'il fallait que vous combattiez seulement quand vous vous sentez du courage? Qu'importe que vous n'en ayez pas, pourvu que vous agissiez comme si vous en aviez! Si vous vous trouvez trop lâche pour ramasser un bout de fil, et que néanmoins vous le fassiez pour l'amour de Jésus, vous avez plus de mérite que si vous accomplissiez une action beaucoup plus considérable dans un moment de ferveur. Au lieu de vous attrister, réjouissez-vous donc de voir qu'en vous laissant sentir votre faiblesse, le bon Jésus vous ménage l'occasion de lui sauver un plus grand nombre d'âmes! » (*CSM, VT* 73, p. 67).

37. R. Massol, *Vers la sainteté avec sainte Thérèse de l'Enfant-Jésus*, *op. cit.*, p. 190.

devant ce déplaisant spectacle. Et voilà nos élans paralysés, notre bonne volonté démobilisée; nous sommes enlisés dans d'amères déceptions, enfermés dans un stérile mépris de soi-même, et en chute libre vers le découragement. Soit, à l'inverse, nous glissons dans la présomption, sous la bannière de laquelle nous guettons avidement le moindre indice de progrès : et nous voilà amenés à « désirer [...] de voir le fruit recueilli de [nos] efforts », prévient Thérèse. Dans le fond, ne sommes-nous pas « plus sensibles au fait d'avoir écorné l'image que nous nous faisions de nous-mêmes qu'au fait d'avoir manqué à Dieu et aux autres[38] » ?

« Pour moi je ne connais pas d'autre moyen pour arriver à la perfection que "l'amour" »

Voilà pourquoi Thérèse recommande à sa cousine d'agir pour Jésus uniquement et par amour de lui. Car les actes d'amour peuvent « suppléer à une longue vie... Jésus ne regarde pas au temps puisqu'il n'y en a plus au Ciel, Il ne doit regarder qu'à l'amour[39] ». Jésus ne réclame que notre amour qui, seul, mesure la valeur de nos actions et donne de la consistance à nos « riens ». Le plus petit « rien » que nous sommes lui suffit déjà, et le dédommage un peu des multiples ingratitudes.

Disons encore que la perfection n'est pas le produit de la multiplication de nos actes de vertu, ni la conséquence de notre capacité à surmonter avec succès les épreuves : elle est la faculté d'agir par amour, même et surtout quand nous nous sentons « si misérables ». En fin de compte, Thérèse met en avant la voie du "bon larron", à travers la faiblesse, l'incapacité et le péché lui-même... C'est bien ce qu'elle a déclaré à sa sœur Marie : « Nous autres, nous ne sommes pas des saintes qui pleurons nos péchés, nous nous réjouissons de ce qu'ils servent à glorifier la

38. G. M. Missim, « La sainteté de Dieu dans nos fragilités humaines », *VS* 80 (2000), p. 673.

39. *LT* 114, v°.

miséricorde du bon Dieu[40]. » C'est en ce sens que nous pouvons nous glorifier de nos infirmités. Est-il plus « grande grâce que celle-là » ?

Au final, il est vain de regarder en arrière pour considérer avec satisfaction[41] ou dépit le chemin parcouru. D'ailleurs, le plus souvent, c'est la misère que l'on voit ; et l'âme est jetée dans l'affliction. Il faut dépasser cette première impression. L'éclairage sur nos misères doit être bref pour être sain et ramener à l'humilité : c'est-à-dire à la vérité sur nous-mêmes. Alors seulement l'âme pourra trouver « la paix et le repos du cœur », et souhaiter s'en remettre à Dieu afin qu'il « se charge de tout ».

Sa profession (8 septembre 1890)

Thérèse va sur ses dix-huit ans. Selon les canons en vigueur au Carmel, elle aurait pu prononcer ses vœux perpétuels après une année de noviciat – en janvier 1890. Vu le jeune âge de la candidate, les supérieurs ont préféré reporter la cérémonie au 8 septembre.

Il était « alors d'usage que la novice à sa vêture ou la professe au jour de ses vœux porte sur son cœur un […] billet [de profession], où elle postule pour elle et pour ses amis les grâces qu'elle désire obtenir. Une tradition assure que toute prière faite au moment de la grande prostration, bras en croix, sur le tapis de bure, est exaucée[42] ». Et Thérèse a composé une prière qui résume ses dispositions d'esprit :

> « Ô Jésus, mon divin époux ! que jamais je ne perde la seconde robe de mon Baptême, prends-moi avant que je fasse la plus légère faute volontaire. Que je ne cherche et ne trouve jamais que toi seul, que les créatures ne soient

40. *CSM, VT* 77, p. 59.

41. Plus tard, il sera question de renoncer carrément à vouloir réaliser des progrès.

42. *OC*, note introductive de la *Pri* 2, p. 1442.

rien pour moi et que je ne sois rien pour elles mais toi Jésus sois *tout*! Que les choses de la terre ne puissent jamais troubler mon âme que rien ne trouble ma paix, Jésus je ne te demande que la paix, et aussi l'amour, l'amour infini sans limite autre que toi, l'amour qui ne soit plus moi mais toi mon Jésus. Jésus que pour toi je meure martyre, le martyre du cœur ou du corps, ou plutôt tous les deux.... Donne-moi de remplir mes vœux dans toute leur perfection et fais-moi comprendre ce que doit être une épouse à toi. Fais que [...] je sois regardée foulée aux pieds oubliée comme un petit grain de sable à toi, Jésus. Que ta volonté soit faite en moi parfaitement, que j'arrive à la place que tu as été devant me préparer... Jésus fais que je sauve beaucoup d'âmes, qu'aujourd'hui il n'y en ait pas une seule de damnée et que toutes les âmes du purgatoire soient sauvées... Jésus pardonne-moi si je dis des choses qu'il ne faut pas dire[43], je ne veux que te réjouir et te consoler ». (*Pri 2, Billet de profession*)

Cette prière est censée récapituler les principaux objectifs tenant le plus au cœur de Thérèse. Or, si elle nous a déjà beaucoup entretenus sur la perfection, la sainteté et la souffrance, aucune de ces trois réalités n'est expressément mentionnée. Ainsi, en matière de perfection, elle l'évoque seulement indirectement sous deux angles : à propos de la volonté de Dieu, qu'elle aimerait voir « faite en [elle] parfaitement », et relativement à ses « vœux » qu'elle veut « remplir » « dans toute leur perfection ». Ce n'est donc pas un perfectionnisme latent qui rejaillirait, puisqu'elle veut être « regardée foulée aux pieds oubliée comme un petit grain de sable » – ce qu'elle affirme dans un seul souffle et sans

43. Peut-être est-ce une allusion à l'indignation du père Blino (cf. *supra*, dans l'introduction de la seconde partie).

ponctuation ! En réalité, sa conscience est d'une telle finesse[44] que le moindre éloignement de Dieu et la « plus légère faute volontaire » suscitent en elle une profonde et durable résonance existentielle[45]. Elle veut l'éviter, non pas dans la mesure du possible, mais totalement : « prends-moi avant que ». Mais il faut aussi savoir qu'« une longue tradition spirituelle voit dans la profession religieuse un "second baptême", qui rend à l'âme sa "robe d'*innocence*"[46] ». C'est pourquoi elle supplie Jésus « de [la] prendre le jour de [sa] profession si [elle doit] encore l'offenser après, car [elle voulait] emporter au ciel la robe blanche de [son] second baptême sans aucune souillure ». Pour Thérèse, ce second baptême confère même une « splendeur et une innocence supérieure à celle du Baptême » !

Concernant la sainteté, Thérèse n'y fait aucune allusion directe. On peut néanmoins la voir sous-entendue dans son aspiration à être saisie par « l'amour infini sans limite autre que toi, l'amour qui ne soit plus moi mais toi, mon Jésus ». Elle est sans doute aussi désignée à travers son vœu du « martyre » « du cœur » et « du corps ». Un martyre mobilisé par le salut des âmes

44. Cette acuité de conscience atteindra ses sommets peu de temps avant sa mort : « Je me sentais, comme le publicain, une grande pécheresse. Je trouvais le bon Dieu si miséricordieux ! [...] je me sens si misérable ! Ma confiance n'est pas diminuée, au contraire, et le mot "misérable" n'est pas juste, car je suis riche de tous les trésors divins ; mais c'est justement pour cela que je m'humilie davantage. Quand je pense à toutes les grâces que le bon Dieu m'a faites je me retiens pour ne pas verser continuellement des larmes de reconnaissance... Je crois que les larmes que j'ai versées ce matin étaient des larmes de contrition parfaite. Ah ! comme il est bien impossible de se donner soi-même de tels sentiments ! C'est le Saint-Esprit qui les donne, lui "qui souffle où il veut" » (*CJ* 12.8.3 ; *DE/MSC* 15.8).

45. Quand elle était enfant, sa conscience était déjà très éclairée : elle voulait être « mignonne » (*Ms A*, 18v°) et se désolait de ne pas l'avoir été (cf. *Ms A*, 15r°, 16r°, 24r° et 44v°). Ou bien, s'accusant dès la plus insignifiante bêtise (cf. *Ms A*, 5v° et 7r°), elle se réjouissait de se confesser (cf. *Ms A*, 17r°) (cf. chapitre I).

46. *Ibid.*, note 2 de la prière.

(souci qui sera prégnant toute sa vie puisqu'il est la matrice de sa vocation) et par son souhait de « consoler » Jésus.

Enfin, si la souffrance n'est pas même mentionnée, c'est parce que ce n'est pas directement elle qui sanctifie et sauve – même si elle demeure la fidèle compagne de Thérèse, depuis son entrée au Carmel. Dans l'optique de Thérèse, le binôme souffrance/amour forme un tremplin de choix vers la sainteté, en étant indissolublement liés. Ce n'est pas la souffrance qui conduit à la sainteté en passant immanquablement par l'amour, mais l'amour qui sanctifie en faisant inéluctablement souffrir du moment qu'il est authentique. C'est ce que Thérèse résumera à la fin de sa vie, en affirmant n'avoir « d'autre occupation que celle de cueillir [...] les fleurs de l'amour [d'abord !, nda] et du sacrifice [ensuite !, nda] et de les offrir au bon Dieu pour son plaisir ». Thérèse conçoit donc la sainteté comme étant articulée autour de la souffrance, mais impulsée, coordonnée, concentrée et finalisée par l'amour.

Au final, l'amour avait la préséance chez elle : il est désormais l'harmonique principale, le foyer de la perfection, de la sainteté et de la souffrance – il se situe d'ailleurs quasiment au milieu de sa prière. L'amour contient et résume désormais toutes ses aspirations. Thérèse n'est pas encore entrée à proprement parler dans « la voie de l'amour », mais elle y tend de tout son être. Elle va être aidée.

Deux rencontres décisives

La *velatio* marque la fin du noviciat de Thérèse. La célébration est publique et se déroule le 24 septembre 1890. Thérèse perd définitivement ses dernières attaches avec le monde. L'arrachement est symbolique avec le port du voile noir. Il est tangible avec monsieur Martin. Les événements ont en effet pris un cours précipité : son entrée dans une maison de santé (12 février 1889) a entraîné la résiliation du bail des Buissonnets, moins d'une année plus tard (25 décembre 1889). Une page dense a été tournée. La communication avec lui est rompue[47].

Jusqu'à février 1893, la correspondance de Thérèse est peu considérable. Dix-neuf lettres, dont la moitié est destinée à Céline. D'après ses commentaires apportés après coup, deux rencontres décisives surgissent comme les lignes de crête de son cheminement des prochains mois : mère Geneviève – Thérèse a été le témoin oculaire de ses faits et gestes, et le père Alexis Prou, venu prêcher une retraite à la communauté (du 7 au 15 octobre 1891).

Thérèse nourrissait des intuitions qui, confortées par ces deux « autorités » en la matière, vont se transformer en certitudes inébranlables. Sœur Geneviève de Sainte-Thérèse a incarné la « *vraie* sainteté » ; le père Prou va inopinément consolider sa confiance, en redimensionnant la portée des fautes commises à l'aune de la bonté miséricordieuse de Dieu. Prémisses parfaites pour la voie de l'abandon.

Mère Geneviève de Sainte-Thérèse

Mère Geneviève de Sainte-Thérèse a fondé le carmel de Lisieux en 1838. Elle était déjà âgée de quatre-vingt-deux ans quand Thérèse entra au couvent, au 9 avril 1888. Thérèse en a conservé un souvenir intact : « Comme toutes les postulantes je fus conduite au chœur aussitôt après mon entrée, il était sombre à cause du Saint Sacrement exposé et ce qui frappa d'abord mes regards fut les yeux de notre sainte Mère Geneviève qui se fixèrent sur moi, je restai un moment à genoux à ses pieds remerciant le bon Dieu de la grâce qu'Il m'accordait de connaître une

47. « Il nous fallut boire le calice jusqu'à la lie et nous séparer pendant trois ans de notre vénéré père en le confiant à des mains religieuses mais étrangères. Il accepta cette épreuve dont il comprenait toute l'humiliation et poussa l'héroïsme jusqu'à ne pas vouloir qu'on demandât sa guérison » (*LT* 261 2v°).

sainte[48] ». Thérèse eut aussi la chance de veiller mère Geneviève jusqu'à son dernier souffle, le 5 décembre 1891[49].

La fondatrice a profondément marqué la mémoire de Thérèse durant leurs trois années et demie de vie commune. Pour avoir côtoyé de près et observé de loin la doyenne, Thérèse en a retenu ceci :

> « Je ne vous ai encore rien dit de mon bonheur d'avoir connu notre Sainte Mère Geneviève... C'est une grâce inappréciable que celle-là ; eh bien, le Bon Dieu qui m'en avait déjà tant accordé a voulu que je vive avec une *Sainte*, non point inimitable, mais une Sainte sanctifiée par des vertus cachées et ordinaires... [...] Un dimanche [elle me recommanda :] "Servez Dieu avec paix et avec joie, rappelez-vous, mon enfant, que notre Dieu, c'est le Dieu de la paix." Le Dimanche suivant, je voulus savoir quelle révélation Mère Geneviève avait eue, elle m'assura n'en avoir reçu *aucune*, alors mon admiration fut encore plus grande, voyant à quel degré éminent Jésus vivait en elle et la faisait agir et parler. Ah ! cette *sainteté*-là me paraît la plus *vraie*, la plus *sainte* et c'est elle que je désire car il ne s'y rencontre aucune illusion » (*Ms A*, 78r°).

À supposer que Thérèse ait été sensible à l'aura qui nimbait mère Geneviève, elle échappa néanmoins au climat consécutif au décès de celle qui fut vénérée de son vivant – au point que

48. *Ms A*, 69r°-69v°.

49. Voici son souvenir : « Le jour de son départ pour le Ciel [...]. J'étais placée juste au pied du lit de la sainte mourante, je voyais parfaitement ses plus légers mouvements, il me semblait pendant les deux heures que j'ai passées ainsi que mon âme aurait dû se sentir remplie de ferveur, au contraire, une espèce d'insensibilité s'était emparée de moi, mais au *moment même* de la naissance au Ciel de notre Sainte Mère Geneviève, ma disposition intérieure a changé, en un clin d'œil je me suis sentie remplie d'une joie et d'une ferveur indicibles, c'était comme si Mère Geneviève m'avait donné une partie de la félicité dont elle jouissait car je suis bien persuadée qu'elle est allée droit au Ciel... » (*Ms A*, 78v°-79r°).

l'on s'attendait, aux dires mêmes de Thérèse, « à lui voir faire des miracles[50] ». Sans relativiser ou estomper sa sainteté, Thérèse a préféré s'attarder sur un autre aspect de la disparue, et qui l'avait personnellement édifiée : il ne lui avait pas échappé que mère Geneviève, par sa vie, avait fait voler en éclats ce préjugé tenace de la sainteté qui consiste à insister sur ses reliefs extraordinaires.

« *Cette* sainteté-*là me paraît la plus* vraie, *la plus* sainte »

De fait, le 21 juin 1896, chaque sœur du carmel de Lisieux reçoit un exemplaire de la circulaire nécrologique de mère Geneviève. Sœur Agnès l'a rédigée en mettant en exergue les « faits merveilleux[51] » de la vie de la fondatrice. Thérèse ne les éclipse ni ne les désavoue. Elle ne passe pas sous silence une extase qui avait transporté mère Geneviève, et au cours de laquelle le Seigneur lui avait dit : « Être l'épouse d'un Dieu... Quel titre! Quel privilège[52] ! »

Profondément attachée à l'octogénaire, dont elle recueillit pour elle-même la dernière larme[53], Thérèse l'estime sainte parce qu'elle a laissé transparaître la vie de Jésus à travers elle. En elle, Thérèse a observé « que le Seigneur vit, agit et parle à travers [l'] âme, sans qu'elle en soit consciente, donc sans qu'elle reçoive, de cette instrumentalité de son âme, des "révélations" mystiques ou autres[54] ». Elle a vu « à quel degré éminent Jésus vivait en elle et la faisait agir et parler ». C'était, pour Thérèse, une preuve directe

---

50. *Autres paroles de Thérèse à Mère Agnès de Jésus*, août. Au reste, la situation se répétera pour Thérèse.

51. *Ibid.*, note 5 de *RP* 7, p. 1433.

52. *RP* 7, 1r°, réplique tirée de la pièce jouée le jour même de la distribution des copies de ladite circulaire.

53. « Alors prenant un petit linge fin, j'osai m'approcher le soir sans être vue et prendre pour *relique* la *dernière larme* d'une Sainte... Depuis je l'ai toujours portée dans le petit sachet où mes vœux sont renfermés » (*Ms A*, 78v°-79r°).

54. H. U. von BALTHASAR, *Thérèse de Lisieux. Histoire d'une mission*, Paris, Éd. Medias-Paul, 1972, p. 205.

que Jésus peut très bien continuer « d'agir en elle », sans rien en savoir ni rien sentir.

Aux yeux du commun des mortels, les hautes faveurs sont souvent une sorte de baromètre de la sainteté. Or, Thérèse confesse n'en avoir eu qu'une seule, après son « offrande à l'Amour » :

> « Eh bien, je commençais mon Chemin de Croix, et voici que tout à coup, j'ai été prise d'un si violent amour pour le bon Dieu que je ne puis expliquer cela qu'en disant que c'était comme si on m'avait plongée tout entière dans le feu. Oh ! quel feu et quelle douceur en même temps ! Je brûlais d'amour et je sentais qu'une minute, une seconde de plus, je n'aurais pu supporter cette ardeur sans mourir. J'ai compris alors ce que disent les saints de ces états qu'ils ont expérimentés si souvent. Pour moi, je ne l'ai éprouvé qu'une fois et qu'un seul instant, puis je suis retombée aussitôt dans ma sécheresse habituelle[55]. » (*CJ* 7.7.2)

Le malentendu découle de la confusion entre la vie mystique et les expériences mystiques. Pourtant, celles-ci sont accessoires et dissociables de celle-là. Ainsi, Thérèse recevait des lumières quand elle en avait besoin, sans éclats. En fait, son expérience de vie rejoignait à plein ce qu'elle formula un jour de manière plus incisive : « Céline, penses-tu que Sainte Thérèse [d'Avila, nda] ait reçu plus de grâces que toi ?... pour moi je ne te dirai pas de viser à sa sainteté séraphique, mais bien d'être parfaite comme ton Père céleste est parfait !... » La sainteté de la *Madre* est qualifiée de « séraphique » parce qu'elle a été favorisée de nombreuses extases. Cette sainteté est sans doute admirable, mais elle est inimitable. Enfin, Thérèse connaissait la mise en garde de saint Jean de la Croix : les extases étant des dons de Dieu, on ne peut les lui demander sans commettre une « faute vénielle ».

55. Pour cette raison, Hilda Graef (*Histoire de la mystique*, Paris, Seuil, 1972) hésita à inclure Thérèse parmi les mystiques !

En un mot, et même en un pléonasme qui marque bien son insistance, Thérèse considère que la sainteté « la plus *vraie*, la plus sainte » est celle qui est foncièrement imitable, incroyablement accessible et simplement réaliste. C'est en ce sens qu'« il ne s'y rencontre aucune illusion » – sur nous-mêmes, mais aussi sur Dieu. Thérèse proscrit, de sa conception de la sainteté, les épithètes telles que « éblouissante[56] », « admirable », « merveilleuse », « impressionnante », pour leur préférer la vérité dont elle se fera le chantre.

Des « vertus cachées et ordinaires »

Grâce à la mère fondatrice, Thérèse a décidé de congédier définitivement l'extraordinaire de sa conception de la sainteté. La sanctification s'épanouit dans la routine qu'il nous appartient de rendre théologale. La vie divine et la perfection se cachent, tout en se dévoilant, dans le train-train quotidien.

Partant, elle a résolu de « préférer la monotonie du sacrifice ». Repère étrange, non? En quoi cette vie commune, dans laquelle s'abîma mère Geneviève, est-elle enviable? De même, souvenons-nous que Thérèse avait écrit deux ans plus tôt : « Je ne désire qu'une chose quand je serai au Carmel, c'est de toujours souffrir pour Jésus. La vie passe si vite que vraiment il vaut mieux avoir une très belle couronne et un peu de mal que d'en avoir une ordinaire sans mal. » Thérèse mentionnait alors « une très belle couronne », et elle semblait dénigrer celle « ordinaire » et obtenue « sans mal ». Se serait-elle contredite?

En fait, le commun ne rime pas avec la médiocrité. Pas plus que la routine n'offrirait un bouclier somnambulique. Si Thérèse ne voulut pas être une sainte extraordinaire, elle n'en fut pas moins une sainte héroïque. Cette considération a pour arrière-fond la différenciation entre « ascèse *extraordinaire* et ascèse *héroïque*. La

56. Mère Agnès témoigne : « *Je lui rapportais ce qui m'avait été dit sur les honneurs rendus au Tzar de Russie en France.* "Ah ! ça ne m'éblouit pas tout ça ! Parlez-moi du bon Dieu, de l'exemple des Saints, de tout ce qui est vérité…" » (*CJ* 3.9.1).

première est brillante, admirable, habituellement non imitable. La seconde est cachée parce qu'elle se réalise simplement, dans les moindres détails de la vie quotidienne[57] ».

Comprenons donc bien. Il ne s'agit pas de se contenter de peu. Autrement, Thérèse ne se fut pas exclamée au seuil de sa mort : « Oh! qu'il y a peu de parfaites religieuses, qui ne font rien n'importe comment et à peu près, se disant : je ne suis pas tenue à cela, après tout... Il n'y a pas grand mal à parler ici, à me contenter en cela... Qu'elles sont rares celles qui font tout le mieux possible[58] ! » Clairement, Thérèse a changé de paradigme. Doucement mais fermement, elle a été éconduite dans ses prétentions. Sans éluder les occasions de se mortifier et en demeurant à l'affût de la moindre circonstance l'y amenant, elle ne les a plus recherchées que dans le but de sauver les âmes. Ceci est fondamental car c'est juste quelques heures avant de mourir qu'elle comprendra : « Jamais je n'aurais cru qu'il était possible de tant souffrir! Jamais! jamais! Je ne puis m'expliquer cela que par les désirs ardents que j'ai eus de sauver des âmes. » De même, elle a exercé l'ascèse non pour elle-même, mais comme le moyen d'accomplir à la perfection son devoir d'état, attendu que « la vocation ayant pour but de *conserver* le *sel* destiné aux âmes [...] est celle du Carmel ».

Les « riens » avaient composé sa préparation en vue d'entrer au Carmel; les « petites vertus » – n'ayant pas « la facilité d'en pratiquer de grandes » – l'ont occupée dans son postulat. À présent, Thérèse opte pour les « vertus cachées et ordinaires » parce que l'aspect éclatant et ostentatoire ne conditionne pas la perfection. L'on en fait généralement « *peu de cas* », mais c'est pourtant « cela [qui l']a frappée dans la Vie de N. P. St Jean de la Croix dont on disait : "Le frère Jean de la Croix! mais c'est un

57. L. Menvielle, *Thérèse docteur racontée par le père Marie-Eugène de l'E.-J. Les clés de la Petite Voie*, Paris/Venasque, Éd. du Carmel/ Éd. Parole et Silence, 1998, tome II, p. 326 et 378.

58. *DE/Mère Agnès de Jésus*, 5.8.5.

religieux moins qu'ordinaire ! » C'est cela aussi qui lui plaisait chez les saints qui avaient sa préférence. Les vertus de ce type l'ont séduite du fait qu'elles sollicitent la perfection modestement, en ne donnant aucun relief à notre agir. Dans le même temps, elles nous immergent plus sûrement dans le mystère de Dieu, au fil d'une vie « obscure », « cachée » et sous des dehors insignifiants. Discrètes et secrètes, ces vertus ne glorifient pas l'homme mais rendent témoignage exclusivement à Dieu et à ses dons. Enfin, elles balisent la voie d'une sainteté prodigieusement ordinaire, que manifeste le plus parfaitement la Vierge Marie.

L'exemple de la Vierge Marie

Pour Thérèse, la Vierge Marie est *le* héraut de la « sainteté ordinaire », dont elle a étrenné l'itinéraire.

Elle a toujours eu la prescience que la Vierge Marie était imitable. Elle en parle vers la fin de sa vie, dans deux aveux agrémentés d'humour et distants de quarante-huit heures[59].

> « Pour qu'un *sermon sur la Sainte Vierge* me plaise et me fasse du bien, il faut que je voie sa vie réelle, pas sa vie supposée ; et je suis sûre que sa vie réelle devait être toute *simple*. On la montre *inabordable*, il faudrait la montrer *imitable*, faire ressortir ses *vertus*, dire qu'elle vivait de foi *comme nous* [...] elle est plus Mère que reine, et il ne faut pas dire à cause de ses *prérogatives* qu'elle éclipse la gloire de tous les saints, comme le soleil à son lever fait disparaître les étoiles. [...] Moi je pense tout le contraire, je crois qu'elle augmentera de beaucoup la splendeur des élus. C'est bien de parler de ses *prérogatives*, mais il ne faut pas dire que cela, et si, dans un sermon, on est *obligé* du commencement à la fin de s'exclamer et de faire *Ah ! ah ! on en a assez !* Qui sait si quelque âme n'irait pas même jusqu'à sentir alors un certain éloignement pour une

59. Nous mettons en italique les points saillants et communs aux deux extraits.

> créature tellement supérieure et ne se dirait pas : “Si c’est cela, autant aller briller comme on pourra dans un petit coin ! Ce que la Sainte Vierge a de plus que nous, c’est qu’elle ne pouvait pas pécher, qu’elle était exempte de la tache originelle, mais d’autre part, elle a eu bien moins de chance que nous, puisqu’elle n’a pas eu de Sainte Vierge à aimer ». (*CJ* 21.8.3)

> « Que les prêtres nous montrent donc des *vertus praticables* ! C’est bien de parler de ses *prérogatives*, mais il faut surtout qu’on puisse l’*imiter*. Elle aime mieux l’*imitation* que l’admiration, et sa vie a été si *simple* ! Quelque beau que soit un *sermon sur la Sainte Vierge*, si l’on est *obligé* tout le temps de faire : *Ah!...Ah!...on en a assez.* Que j’aime à lui chanter : L’étroit chemin du Ciel tu l’as rendu visible (Elle disait : facile). En pratiquant toujours les plus *humbles vertus.* » (*CJ* 23.8.9)

Thérèse loue une sainteté « simple », « imitable », « abordable », « facile », sans « prérogatives », et qui égrène des « vertus praticables ». Comprenons une sainteté reflétée non par de « sublimes vertus », mais par « les plus humbles vertus ». Nulle vantardise n’est possible.

Ainsi le principe de l’imitation constitue une composante très ferme de son enseignement relatif à la sainteté. Elle dira à la fin de sa vie : « Cela ne ressemblerait pas à ma petite voie… mourir d’amour après la Communion, c’est trop beau pour moi ; les petites âmes ne pourraient imiter cela ». Et elle précisera : « Dans ma petite voie, il n’y a que des choses très ordinaires ; *il faut que tout ce que je fais les petites âmes puissent le faire*[60]. »

Dans sa dernière poésie[61] – son « Cantique » en l’honneur de la Vierge Marie, qu’elle mentionne dans le premier aparté que

60. *CSM*, *VT* 73, p. 64.

61. *PN* 54.

nous analysons –, Thérèse ressaisit synthétiquement les principales composantes de la sainteté de la Vierge Marie. Elle retient que « point de ravissements, de miracles, d'extases n'embellirent » son pèlerinage terrestre. Par conséquent, les « petits » « peuvent sans trembler vers [elle] lever les yeux, [puisque] c'est par LA VOIE COMMUNE […] qu'il [lui plût] de marcher pour les guider aux Cieux ». La Vierge Marie a voulu nous « faire sentir [qu'il] n'est pas impossible de marcher sur [ses] pas […], l'étroit chemin du Ciel, [la Mère de Dieu] l'a rendu visible en pratiquant toujours les plus humbles vertus ». En somme, « Marie est suprêmement imitable pour Thérèse parce qu'elle est petite[62] ». Et en la mettant sur un piédestal, en la faisant prédominer sur les autres saints, nous pervertirions sa nature qui était toute humilité. Pire, nous abîmerions sa proximité, traduite dans sa maternité.

Thérèse est aussi persuadée que la Vierge Marie nous invite à nous « cacher à l'ombre de son manteau qui nous virginise[63] ». Car, « lieu de l'Incarnation, le sein de Marie est aussi le lieu de notre divinisation[64] », et la Vierge Marie intercédera pour celles et ceux qui l'auront priée : « S'il reste dans [notre] âme au moment de paraître devant Dieu quelque trace de la faiblesse humaine, la Sainte Vierge [nous] obtien [dra] la grâce de faire

62. F.-M. LÉTHEL, *Connaître l'amour du Christ qui surpasse toute connaissance. La théologie des saints*, Venasque, Éd. du Carmel, 1989, p. 503.

63. *LT* 105, 2r°.

64. F.-M. LÉTHEL, *L'amour de Jésus. La christologie de sainte Thérèse de l'Enfant-Jésus*, coll. « Jésus et Jésus-Christ » 72, Paris, Desclée, 1997, p. 175.

un acte d'amour parfait et puis [nous] donne [ra] la palme et la couronne[65] ».

En définitive, loin d'être piètre ou négligeable, ce qui est « ordinaire » est partagé par le plus grand nombre et largement pratiqué. « Les vertus que Thérèse conseille sont celles qui n'ont pas besoin de cloître pour s'exercer. Ce sont les vertus naturelles, informées par l'amour. Et Thérèse a été grande, non pas comme Jeanne d'Arc, en faisant naturellement des actes héroïques, mais en accomplissant héroïquement des actes naturels et simples[66] ». En plaçant l'accent sur les vertus accessibles, Thérèse a pris ses libertés par rapport à la piété de son époque.

Le père Alexis Prou : les « flots de la confiance et de l'amour »

Le père Alexis Prou lâchera les dernières brides des convictions intimes de Thérèse, qu'une appréhension théologique freinait encore. En contrepoint, et sans le vouloir, il va relever un coin du voile de ce qu'elle vit intérieurement depuis des mois. Car il entend en confession Thérèse, qui rapporte :

> « J'avais alors de grandes épreuves intérieures de toutes sortes (jusqu'à me demander parfois s'il y avait un Ciel). Après avoir dit peu de mots, je fus comprise d'une façon merveilleuse et même *devinée*… […] Il me lança à pleines voiles sur les flots de la *confiance* et de l'*amour* qui

65. *LT* 226, 1v°. Dans la même idée, Thérèse donne cette charmante précision : « Au moment de communier, je me présente quelquefois mon âme sous la figure d'un petit bébé de trois ou quatre ans qui, à force de jouer, a ses cheveux et ses vêtements salis et en désordre. — Ces malheurs me sont arrivés en bataillant avec les âmes. — Mais bientôt la Vierge Marie […] a vite fait de me retirer *mon petit tablier tout sale*, de rattacher mes cheveux et de les orner d'un joli ruban ou simplement d'une petite fleur… et cela suffit pour me rendre gracieuse et me faire asseoir sans rougir au festin des anges » (*CSM*, *VT* 73, p. 59).

66. J. GUITTON, *L'Église et les Laïcs*, Paris, DDB, 1963², p. 144.

> m'attiraient si fort mais sur lesquels je n'osais avancer... Il me dit que *mes fautes ne faisaient pas de peine* au Bon Dieu, que *tenant sa place* il me disait de *sa part* qu'Il était très content de moi... [...] Jamais je n'avais entendu dire que les fautes pouvaient ne pas faire de peine au bon Dieu, cette assurance me combla de joie, elle me fit supporter patiemment l'exil de la vie... Je sentais bien au fond de mon cœur que c'était vrai car le Bon Dieu est plus tendre qu'une Mère [...] Je suis d'une nature telle que la crainte me fait reculer ; avec l'*amour* non seulement j'avance mais je *vole* ». (*Ms A*, 80v°)

Savoir que « le bon Dieu est plus tendre qu'une Mère » donnera à Thérèse de « voler » au lieu de « reculer » devant les « grandes épreuves de toutes sortes », et qui vont même « jusqu'à [se] demander parfois s'il y [a] un Ciel »...

« Sous le tunnel »

Le Ciel a toujours été l'objet de ses aspirations les plus véhémentes. Et nous apprenons qu'elle est « parfois » ébranlée dans ses convictions relatives à son existence. Son laconisme[67] sur le sujet ne rend que plus probant et pesant le poids de cette épreuve, qui était encore intermittente.

En quatre[68] lettres écrites au cœur des onze jours de l'aride retraite précédant sa profession, Thérèse a résumé ce qu'elle vit. Elle se sent dans un « souterrain où il ne fait ni froid ni chaud », « sous la terre » et dans la « *nuit* ». Cependant, au sein de ces « ténèbres », elle demeure dans la « paix », et dans la « consolation » que cette voie est voulue par Jésus. Aussi bien, elle est

67. Elle en a pourtant déjà trop dit puisque, pour elle, « le silence [...] [est] le langage qui peut [...] dire seul ce qui se passe dans [son] âme !... » (*LT* 106).

68. À sœur Agnès de Jésus, sa principale confidente : *LT* 110, 112 et 115 ; et à sœur Marie du Sacré-Cœur : *LT* 111. Ses deux grandes sœurs de sang.

« heureuse de suivre son fiancé à cause de l'amour de Lui seul et non pas à cause de ses dons » et de ses « présents ».

Le sujet est abordé une dernière fois dans le *Manuscrit C*. Là, Thérèse apparente sa vie de foi à un « tunnel », « sous » lequel elle avance. Oui, elle ne marche pas *dans* le tunnel, selon la formule validée par l'Académie française, mais *sous* le tunnel. Ce lapsus est vraiment révélateur de la profondeur de son trouble : Thérèse marche sous la voie de communication (le tunnel) qui, elle-même est sous l'obstacle (sa nuit de la foi). Thérèse mentionne le tunnel au présent : l'épreuve perdure à l'heure où Thérèse écrit qu'elle ne s'achèvera pas « avant le jour marqué par le Seigneur ». À l'infirmerie toujours, elle précisera que c'est « le raisonnement des pires matérialistes qui s'imposait à [son] esprit ».

Si elle n'a que parcimonieusement divulgué sa nuit spirituelle, elle n'a rien caché de sa féroce intensité : « … Ah ! je ne feins pas, c'est bien vrai que je n'y vois goutte. Mais enfin, il faut que je chante bien fort dans mon cœur : "Après la mort la vie est immortelle", ou bien sans ça, ça tournerait mal[69]… »

C'est donc avec cette épreuve en toile de fond que Thérèse « se donna tout entière à la confiance en Dieu, [cherchant] dans les Livres Saints l'approbation de sa hardiesse [et répétant] avec bonheur la parole sanjuaniste [saint Jean de la Croix, nda] : On obtient de Dieu autant que l'on en espère[70] ». Car sa sérénité n'a jamais été remise en question. Si la « paix » était « au fond du cœur », elle n'en était pas moins « profonde ». La paix habitait Thérèse puisqu'elle demanda à Jésus que rien ne la « trouble ». Thérèse n'en jouissait pas à proprement parler, mais cela suffit à rendre possible sa confiance – autrement, elle n'eût pas ajouté par deux fois – en conclusion de ses lettres à Pauline : Dieu « est libre, puisque je ne suis plus à moi, mais à lui… » ; « Je suis plus à Lui qu'à moi !… »

69. *CJ* 15.8.7.

70. *PO*, p. 155.

Les « fautes peuvent ne pas faire de peine au Bon Dieu »

Deux soucis majeurs eussent pu entraver sa confiance : celui de commettre des « fautes » « involontairement » et, par voie de conséquence, celui de causer de « la *peine* au Bon Dieu » – « involontairement » également. Variations sur un même thème et convergeant vers cette unique interrogation : « le bon Dieu est-il content de moi ? »

Du moment que nous avons connaissance de ses épreuves spirituelles intérieures, nous pouvons mieux comprendre son appréhension. Or, voilà que le père franciscain l'apaise, en résolvant le dilemme avec une solution unique et imparable : « Les fautes peuvent ne pas faire de peine au bon Dieu ». Thérèse ne le concevait pas encore bien, mais elle en avait déjà l'intuition. Providentiellement, l'entrevue avec le prédicateur ravivera ses pressentiments concernant la Miséricorde infinie de Dieu. Elle gardera précieusement cet enseignement et ne se gênera pas pour le dispenser, sans nommer son épreuve : « Jésus peut bien faire la grâce de ne plus l'offenser ou bien de ne faire que des fautes qui ne l'OFFENSENT pas mais ne font que d'humilier et de rendre l'amour plus fort. Si vous saviez comme je vous en dirais long si j'avais des paroles pour exprimer ce que je pense ou plutôt que je ne pense pas, mais que je sens !... La vie est bien mystérieuse !... » – et nous ne pouvons pas toujours « en pénétrer le sens ».

Vers la voie de l'abandon total

Thérèse avait déjà donné le primat à l'amour dans ses activités les plus ordinaires. Restait à cheviller ses aspirations de sainteté dans l'amour, à l'abandon en Dieu. Or, cet abandon exige une confiance totale. Elle lui a été donnée par le père Prou. En fouettant les convictions encore timides de Thérèse, il l'a définitivement libérée de la crainte de commettre des « manquements ». Son sentiment d'impuissance ne l'avait jamais durablement embarrassée dans ses élans vers la sainteté, mais c'était encore en dépit d'elle – et non *grâce* à elles – que Thérèse espérait devenir sainte. Désormais, elle a l'assurance – donnée par une autorité ecclésiastique – de ne pas être séparée de Dieu par ses « fautes involontaires ». Ces péchés véniels sont des imperfections qui lui épargnent de se confondre avec la représentation idéale d'elle-même. Ainsi, le prêtre a éveillé l'éclosion d'une ligne de conduite qui imprégnera les dernières années de Thérèse : vivre dans la pauvreté spirituelle. Thérèse n'est rien par elle-même – et sa nuit spirituelle le lui fait sentir avec force –; elle sera toute et uniquement par Jésus.

Enfin, sans le savoir, Thérèse anticipe – et, de ce fait, y échappe – le danger mis en lumière par Mgr Gaucher : « L'ardeur de la jeunesse s'use en rencontrant les difficultés, et un jour plus ou moins proche des débuts, le constat est cruel : on croyait progresser en perfection et on en est toujours au même point. Pire, on a régressé. Cette expérience capitale et nécessaire rejoint celle du Prophète Élie qui se retrouve découragé dans le désert : "C'en est assez maintenant, Seigneur ! Prends ma vie, car je ne suis pas meilleur que mes pères" (*1R 19,4*)[71]. »

Entre 1892 et 1893, Thérèse s'approche d'un point de non-retour : elle commence à se désarmer et Dieu pourra l'engendrer dans l'abandon. Dans les prochains mois, il ne s'agira plus pour elle de « descendre-vers-le-bas aux yeux d'*autrui*, mais en premier lieu (et ce changement est important), [de] devenir consciemment plus pauvre à ses *propres* yeux : ne plus viser à rien qui vous rende plus grand devant vous-même[72] ».

C'est Céline qui l'y amènera.

---

71. G. GAUCHER, « Thérèse : La petite voie de sainteté aujourd'hui », *VT* 179 (juillet-septembre 2005), p. 19.

72. C. DE MEESTER, *Les mains vides.*, *op. cit.*, p. 68.

Chapitre V

Du 20 février 1893 à décembre 1894

20 février 1893. Cette date ouvre la seconde section, qui couvre la première année du priorat de sœur Agnès de Jésus – élue pour un mandat de trois ans. Thérèse le vit dans une immense joie.

L'événement va révéler Thérèse sous un jour nouveau et enrichi. Elle s'y révèle lyrique : elle remplace dorénavant sœur Agnès dans la composition des saynètes récréatives (qui sont de tradition dans les carmels, depuis la réforme opérée par sainte Thérèse d'Avila). Thérèse les marque d'un sceau affectif tout en laissant libre cours à son sens inné du comique. Elle est également plus prolixe : ses lettres abondent à nouveau. Enfin, sa nature mystique s'exhale à présent dans les prières[1], spontanées ou « commandées ».

Le flot varié de son écriture donne d'atteindre le mouvement vital de sa pensée, puisqu'elle retranscrit son expérience morale et spirituelle dans son développement intime. L'aspect anodin de certains textes recèle ses grâces reçues, des questions et des épreuves.

La trame des faits est plus ténue en cette année, mais non moins serrée. Le nom de Louis Martin, qui bénéficiait jusque-là d'une certaine aura au sein de la communauté, n'est plus que

1. Neuf prières sur les vingt et une sont rédigées durant ce triennat, et la première remonte à cette époque.

chuchoté. Désormais, Thérèse parle de l'épreuve au passé. Certes, le fort de la crise est derrière elle. Mais c'est aussi parce qu'elle en assume dorénavant l'aspérité. De son propre aveu, elle est en train de quitter la voie de la souffrance, qui fut la sienne cinq années durant et aux relents ascétiques, pour entrer dans « celles de l'amour[2] ».

Ce bref tour d'horizon annonce la physionomie de l'année qui commence. Thérèse continue d'encourager et d'instruire Céline en lui suggérant un certain agir qui la propulsera à l'acmé de sa doctrine : c'est Dieu qui fait tout.

Orientation de Céline vers la sainteté

Sur les treize lettres de Thérèse, écrites entre avril et décembre 1893, dix sont destinées à Céline : son sort requiert toute l'attention de Thérèse.

Dans le courant du mois de juin 1893, Léonie est entrée, pour la seconde fois, au monastère de la Visitation de Caen[3] ; tandis que Céline et monsieur Martin séjournent au château de la Musse, près d'Évreux. Céline se sent toujours appelée à la vie religieuse, mais elle ne peut y répondre, étant toute aux soins de son père qui est devenu hémiplégique[4]. Des sentiments contraires se disputent son cœur : ne pouvant suivre ses propres inclinations qui ont pris la silhouette du carmel de Lisieux, elle se heurte aux réceptions mondaines qui se succèdent régulièrement chez les Guérin. Chaque fois, probablement, le combat est à reprendre ; le « oui » à prononcer à nouveau.

2. *Ms A*, 80v°. Notons le pluriel des voies de l'amour, contre le singulier de la voie de la souffrance.

3. Après trois tentatives (en 1887, 1893 et 1895), elle y prononcera ses vœux perpétuels le 2 juillet 1900.

4. À la suite d'une attaque. Toute possibilité de fugue de sa part se trouvant anéantie, il a pu quitter la maison de santé de Caen (le 10 mai 1892) et retrouver les siens.

Thérèse perçoit le péril mais elle donne le change avec la faconde qu'on lui connaît, et une nouvelle maturité. Le ton de ses lettres est enjoué et énergique. Ses propos sont clairs et directs. Elle manœuvre pourtant prudemment, en continuant d'associer étroitement Céline à son projet de sainteté. Comme toujours, sa démarche est dictée par les circonstances. Lisons sa première lettre.

> « Pour être à [Jésus] il faut être petit, petit comme une goutte de rosée!... Oh! qu'il y a peu d'âmes qui aspirent à rester ainsi petites!... Mais, disent-elles, le fleuve et le ruisseau ne sont-ils pas plus utiles que la goutte de rosée, que fait-elle? elle n'est bonne à rien sinon à rafraîchir pour quelques instants une fleur des champs qui est aujourd'hui et qui demain aura disparu... Sans doute ces personnes ont raison, la goutte de rosée n'est bonne qu'à cela mais elles ne connaissent pas la fleur champêtre qui a voulu habiter sur notre terre d'exil et y rester pendant la courte nuit de la vie. [...] Notre bien-aimé n'a pas besoin de nos belles pensées, de nos œuvres éclatantes [...] Ce n'est donc pas l'esprit et les talents que Jésus est venu chercher ici-bas. Il ne s'est fait la fleur des champs qu'afin de nous montrer combien Il chérit la simplicité. Le Lys de la vallée n'aspire qu'après une petite goutte de rosée... [...] Jésus n'appelle pas toutes les âmes à être des gouttes de rosée, Il veut qu'il y ait des liqueurs précieuses que les créatures apprécient, qui les soulagent dans leurs besoins mais pour Lui Il se réserve une goutte de rosée, voilà toute son ambition... Quel privilège d'être appelée à une si haute mission!... Mais pour y répondre comme il faut rester simple... Jésus sait bien que sur la terre il est difficile de se conserver pur, aussi veut-il que ses gouttes de rosée s'ignorent elles-mêmes, Il se plaît à les contempler mais Lui seul les regarde, et pour elles, ne connaissant pas leur valeur elles s'estiment au-dessous des autres créatures...

> Voilà ce que désire le Lys des vallons. La petite goutte de rosée, Céline, a compris… Voilà la fin pour laquelle Jésus l'a créée » (*LT 141, 1v°- 2v°*).

« Pour être à Lui, il faut être petit, petit comme une goutte de rosée ! »

« Être petit comme une goutte de rosée ». Jean Guitton signale que « l'acharnement à diminuer est un des traits du vocabulaire de Thérèse, qui a conservé l'écho de ce milieu familial où elle était la petite sœur[5] ». Mgr Gaucher ajoute que c'est un « langage symbolique proposé par son entourage […] [et que Thérèse] le reprend docilement[6] ». Mais on peut aussi penser que Thérèse recourt librement et intentionnellement à cette nouvelle image, qui prolonge celles du « grain de sable » et de « l'atome de Jésus ». Autant de concepts centraux de sa représentation de l'être humain ignoré des créatures et de lui-même, mais aimé de Jésus seul.

Plus profondément, Thérèse partage à sa sœur un raisonnement que l'on pourrait reconstituer en deux temps, et qui va totalement à l'encontre de nos vues exiguës. Tout d'abord, loin de corriger l'impression de petitesse de Céline, Thérèse l'avalise. Elle en exagère même l'étendue – nous devinons que Céline est loin d'être sans attrait ni talent. En fait, dans une intention didactique, Thérèse veut en expliciter les fondements théologiques. Cette insignifiance personnelle – rester à la maison et côtoyer le monde, même si c'est malgré elle – n'est pas vaine ou inutile. Elle est une forme de petitesse, que Jésus agréera avec empressement, pour autant qu'elle la lui offre.

---

5. J. GUITTON, *Le génie de Thérèse de Lisieux*, *op. cit.*, p. 31.

6. G. GAUCHER, *Histoire d'une vie, Thérèse Martin (1873-1897)*, *op. cit.*, p. 105.

De fait, pourquoi – et c'est le second point – dédaigner la petitesse alors qu'elle est une qualité prisée de Dieu ? La petitesse conditionne l'union à Dieu. Thérèse s'en explique dans une tirade qu'elle imagine de Jeanne d'Arc : « Moi aussi, je veux rester toujours bien petite, bien humble, afin de ressembler à Jésus et de mériter qu'Il fasse en moi sa demeure[7] ». L'humilité étant l'antidote de l'orgueil[8], elle est *la* recette pour rester « petit ». Vers la fin de sa vie, après avoir « confié quelques humiliations bien pénibles qui lui avaient été données par des sœurs [Thérèse conclura :] "Le bon Dieu me donne ainsi tous les moyens de rester bien petite[9]." »

Thérèse agrée encore la petitesse parce qu'elle est forcément la base idéale pour le développement des « plus humbles vertus » ; lesquelles méprisent les « honneurs » et ne poursuivent ni les « belles pensées », ni les « œuvres éclatantes ». La conséquence est double. D'une part, la petitesse ramène à l'essentiel : la simplicité qui, au lieu de la recherche de soi-même, veut que nous « nous ignorions », pour ne considérer que Dieu. Thérèse le certifiera : « Je suis *trop petite* pour avoir de la vanité [...] afin de vous faire croire que j'ai beaucoup d'humilité, j'aime mieux convenir tout simplement que le Tout Puissant a fait de grandes choses en l'âme de l'enfant de sa divine Mère, et la plus grande c'est de lui avoir montré sa *petitesse*, son impuissance[10] ». D'autre part, grâce à la petitesse, nous sommes ignorés des autres : elles ne peuvent obtenir de nous que nous les « soulagions », et nous ne pouvons obtenir d'elles qu'elles nous « apprécient ». Il ne faut donc « plaire » qu'à Jésus, qui, seul, pourra leur apporter quelques

7. *RP* 1, 12v°. Thérèse endossa le rôle de Jeanne d'Arc ; c'est dire le poids qu'il faut attribuer à la « leçon ».

8. Dans une pièce de théâtre ultérieure, Thérèse met dans la bouche de saint Michel, qui invective Lucifer : « Monstre d'orgueil, roule dans la poussière /Recule (bis) vaincu par l'Humilité (bis) ! » (*RP* 7, 5r°).

9. *CJ* 18.4.1.

10. *Ms C*, 4r°.

bienfaits ; il est l'unique dispensateur des grâces[11], quand même il agit à travers nous.

Le mouvement de l'abandon

Se soucier de plaire à Jésus uniquement ? N'être qu'une « goutte de rosée » ? Mais oui. Ce sont justement ces « gouttes de rosée » auxquelles Jésus « aspire », et qu'il « se réserve pour Lui ». Ce n'est donc pas en dépit de cette petitesse mais *par* elle que Céline pourra devenir « une grande sainte ». Thérèse l'assurera aussi à une religieuse : « Je ne me suis pas trompée en pensant que le Bon Dieu vous appelle à être une grande sainte tout en étant petite et le devenant chaque jour davantage[12] ».

La petitesse n'est pas une réalité simple. Elle doit prendre garde à deux écueils : ni connaître l'illusion du quiétisme[13], ni tomber dans l'affairisme. Ce fragile équilibre résulte de deux forces contraires qui s'annulent : ne rien faire et trop en faire. Thérèse a trouvé la bonne posture dans ce que le père Sion appelle le « mouvement » de l'abandon[14]. Expression antinomique s'il en est. S'abandonner revient à « laisser couler », tandis que le « mouvement » indique le contraire et suppose que nous agissions. En réalité, s'abandonner revient à demeurer petit et à le devenir toujours davantage. La petitesse est une mise en progression dans l'abandon, qui est lui-même mouvement dans la petitesse. S'abandonner, ce n'est pas stagner : il faut d'incessants actes d'abandon pour y demeurer. Pareillement pour la petitesse : il ne suffit pas d'y être, il faut y demeurer.

---

11. Nous y reviendrons un peu plus loin en parlant des instruments dont Dieu se sert pour ramener à lui les âmes.

12. *LT* 242.

13. Doctrine mystique réduisant la sainteté à l'union continuelle avec Dieu, au détriment des œuvres.

14. V. Sion, *Réalisme spirituel de Thérèse de Lisieux*, coll. « Foi vivante », 143, Paris, Lethielleux, 1973[2], p. 137.

Cet abandon n'est pas une capitulation. La reconnaissance de sa petitesse n'implique pas une abdication de soi, mais le dessaisissement de l'autonomie, du volontarisme et de tout sentiment de grandeur. C'est pourquoi la petitesse est la voie royale pour s'abandonner à Dieu et attendre de lui toute chose.

Par conséquent, l'abandon demeurera la respiration de Thérèse, tout en étant ponctué par l'exercice des vertus. Un exercice qu'il faut déjà maintenir pour les autres : « Brillez par toutes les vertus / Soyez une lumière ardente. / Ah ! que vos feux / Les guidant aux Cieux / Des pécheurs déchirent le voile[15] ! » Exercice vertueux nécessaire aussi pour nous-mêmes. Thérèse en a convenu, et pas seulement pour satisfaire la rime : « Il me faudra rester toujours petite [...] Mais en vertu je grandirai bien vite ».

« Ascétisme de petitesse » et « sens positif » de la petitesse

Ce paradoxe s'éclaire, mais il appelle encore des précisions. Il n'est pas question de se livrer à un « ascétisme de petitesse », ni à un « héroïsme de petitesse » ni davantage à une « sainteté en miniature[16] » ; à défaut de pouvoir s'adonner à un « ascétisme de grandeur[17] ». Comme si se présentait devant nous une alternative entre la « "grande" ascèse ou ascèse de la perfection et la "petite" ascèse de la charité[18] ». Thérèse s'est justement refusée à entrer dans cette distinction, et elle pose clairement sur l'exigence de « toujours rester petite / Pour mériter le regard de ses yeux ».

---

15. *RP* 5, 1v°.

16. Selon la formule du pape Pie XI (M. M. Philipon, *Sainte Thérèse de Lisieux,...*, *op. cit.*, p. 151-152).

17. Expressions lues, avec des variantes, chez les pères S.-J. Piat (*Histoire d'une famille...*, *op. cit.*, p. 347 et « Guide des humbles vers la sainteté », *Carmel* (1955-IV), p. 264) ; L.-H. Petitot (*Vie intégrale de sainte Thérèse de Lisieux. Une renaissance spirituelle*, Paris, Éd. de la Revue des Jeunes, 1952[2], p. 23-54) et M. M. Philipon (*Sainte Thérèse de Lisieux,...*, *op. cit.*, p. 375).

18. H. U. von Balthasar, *Thérèse de Lisieux...*, *op. cit.*, p. 205.

En fait, la petitesse étant constitutive de la condition humaine, elle exprime notre impuissance et notre « imperfection » : c'est son « sens négatif ». Mais elle est également « théologale » : elle évoque alors la « confiance filiale », et c'est son « sens positif ». C'est elle qui va « ordonner théologalement la petitesse dite négative, par la perception de l'agir miséricordieux de Dieu[19] ».

En définitive, Thérèse n'a pas évacué la grandeur dans la sainteté, sous le prétexte qu'elle ne pouvait l'atteindre. C'est une sainteté échafaudée sur nous-mêmes qu'elle a contestée. Sa séparation entre les grands saints et les petits saints ne lui a servi que pour se ranger spontanément auprès de ces derniers. N'avait-elle pas dit de son vivant que sa vie « ne serait pas celle de ces grands saints mais des petits saints qui aiment beaucoup leur famille[20] » ?

Les « liqueurs précieuses »

Nous nous situons en un lieu stratégique du raisonnement de Thérèse. Notre raison raffole des critères de performance, avec tout le jargon utilitariste de l'efficacité et l'aspect spectaculaire qui l'accompagnent. Selon nos paramètres humains, les « gouttes de rosée », à l'instar des « petites fleurs des champs », seraient à classer dans une sainteté « inférieure ». Elles ont pourtant récolté tous les suffrages de Thérèse. Cette sainteté lui agréait du fait qu'elle est affranchie tant des prouesses ascétiques que des expériences mystiques.

Son point de vue restera inchangé. Témoin cet aveu à la fin de sa vie : « Je sais qu'il y a des saints qui passèrent leur vie à pratiquer d'étonnantes mortifications pour expier leurs péchés ; mais que

19. J. CLAPIER, *« Aimer jusqu'à mourir d'amour »*..., *op. cit.*, p. 368 et 371 ; voir aussi p. 152-153.

20. *CSG*, p. 135.

voulez-vous, “Il y a plusieurs demeures[21] dans la maison du Père Céleste”, Jésus l'a dit et c'est pour cela que je suis la voie qu'Il me trace[22]. »

Une anecdote montre qu'elle a été préparée à accepter cette différence de traitement entre les âmes. Thérèse devait avoir six ans :

> « Une fois je m'étonnais de ce que le Bon Dieu ne donne pas une gloire égale dans le Ciel à tous les élus [...] alors Pauline me dit d'aller chercher le grand verre à Papa et de le mettre à côté de mon tout petit dé, puis de les remplir d'eau, ensuite elle me demanda lequel était le plus plein. Je lui dis qu'ils étaient aussi pleins l'un que l'autre et qu'il était impossible de mettre plus d'eau qu'ils n'en pouvaient contenir. Ma Mère chérie me fit alors comprendre qu'au Ciel le Bon Dieu donnerait à ses élus autant de gloire qu'ils en pourraient contenir et qu'ainsi le dernier n'aurait rien à envier au premier ». (*Ms A*, 19r°-19v°).

La métaphore du dé à coudre est une réplique de celle soumise ici à Céline avec les fleurs. En réalité, elle n'illustre pas tant une différence de traitement, ou une hiérarchie entre les âmes, que le rapport entre l'âme et Dieu. Dans l'exemple de son enfance, c'est le saint qu'il faut combler de « gloire »; ici, c'est Jésus (le « calice de la fleur des champs[23] ») qu'il s'agit d'abreuver en étant une « goutte de rosée ». D'un côté, Dieu « distribue ses

21. Elle présumait qu'au Ciel, « avec les vierges, nous serons comme les vierges; avec les docteurs comme les docteurs; avec les martyrs comme les martyrs, parce que tous les Saints sont nos parents; mais ceux qui auront suivi la voie d'enfance spirituelle garderont toujours les charmes de l'enfance » (*CJ* 13.7.12).

22. *LT* 244, 2v°.

23. *LT* 143, 1v°. Jésus est le « Lys des vallons », le « Lys de la Vallée ». « Il ne s'est fait la fleur des champs qu'afin de nous montrer combien Il chérit la simplicité ». Il s'est fait « fleur champêtre » uniquement parce qu'il « a voulu habiter sur notre terre d'exil et y rester pendant la courte nuit de la vie » (*LT* 141, 1v°).

dons de manière inégale sans doute, mais avec un amour toujours égal à Lui-même, avec un amour d'une plénitude infinie[24] »; de l'autre, une goutte d'eau peut pleinement étancher la soif d'amour de Dieu, et la soulager tout autant qu'une « liqueur précieuse ».

La moralité en est identique : il ne faut pas se comparer les uns aux autres. D'une part, les dons de Dieu sont variés mais toujours appropriés à chacun d'entre nous. D'autre part, affirme Thérèse, « il y a bien [des] degrés dans la perfection et chaque âme est libre de répondre aux avances de Notre Seigneur, [...] en un mot de *choisir* entre les sacrifices qu'Il demande ». La sainteté est une. Elle « connaît une grande diversité de réalisations, mais elle reste foncièrement identique sous ses différentes modalités; car elle est d'abord cela : amour de Dieu répandu dans nos cœurs et sans cesse agissant en nous et par nous[25] ». Et ce n'est pas la distinction des voies pour parvenir à la sainteté qui va entamer son unité.

C'est bien dessus qu'insiste Thérèse, en continuant de mettre les choses au point avec Céline. Dans le seul mois de juillet, trois longs billets lui sont délivrés; auxquels il faut ajouter celui du 2 août. L'abandon ressort des échanges entre les deux sœurs de sang, à la manière d'un parfum discret et suave, mais persistant. Deux idées s'y embranchent : la première tourne autour de l'élection, que nous confronterons à la thématique de la prédestination; la seconde lui est corollaire et concerne les « préférences » de Dieu pour certaines âmes.

---

24. Cf. Thomas D'AQUIN, *Somme théologique*, I^a^, Q. 20, a. 3.

25. J.-P. TORRELL, *Inutile sainteté? L'homme dans le miroir de Dieu*, *op. cit.*, p. 74. « L'exercice multiforme de l'unique sainteté » est étudié dans la constitution dogmatique *Lumen gentium*, n° 41.

La question de l'élection (juillet 1893)

Thérèse ignore presque le terme de prédestination puisque nous n'en avons trouvé qu'une occurrence isolée dans ses écrits. Dans le premier billet de juillet, elle plébiscite d'autres expressions déjà rencontrées : « privilèges », « préférences », la « volonté de Dieu sur nous », ou encore le « choix de Dieu » :

> « Comment oser dire que tu as été oubliée, moins aimée que les autres; moi je dis que tu as *été* CHOISIE par privilège, ta mission est d'autant plus belle que tout en restant l'ange visible de notre Père chéri, tu es en même temps l'épouse de Jésus. "C'est vrai (pense peut-être ma Céline), mais enfin je fais moins que les autres pour le bon Dieu, j'ai bien plus de consolations et par conséquent moins de mérites." "Mes pensées ne sont pas vos pensées" (dit le Seigneur). Le mérite ne consiste pas à faire ni à donner beaucoup, mais plutôt à recevoir, à aimer beaucoup… Il est dit que c'est bien plus doux de donner que de recevoir, et c'est vrai, mais alors, quand Jésus veut prendre pour Lui la douceur de donner, ce ne serait pas gracieux de refuser. Laissons-Le prendre et donner tout ce qu'Il voudra, la perfection consiste à faire sa volonté, à être ce qu'il veut que nous soyons… » (*LT* 142, 1r°)

« La perfection consiste à faire sa volonté, à être ce qu'il veut que nous soyons »

De cet extrait, nous tirons trois enseignements.

Premièrement, Thérèse garantit que Dieu est bienveillant et respectueux de notre évolution personnelle. Tant et si bien que nous ne le sentons pas toujours agir. « Ce régime dans lequel Dieu intervient en épousant les mouvements naturels du cœur, c'est ce que les théologiens appellent l'*état de nature* […] parce que *la grâce* intervient "*per modum instinctivum*", *elle a l'air d'être un instinct de la nature*[26] ». Voilà pourquoi Thérèse s'indigne : « Comment oser dire que tu as été oubliée, moins aimée que les autres. » Tellement elle tient pour assuré que la sainteté à laquelle Dieu nous destine est « adaptée » à ce que nous sommes : « Notre Seigneur s'occupe aussi particulièrement de chaque âme que si elle n'avait pas de semblables », assure-t-elle. Saint Thomas d'Aquin ne s'était pas autrement prononcé sur la question : « Puisque la volonté de Dieu est la cause de toute chose, c'est donc que toute chose n'a d'être et de perfection que dans la mesure où elle est voulue par Dieu »; étant entendu qu'« à tout existant Dieu veut [...] quelque bien [...], puisque aimer quelqu'un ce n'est rien d'autre que de lui vouloir du bien[27] ». La liberté de Dieu n'est pas arbitraire, elle ne lèse personne et elle respecte le bien de chacun puisqu'il nous aime. Par conséquent, il n'a pas à se justifier : « Jésus [...] est libre et personne n'a à lui demander pourquoi il donne ses grâces à une âme plutôt qu'à une autre », prévient Thérèse. Sans compter que « si nous demandons au bon Dieu quelque chose qu'il ne comptait pas nous donner, Il est si puissant et si riche qu'il y va de son honneur de ne pas nous refuser, et il donne[28]... » Contentons-nous de réaliser la plénitude de notre sainteté personnelle. Et nous n'y pourrons parer en arguant qu'elle est trop exigeante pour nous, puisque c'est celle que Dieu veut pour nous.

Deuxième enseignement : comment savoir ce que Dieu accorde effectivement aux autres ? Thérèse est tout aussi catégorique, et elle redit régulièrement qu'il ne faut pas se fier aux apparences. Par exemple, elle écrit : « S'il plaît [à Dieu, nda] de me faire paraître meilleure que je suis, cela ne me regarde pas, Il est libre d'agir comme Il veut... » Ou encore, à l'infirmerie, tandis que l'on s'émerveillait de ce que le Bon Dieu l'avait « favorisée » et qu'on lui demandait ce qu'elle « pensait

26. Ch. Journet, *Dieu à la rencontre de l'homme.*, *op. cit.*, p. 21.

27. Thomas d'Aquin, *Somme théologique*, I^a^, Q. 20, a. 2.

28. *CSG*, p. 48.

de cette prédilection », elle répondit : « Je pense que “l’Esprit de Dieu souffle où il veut” ». Elle en avait aussi averti Céline : les grands saints, « Dieu les exalte pour nous [… ;] rien ne nous assure que les saints canonisés soient les plus grands. Dieu les a mis en relief pour sa gloire et notre édification, plus que pour eux-mêmes ». La conséquence est double. D’une part, il faut se méfier du jugement de l’entourage : « le monde se trompe [… ;] il ne faut faire aucun cas de son jugement [mais regarder] ce que [nous sommes] aux yeux de Dieu ». D’autre part, il est vain de se comparer aux autres. Dieu donne à chacun la grâce selon la mesure à même de le combler. Céline doit donc cesser de se croire en reste de la générosité divine, puisque « l’amour de Notre Seigneur se révèle aussi bien dans l’âme la plus simple qui ne résiste en rien à sa grâce que dans l’âme la plus sublime ».

Troisièmement et enfin, les vues de Dieu sur nous sont nimbées de mystères, « que sans doute nous comprendrons dans le Ciel ». Pareillement, l’élection des âmes est un « secret » « que Jésus nous révélera dans notre patrie ». Il serait donc oiseux de vouloir le sonder ici-bas, et Thérèse nous invite à ne pas même essayer : « Jésus a ses préférences, il y a dans son jardin des fruits que le Soleil de son amour fait mûrir presque en un clin d’œil […] question pleine de mystère », qu’il ne nous appartient pas d’élucider, nous recommande Thérèse. « Crois et tu comprendras ; la foi précède, l’intelligence suit » – c’est saint Augustin qui l’a dit.

En définitive, nous devons respecter la volonté de Dieu sur nous. La recevoir et l’entériner donnent la paix du cœur et de l’esprit et nous ramènent à l’essentiel : « faire sa volonté [et] […] être ce qu’il veut que nous soyons ».

Oui, mais…

Il n’empêche que l’être humain échappe difficilement à la tentation de se considérer par rapport aux autres. Thérèse le confesse pour elle-même :

> « Longtemps je me suis demandé pourquoi le bon Dieu avait des préférences, pourquoi toutes les âmes ne recevaient pas un égal degré de grâces, je m'étonnais en Le voyant prodiguer des faveurs extraordinaires aux Saints qui l'avaient offensé, comme Saint Paul, Saint Augustin et qu'Il forçait pour ainsi dire à recevoir ses grâces ou bien, en lisant la vie de Saints que Notre-Seigneur s'est plu à caresser du berceau à la tombe, sans laisser sur leur passage aucun obstacle qui les empêchât de s'élever vers Lui et prévenant ces âmes de telles faveurs qu'elles ne pouvaient ternir l'éclat immaculé de leur robe baptismale ». (*Ms A*, 2r°-2v°)

Si elle est à présent apaisée sur ce point, la question tourmente encore Céline, avec son cortège d'interrogations : ai-je « été oubliée, moins aimée que les autres » ? Aurais-je moins de « mérites » ? À quoi Thérèse répond : Dieu peut, au risque de bouleverser les raisonnements humains, décider d'appeler en peu de temps, à son intimité, des âmes qui en étaient notoirement indignes. Tandis que d'autres sembleront cumuler indéfiniment les étapes dans leur avancée. Peu importe. Nous sommes tous objet d'une élection qui nous oriente vers une vocation singulière et à nulle autre pareille. Nous avons tous une mission à remplir sur terre, et personne ne pourra nous remplacer.

Dans son manuscrit autobiographique (un an et demi plus tard), Thérèse replacera *in extenso* l'incise partagée à Céline, en la développant :

> « Ainsi en est-il dans le monde des âmes qui est le jardin de Jésus. Il a voulu créer les grands saints qui peuvent être comparés aux Lys et aux roses mais il en a créé aussi de plus petits et ceux-ci doivent se contenter d'être des pâquerettes ou des violettes destinées à réjouir les regards du bon Dieu lorsqu'Il les abaisse à ses pieds, la perfection

consiste à faire sa volonté, à être ce qu'Il veut que nous soyons… » (*Ms A*, 2v°)

Dieu veut que nous soyons ce qu'il voudrait que nous soyons. Ou plutôt, il souhaite que nous devenions ce qu'il sait que nous pouvons être. Nous sommes tous des « fleurs » dans le « jardin de Jésus ». Absolument chacune y a sa place, et chacune le pare à sa façon. « De toute éternité, Dieu nous a choisis pour être des Saints (1Th 4,3) » : un « Lys », une « rose », une « pâquerette » ou une « violette ». Dieu les « regarde » et « contemple », connaissant parfaitement leur vraie « valeur ».

Dans cet état d'esprit, perfection et sainteté cessent de se télescoper puisqu'être saint, c'est atteindre la perfection de son état. Mais aussi, un nouvel élément de la définition thérésienne de la sainteté peut sourdre plus franchement. Sa mise à jour a été suscitée par une autre inquiétude de Céline : la crainte d'être exclue du petit nombre des élus – dont aurait fait partie Thérèse. Voilà la brèche par laquelle faire sauter la carapace « jansénisante » de Céline. Par contrecoup sera brisé le carcan dans lequel on a tendance à confiner l'expression « épouse de Jésus ».

Les tendresses préférentielles de Dieu

Finement, Thérèse n'insiste pas sur le côté provisoire de la situation de sa sœur. Elle préfère lui dire que les « épouses de Jésus » ne recouvrent pas uniquement celles qui ont prononcé des vœux : il y faut introduire encore les « aspirantes », de même que tous les baptisés[29]. Y compris, donc, Céline. À l'instar de Thérèse, pendant ses « trois mois d'attente » au printemps 1888,

29. Thérèse anticipe l'exhortation apostolique *Familiaris consortio* (1981) qui certifie que le mariage et la virginité sont deux formes de vie permettant de réaliser notre vocation à l'amour (cf. n° 11). Elle ne suit pas la vue estimant la virginité supérieure au mariage lorsqu'elle affirme à une amie que « nous ne devons avoir qu'un même but : nous sanctifier dans la voie que le bon Dieu nous a tracée » (*LT* 166, 1v°).

Céline peut se comporter dans le monde comme si elle était déjà postulante.

Car dans le fond, les réflexions amères de Céline déclinent-elles vraiment son désarroi de ne pouvoir répondre à sa vocation ? N'exprimeraient-elles pas plutôt son dépit ? Ne souffre-t-elle pas, dans son amour-propre, que Dieu puisse, peut-être, attendre moins d'elle ? Nous pouvons même nous demander si un certain soulagement n'avait pas sa part – même largement inconsciente – dans ses conclusions. Invoquer une excuse dans l'impuissance peut, en réalité, procéder d'une renonciation latente, et donc plus subtile, à nos aspirations. Aussi bien, Thérèse enraye immédiatement les premiers mouvements de complaisance dans ces sombres alarmes, en lui certifiant tout bonnement qu'elle a « *été* CHOISIE par privilège ». Le mot dressé en lettres capitales ne laisse place à aucune échappatoire. Au lieu de tourner en rond pour savoir d'où lui vient le mérite et de quelle manière, Thérèse l'invite à couper court en se tournant vers Dieu. Or, Dieu n'exige pas du tout que nous nous lancions dans un programme ambitieux et terrifiant, mais que nous nous en remettions à sa volonté. Par deux fois, après avoir écrit qu'il faut « faire Sa volonté », elle ajoute aussitôt qu'il faut « être ce qu'il veut que nous soyons ». Autrement dit, la sainteté ne s'épuise pas dans l'agir. Il ne s'agit pas de *faire* la volonté de Dieu, mais *d'être* dans la volonté de Dieu :

> « Dans la vie des Saints, nous voyons qu'il s'en trouve beaucoup qui n'ont rien voulu laisser d'eux après leur mort, pas le moindre souvenir, le moindre écrit, il en est d'autres au contraire, comme notre Mère Ste Thérèse, qui ont enrichi l'Église de leurs sublimes révélations ne craignant pas de révéler les secrets du Roi, afin qu'il soit plus connu, plus aimé des âmes. Lequel de ces deux genres de saints plaît le mieux au Bon Dieu ? Il me semble, ma Mère, qu'ils lui sont également agréables, puisque tous ont suivi le mouvement de l'Esprit Saint ». (*Ms C*, 2r°-2v°)

Avec un tel éclairage, nous pouvons situer sans problème la doctrine de l'élection sous le patronage de l'amour d'un Dieu qui veut se donner entièrement à chacun de nous, et qui nous veut entièrement à lui, là où nous en sommes, afin de nous conduire.

« Plaire à Jésus »

En effet, comment conformer au mieux sa volonté à celle de Dieu ? Réponse de Thérèse : en se donnant à Lui sans restriction.

> « L'âme qui se livre entièrement à Lui est appelée par Jésus Lui-même "Sa Mère, Sa Sœur" et toute sa famille. Et ailleurs : "Si quelqu'un m'aime, Il gardera ma parole (c'est-à-dire il fera ma volonté) et mon Père l'aimera, et nous viendrons à lui et nous ferons en lui notre demeure." Oh Céline ! comme c'est facile de plaire à Jésus, de ravir son cœur, il n'y a qu'à l'aimer sans se regarder soi-même, sans trop examiner ses défauts… Ta Thérèse ne se trouve pas dans les hauteurs en ce moment mais Jésus lui apprend "à tirer profit de tout, du bien et du mal qu'elle trouve en soi". Ce qui la regarde c'est de s'abandonner, de se livrer sans rien réserver, pas même la jouissance de savoir combien la banque lui rapporte. […] Soyons toujours la goutte de rosée de Jésus, là est le bonheur, la perfection… […] Les directeurs font avancer dans la perfection en faisant faire un grand nombre d'actes de vertu et ils ont raison, mais mon directeur qui est Jésus ne m'apprend pas à compter mes actes ; Il m'enseigne à faire tout par amour, à ne Lui rien refuser, à être contente quand Il me donne une occasion de Lui prouver que je l'aime, mais cela se fait dans la paix, dans l'abandon, c'est Jésus qui fait tout et moi je ne fais rien […] puisque nous plaisons à notre Lys, restons avec bonheur sa goutte, son unique goutte de rosée ! » (*LT* 142, 1v° ; 2r°-2v°)

Thérèse récapitule comment il faut procéder. « L'aimer sans se regarder soi-même », « s'abandonner », « faire tout par amour », « ne Lui rien refuser », « Lui prouver qu'[on] l'aime », « se livrer sans rien réserver », c'est tout un : lui « plaire » et « ravir son cœur ». En échange, nous y trouvons la perfection de notre état, et – ce qui n'est pas des moindres ! – le « bonheur » et la « paix ».

Énergie et discrétion dans l'agir, grands désirs d'aimer Jésus, telles sont les dispositions que Thérèse réclame de Céline. Car Thérèse connaît cette loi de la psychologie religieuse selon laquelle l'élan initial ne persiste pas sans assistance. « C'est toujours au contact de la dure réalité que notre désir de sainteté s'émousse [... ;] le risque de baisser les bras en disant "c'est impossible ! nous guette tous[30] ». Eh bien, Thérèse propose d'y parer.

D'abord, il ne s'agit pas de livrer une chasse acharnée à nos tendances mauvaises ou à nos manquements. Thérèse recommande de ne pas « trop examiner ses défauts », mais de « tirer profit [...] du bien et du mal [que l'on] trouve en soi ». Ensuite, il ne faut pas chiffrer ce que l'on met en œuvre : ni « faire un grand nombre d'actes de vertu », ni « compter [ses] actes ». Enfin, et en un mot en fait, « il n'y a qu'à l'aimer sans se regarder soi-même ». L'humilité véritable dilate l'âme sans lui laisser le temps de s'accorder trop d'importance. Ainsi se définit l'apôtre, et par extension le saint : c'est « un transformateur d'énergie divine qui reçoit toute sa charge d'en haut[31] » – et sans s'interroger sur le processus en cours.

Cela convient parfaitement quand on ne « se trouve pas dans les hauteurs ». Non que Thérèse veuille se donner le change (et encore moins à sa sœur). Seulement, l'essentiel est là : tout est bien lorsqu'on se laisse guider et agir par Dieu : « C'est Jésus qui fait tout et moi je ne fais rien », assure-t-elle. Que Céline s'applique donc en permanence à exploiter les moindres

---

30. J. LAFRANCE, *Ma vocation c'est l'amour. Thérèse de Lisieux*, Paris/Montréal, Éd. Médiaspaul/Éditions paulines, 1987², p. 52-53.

31. Mgr COMBES, *Sainte Thérèse de l'Enfant-Jésus...*, *op. cit.*, p. 307.

occasions de « plaire à Jésus », sans se préoccuper de leur impact surnaturel : c'est-à-dire sans avoir « même la jouissance de savoir combien la banque lui rapporte ». À la persévérance et aux efforts laborieux de la « goutte de rosée », Dieu répondra par sa grâce. Inutile de se soucier du résultat de son « labeur » – on le verra bien au Ciel. Tout est pour Jésus. Uniquement pour Jésus. Rien que pour lui « faire plaisir ».

« Faire plaisir » à Jésus

Thérèse refuse de quantifier ses actes de vertu parce que « les enfants ne travaillent pas pour se faire une position ; s'ils sont sages, c'est pour contenter leurs parents ; ainsi, il ne faut pas travailler pour devenir des saintes, mais *pour faire plaisir au bon Dieu*[32] ».

Douze jours plus tard, elle indique à Céline quelques-unes de ses petites industries personnelles pour faire plaisir à Jésus.

> « J'en ai fait l'expérience quand je ne sens rien, que je suis INCAPABLE de prier, de pratiquer la vertu, c'est alors le moment de chercher de petites occasions, des riens qui font plaisir, plus de plaisir à Jésus que l'empire du monde ou même que le martyre souffert généreusement, par exemple, un sourire, une parole aimable alors que j'aurais envie de ne rien dire ou d'avoir l'air ennuyé [...] Ce n'est pas pour faire ma couronne, pour gagner des mérites, c'est afin de faire plaisir à Jésus... Quand je n'ai pas d'occasions je veux au moins Lui dire souvent que je l'aime, ce n'est pas difficile et cela entretient le feu, quand même il me semblerait qu'il serait éteint, ce feu d'amour, je voudrais y jeter quelque chose et Jésus saurait bien alors le rallumer. Céline, j'ai peur

32. *CSG*, p. 46.

> de n'avoir pas dit ce qu'il faut, peut-être vas-tu croire que je fais toujours ce que je dis, oh non ! je ne suis pas toujours fidèle, mais je ne me décourage jamais je m'abandonne dans les bras de Jésus ». (*LT* 143, 1v°)

Dans son enfance, elle s'évertuait – c'est le cas de le dire – à se confectionner elle-même sa petite couronne céleste : elle l'ornait d'une nouvelle perle à chaque bonne action ou sacrifice. C'est ainsi que les motivait leur maman. Cependant, un tel comportement risque de déformer une juste compréhension du mérite ; comme il peut corseter l'agir – même si la consolation de Jésus et le salut des pécheurs figuraient également parmi les motifs surnaturels évoqués par madame Martin.

Où donc alors chercher du renfort pour ne laisser aucune prise au découragement, dont le plus petit soupçon est déjà « de l'orgueil » ? Dans l'exercice de « riens qui font plaisir » à Jésus. C'est ainsi que Thérèse put soutenir : « Je suis une *très petite âme* qui ne peut offrir au bon Dieu que de *très petites choses*, encore m'arrive-t-il souvent de laisser échapper de ces petits sacrifices qui donnent tant de paix à l'âme ; cela ne me décourage pas, je supporte d'avoir un peu moins de paix et je tâche d'être plus vigilante une autre fois[33] ».

Ces « riens » sont mieux que rien, et ils sont mieux que ce qu'ils en ont l'air. Ils peuvent ranimer nos désirs de perfection, après que l'on a eu une défaillance – et ce fut aussi le cas de Thérèse ! Ils peuvent encore nourrir nos élans d'amour : « Cela entretient le feu », lâche-t-elle. Ils confortent également notre abandon à Dieu, dans un cordial rappel de notre entière dépendance à la grâce divine : « Je m'abandonne dans les bras de Jésus ». En fait, la fameuse métaphore du petit enfant est ici annoncée pour la seconde fois[34], car c'est dans les « bras de Jésus » que se pelotonne

33. *Ms C*, 31r°.

34. Elle avait déjà évoqué les « bras de Jésus » en avril 1889 (voir chapitre précédent).

l'enfant, qui regrette ses infidélités. Dans trois mois, elle pourra juger y être avec Céline. Et trois mois avant de mourir, elle pourra assurer que pour y avoir « pris place », elle était « comme le veilleur observant l'ennemi de la plus haute tourelle d'un château fort ». Là, effectivement, se trouvent la sécurité, la paix et l'abri le plus sûr, non pas contre la faute, mais la désolation qui en pourra découler. Tout cela, Thérèse l'a expérimenté :

> « Quand j'ai commis une faute qui me rend triste, je sais bien que cette tristesse est la conséquence de mon infidélité. Mais, croyez-vous que j'en reste là ?! Oh ! non, pas si sotte ! Je m'empresse de dire au bon Dieu : “Mon Dieu, je sais que ce sentiment de tristesse, je l'ai mérité, mais laissez-moi vous l'offrir tout de même, comme une épreuve que vous m'envoyez par amour. Je regrette mon péché, mais je suis contente d'avoir cette souffrance à vous offrir.” » (*CJ* 3.7.2)

N'en déduisons pas qu'une « infidélité » puisse être transformée en bonne action. Par contre, si elle est suivie du repentir sincère, elle peut rapprocher de Dieu. Dans le sens où ce regret peut amener à sa confession – « Laissez-moi vous l'offrir tout de même » – et mettre en mouvement la miséricorde de Dieu (qui n'attendait que cette démarche pour pardonner). Dans le sens, également, où « ce sentiment de tristesse », une fois offert, n'est plus sien mais déposé ; on peut alors recommencer à penser sereinement et exclusivement à Jésus. Thérèse fait son petit possible. Si elle y manque, elle lui offre au moins l'« épreuve » d'avoir succombé. Et Thérèse précise bien qu'elle « tâche d'être plus vigilante une autre fois ».

En définitive, Thérèse convertit en réflexe de tous les instants cette volonté d'agir par pur amour de Jésus. Comme le rapporta sœur Marie de la Trinité au procès apostolique, Thérèse s'est appliquée à « transformer toutes ses actions, même les plus indifférentes, en actes d'amour ». Dans l'optique de Thérèse, seul son amour pour Jésus donnait du sens et de la consistance à la vie en général, et à l'agir en particulier. Dès lors, aucune possibilité de s'égarer dans les replis sur soi et dans les tâtonnements pénibles. Car, à se regarder soi-même, on perd un temps précieux. Et c'est navrant quand on sait que « chaque instant c'est une éternité », et que la plus petite épine (un acte qui nous coûte, voire un manquement que l'on regrette) peut sauver une âme.

Le « chapelet de pratiques »

Thérèse préconise à sa sœur de mettre à profit la situation où l'a placée la Providence, en tâchant de faire « plaisir à Jésus ». Sans se soucier du reste.

Pourtant, trois semaines plus tard, dans la dernière lettre du triptyque de juillet, elle semble rectifier son message puisqu'elle admet être « même obligée d'avoir un chapelet de pratiques ». Pourquoi donc retourner à cette méthode de jeunesse pour mesurer et peser ses bonnes actions ? Certes, ce n'est pas par goût, mais « par charité pour une de [ses] compagnes ». De même, elle a beau se prétendre « prise dans des filets » contre son gré et être « obligée » de recourir à ce procédé, l'exercice lui est néanmoins « assez amusant » et il convient à son « état d'âme ». Que comprendre ? Et surtout, pourquoi le signaler à Céline en précisant que les « mêmes grâces » leur parviennent *toujours* en même temps ? Pour l'y amener ? La faire douter ? Thérèse n'est pas femme à user de compromis. Est-il possible qu'il y ait là une entorse à son refus de thésauriser ses actes, quand même c'est en dernière extrémité ?

Nous pensons que le chapelet de pratiques est volontairement mentionné à la fin du billet. Non pas à la manière d'un détail insignifiant, mais comme suggestion. Thérèse ne trahit pas sa pensée, mais sa finesse psychologique. En fait, elle veut rassurer sa sœur. Si Céline est réduite à ne plus savoir comment s'y prendre pour progresser dans la voie qu'elle s'est fixée, il n'y a rien de honteux à se résoudre à enregistrer de mémoire ses bons mouvements et ses bonnes pensées, puisque Thérèse s'y est engagée la première.

Bien plus, le retour inopiné à cette ancienne mise en train lui est opportunité de la « réactualiser ». Dans leur enfance, Thérèse et Céline rivalisaient – peut-être – entre elles sur la quantité de leurs bonnes actions journalières. À présent, seules devant Dieu et leur conscience – l'une étant au Carmel et l'autre à la maison –, cette ancienne habitude pourra leur rendre pareillement un entrain perdu, raviver une ardeur éteinte, renforcer des motivations qui – peut-être – s'étiolaient. Enfin, cela les maintiendra dans la complicité, malgré leur état de vie différent et leur éloignement l'une de l'autre. Avec cette distinction fondamentale : elles dérouleront le chapelet non plus en tenant les grains dans leurs mains serrées contre elles, mais en les laissant libres de quitter le creux de leurs mains ouvertes et tendues vers Jésus. En somme, c'est la qualité (l'amour) et non plus la quantité (des kyrielles d'actes de vertu) qui « rentabilisera » désormais cet usage. En effet, « cette manière de "calculer" peut, à long terme, raidir/rigidifier l'âme et trop la fixer sur elle-même et sur le "*culte des œuvres*", mais elle est très utile quand on commence sur le chemin de l'amour, [...] pour donner chair au désir d'aimer Dieu [...]. Entre le danger de trop compter sur ses propres œuvres et celui de ne rien réaliser de dignement sérieux pour "faire plaisir" à la personne aimée, c'est sans autre le dernier qu'il faut éviter[35] ». C'est toujours le même dilemme dans la recherche d'un abandon juste à Jésus.

Enfin, arithmétique mise à part, le chapelet les conforte dans leurs petites industries ordinaires, mais condensées d'amour pur. Désormais averties de la vanité du « chapelet de pratiques » (le mérite vient de Dieu), de sa vacuité (Dieu n'a besoin de rien), et de sa modicité (les créatures s'en gausseraient), elles réunissent

35. A. M. Sicari, *La teologia di S. Teresa di Lisieux, Dottore della Chiesa*, *op. cit.*, p. 39, note 14.

les conditions pour rester humbles et absorbées par Dieu uniquement.

Une autre que Thérèse se fut crue en phase de régression; ce n'est donc probablement pas innocemment qu'elle supplie, cinq mois plus tard, Léonie de prier pour qu'elle « reste toujours petite, *toute petite* ».

Jésus « bâtit Lui-même » ses « maisons »

Thérèse n'est pas volontariste, mais, sans la volonté, on ne peut persévérer dans la pratique des vertus (aspect positif de l'ascèse), ni continuer à lutter contre ses défauts (aspect négatif de l'ascèse). Thérèse n'est pas affairiste, mais, dans la vie spirituelle, ou bien on progresse, ou bien on régresse. Le sur-place n'y a pas sa place.

Et chez Thérèse, il y a une nette surenchère dans ses aspirations à la petitesse. Comme si elle y pressentait la clé de la sainteté. L'abandon à Dieu qui filigranait jusqu'alors, s'impose avec toujours plus d'insistance.

La question est de savoir comment prendre appui sur une liberté à laquelle on renonce pour l'avoir confiée à Dieu. Ce sera l'objet des trois dernières lettres de 1893. Thérèse se met en devoir d'expliquer à Céline pourquoi Dieu semble, dans un premier temps, laisser l'âme livrée à elle-même; avant d'affirmer sa maîtrise, par la suggestion d'une activité de confiance et d'abandon. C'est pour une mort lente, au fil de continuelles purifications de soi, que l'on entre dans l'intimité divine; mais c'est Jésus qui dirige les opérations.

> « "Si le Seigneur ne bâtit Lui-même une maison, c'est en vain que travaillent ceux qui la bâtissent." "Tous les plus beaux discours des plus grands saints seraient incapables de faire sortir un seul acte d'amour d'un cœur dont Jésus n'aurait pas la possession." [...] Jésus se sert de tous les

> moyens, les créatures sont toutes à son service et Il aime à les employer pendant la nuit de la vie afin de cacher sa présence adorable, mais Il ne se cache pas tellement qu'Il ne se laisse deviner. [...] Jésus se plaît à prodiguer ses dons à quelques-unes de ses créatures, mais bien souvent c'est pour s'attirer d'autres cœurs, et puis quand son but est atteint, il fait disparaître ces dons extérieurs, il dépouille complètement les âmes qui Lui sont les plus chères. En se voyant dans une aussi grande pauvreté ces pauvres petites âmes ont peur, il leur semble qu'elles ne sont bonnes à rien puisqu'elles reçoivent tout des autres et ne peuvent rien donner, mais il n'en est pas ainsi, l'essence de leur être travaille en secret, Jésus forme en elles le germe qui doit se développer là-haut dans les célestes jardins des Cieux. Il se plaît à leur montrer leur néant et sa puissance, Il se sert pour arriver à elles des instruments les plus vils afin de leur montrer que c'est bien Lui seul qui travaille ». (*LT* 147, 1v°-2v°)

Comprenons bien. Il ne s'agit pas de se déprécier et encore moins d'honnir sa valeur. Il faut s'aimer en Dieu. C'est-à-dire dans un amour surnaturel qui révèle l'homme tant dans sa petitesse humaine que dans sa grandeur, une fois assumé en Dieu, par lui et avec lui. Thérèse dit bien : « C'est si doux de se sentir faible et petit ! »

En un sens, Thérèse nous convie à « accepter l'humiliation de ne pas être aussi bien que l'on aimerait tout en faisant du mieux que l'on peut[36] ». Approfondissons.

---

36. Th. Keating, *St. Thérèse of Lisieux. A transformation in Christ*, New-York, Lantern Books, 2001, p. 60.

« Il dépouille complètement les âmes qui lui sont chères » (août 1893)

Thérèse savait que « nous aimerions nous “voir” saints, constater nos progrès dans la voie de la perfection, et qu’il est difficile de rester “pauvres”[37] ! » Cet arrachement à soi-même est douloureux et décapant, tant notre instinct de conservation est puissant. Thérèse concédera plus tard à Céline : c’est une « épreuve de ne pas te plaire à toi-même [...] il est vrai que tu souffriras puisque tu seras à la porte de chez toi ». Que dire quand cela s’opère aux yeux de tous !

En fait, ce n’est pas notre être qui en prend un coup. C’est plutôt l’image que l’on donne de soi ; c’est notre apparence, qui est à la surface de notre être. De même, le jugement des autres posé sur nous, est extérieur à nous-mêmes. À l’instar des « sentiments de la nature », il est superficiel, changeant, et donc sans poids. Il n’est pas question de s’en abstraire, mais de n’en pas être perturbé outre mesure : « Quelle paix inonde l’âme [qui] s’élève au-dessus des sentiments de la nature », assure Thérèse. C’est alors que l’on avancera vers l’humilité authentique, qui « consiste non pas à penser et à dire que [nous sommes remplis] de défauts, mais à être [heureux] que les autres le pensent et même le disent ». Pour Thérèse, il faut nourrir des « sentiments encore plus bas de [soi]-même ».

Certes, nous nous sentirons écorchés, dévêtus devant les autres et dépossédés de nous-mêmes. Pourtant, la taille précède une floraison plus luxuriante. C’est l’annonce du printemps, que l’hiver de notre âme ne laisse en rien présager puisqu’il a pour seul horizon l’abaissement et l’humiliation de sa pauvreté. Notre dépouillement est à la mesure de l’amour de Dieu, en qui l’âme doit se transformer, et vers lequel notre agir doit tendre uniquement. L’effeuillement et l’élagage annoncent et

37. V. De la Vierge (Sion), « *Ma folie à moi, c’est d’espérer.* Sainte Thérèse de l’Enfant-Jésus », *VT 6* (avril 1962), p. 10.

promettent une « recréation » de notre être : nous croyons nous voir « dans une aussi grande pauvreté [...] mais il n'en est pas ainsi, assure Thérèse, l'essence de [notre] être travaille en secret, Jésus forme en [nous] le germe qui doit se développer là-haut dans les célestes jardins des Cieux ». C'est dans la pauvreté spirituelle que Jésus « forme » « l'essence de [notre] être[38] ».

Quelle profondeur théologique. Voilà en quoi notre petitesse conditionne notre élévation, notre divinisation. Comme le disait un carme, la progression dans la vie spirituelle suppose que nous devenions toujours plus petits. Car c'est alors que Jésus donne « forme » et consistance à notre être, en l'élevant par le sien. Pour notre part, nous n'avons « qu'à livrer notre âme, et l'abandonner à notre grand Dieu. Qu'importe alors qu'elle soit sans dons qui brillent à l'extérieur puisque, au-dedans, brille le Roi des rois avec toute sa gloire ! » Thérèse l'allèguera encore plus tard à Léonie : « Si tu veux être une sainte cela te sera facile ! puisqu'au fond de ton cœur le monde n'est rien pour toi. Tu peux donc comme nous t'occuper de "l'unique chose nécessaire", c'est-à-dire que tout en te livrant avec dévouement aux œuvres extérieures ton but soit unique : Faire plaisir à Jésus, t'unir plus intimement à Lui[39]. »

Nous sommes toutes et tous autant de cœurs dont Jésus veut prendre la « possession ». Tous nous sommes appelés à une sanctification pleine et intégrale : à l'union totale avec Dieu, dans le Christ. Mais cela réclame un dénuement préalable, rendu nécessaire du fait que notre « néant » doit prendre une densité christique. Alors, unis au Christ, nous serons véritablement les uns pour les autres des « instruments » nous menant mutuellement à Dieu, et nous guidant vers la vérité.

---

38. *LT* 147. C'est la raison pour laquelle, le 8 septembre 1893, Thérèse a demandé à demeurer définitivement dans le noviciat, alors que s'étaient achevées les trois années de profession.

39. *LT* 257, r°-v°.

Dans cette optique, il n'y a plus de clivage entre nous, ni de dynamique concurrentielle et comparative. En effet, « dons » reçus ne « servent » qu'à révéler la « présence adorable » de Jésus et à lui « attirer d'autres cœurs », certifie Thérèse. La logique n'est pas numérique, mais attractive. En aimant, nous aimantons les autres.

En somme, au lieu d'une sainteté cloisonnée, c'est la communion des saints qui doit ouvrir nos perspectives. Cette communion se présente comme une vaste tapisserie, dont la trame des événements est tissée de fils aux mille couleurs et tressée de la main de Dieu. « Ce n'est point pour que nous nous agitions à notre gré dans le monde, ou que nous réalisions nos buts personnels que nous sommes entrés dans le monde. La sagesse divine nous y a placés pour que nous soyons les agents humains de son dessein divin et les ouvriers de la tâche précise qu'elle nous a fixée dans son plan[40]. » Tout le monde s'enrichit et y trouve son compte.

Jésus « tout seul dispose les événements de notre vie d'exil »

En octobre 1893, Thérèse écrit une dernière lettre à Céline. Elle revient sur les deux mêmes balises qui doivent nous orienter : Jésus se charge de tout et les créatures sont des « instruments » derrière lesquels il se cache.

> « [Jésus] tout seul dispose les événements de notre vie d'exil, c'est Lui qui nous présente parfois le calice amer. Mais nous ne Le voyons pas, Il se cache, Il voile sa main Divine et nous ne pouvons apercevoir que les créatures [...] Plus Jésus se cache et plus aussi elles sentent que Jésus est près d'elles ; dans sa délicatesse exquise Il marche en avant [...] ;

40. M.-E. de l'Enfant-Jésus, *Je veux voir Dieu*, Venasque, Éd. du Carmel, 1988⁷ (1957), p. 298.

> Il fait retentir à nos oreilles des voix amies, ces voix nous avertissent de ne pas marcher avec trop de sécurité. [...] Tout ce qui arrivera, tous les événements de la vie, ne seront que des bruits lointains qui ne feront pas vibrer la petite lyre [Céline, nda], Jésus seul a le droit d'y poser ses doigts divins, les créatures sont des degrés, des instruments, mais c'est la main de Jésus qui conduit tout. Il ne faut voir que Lui en tout. [...] Un jour, là-haut dans la patrie, tu verras les fruits de tes travaux ». (*LT* 149, 1v°-2v°, 20)

La première balise ouvre et parcourt le raisonnement de Thérèse : Jésus « tout seul dispose les événements de notre vie » ; « c'est la main de Jésus qui conduit tout, il ne faut voir que Lui en tout ». Jésus est, d'une manière ou d'une autre, derrière tout ce qui nous arrive ; du moment que nous nous abandonnons à lui. Cela peut aider à dégager les mauvaises impressions suscitées par les événements ou les personnes[41]. Si tout ce qui survient ne provient pas forcément par Dieu, il le permet du moins. Thérèse le résumera à la fin de sa vie dans une affirmation claire et frappée à la manière d'un slogan spirituel : « Tout est grâce[42] ». Cet apophtegme devenu célèbre doit imprégner le cours de nos existences. Dieu n'a rien d'un despote qui imposerait sa volonté. Au contraire. Thérèse en parle comme d'une présence discrète : il « se cache », « voile sa main » et « marche en avant ». Une présence néanmoins fidèle, aimante et vigilante, qui prévient nos tâtonnements, « écartant les pierres du chemin, éloignant les reptiles ». Une présence certaine, même si nous ne la détectons pas : « Plus Jésus se cache et plus aussi [les « créatures »] sentent que Jésus est près d'elles. »

41. La volonté de Dieu peut prendre le visage de celle de nos proches : « Je suis heureuse de vous voir si complètement abandonné entre les mains de vos supérieurs, il me semble que c'est une preuve certaine qu'un jour mes désirs seront réalisés, c'est-à-dire que vous serez un grand Saint » (*LT* 201, 1r°).

42. *CJ* 5.6.4.

Paradoxes multiples et captivants. Le premier : « plus Jésus se cache » plus il se donne[43]. Le second : plus il se manifeste, moins il est visible[44]. Le troisième : moins on le voit, plus on le sent « près de [nous] ». Dieu se révèle par la mise en retrait de sa personne, parce qu'il ne veut pas s'imposer à nous. Thérèse le savait : « Ô Toi ! qui d'un seul mot pouvais charmer le monde / Tu te plus à cacher ta sagesse profonde. / Tu parus ignorant[45] ». En fait, c'est à nous de le chercher. C'est pour lui seul que nous devons tendre vers lui : « Si Jésus avait voulu se montrer à toutes les âmes avec ses dons ineffables, sans doute il n'en est pas une seule qui l'aurait dédaigné, mais Il ne veut pas que nous l'aimions pour ses dons, c'est Lui-même qui doit être notre récompense[46] », vient d'écrire Thérèse. Si Dieu veut « se cacher pour éprouver [notre] foi », c'est toujours pour nous inciter à le chercher. Et Dieu se montre toujours juste assez pour « nous faire désirer ce qu'Il veut nous donner ». À nous, il revient de laisser advenir la volonté de Dieu en nous, et de nous abandonner à lui. Ces deux attitudes se confondent. Elles se greffent sur la confiance en son amour et sur l'humilité persévérante dans notre agir imparfait. Confiance et humilité dont l'envahissement prédispose à accepter et laisser s'accomplir la volonté aimante de Dieu en nous ; pour nous accommoder à un plus grand abandon encore. C'est un cercle vertueux. Son centre orbital est en Dieu.

Second repère thérésien : nous sommes des « lyres » dont Dieu fait vibrer les cordes. C'est aussi en ce sens que nous sommes des

43. Il « Se cache sous un humble pain » (*PN* 40, 2), qui est pourtant le don le plus total de lui-même : « Voilà bien la dernière limite de ton amour ; après avoir rendu visible aux faibles créatures la Face adorable dont les séraphins ne peuvent soutenir l'éclat, tu veux la cacher sous un voile plus épais encore que celui de la nature humaine… Mais, Jésus, je vois rayonner dans l'hostie la splendeur de ton visage » (*RP* 2, 5v°).

44. Comme Moïse dut se voiler la face devant le buisson ardent afin de ne pas être aveuglé ; comme saint Paul perdit la vue pendant trois jours après que Dieu lui fut apparu.

45. *PN* 24, 7.

46. *LT* 145, 1v°.

« instruments » divins. Si la mélodie qui s'en dégage est belle (s'il nous arrive d'être édifiants), c'est uniquement pour lui et pour les autres (à qui nous rendons service). « C'est *pour vous* – dira t-elle à Céline – que le bon Dieu a mis en moi des charmes de vertu extérieure, ce n'est pas pour moi ». C'est à Céline aussi qu'elle enjoindra de « semer le bien autour de soi, sans s'inquiéter s'il lève ». Ce qui compte, c'est que notre vie ne se déroule pas au hasard. Dieu a un projet sur nous et notre entourage peut contribuer à sa réalisation. Thérèse l'atteste à de nombreuses reprises : Dieu « se sert de tous les moyens, les créatures sont toutes à son service ». Dieu « se cache » et « voile sa main divine » derrière les « événements » et les « créatures », « pour faire son œuvre dans les âmes ». « Depuis quand le Seigneur n'a-t-Il *plus* le *droit* de se servir d'une de ses créatures pour dispenser aux âmes qu'Il aime la nourriture qui leur est nécessaire ? » Pour sa part, du fait de sa charge des novices[47], elle se considérait comme un « petit pinceau que Jésus avait choisi pour peindre son image [à Lui] dans les âmes [à elle] confiées ».

En raison de notre faiblesse, nous ne pouvons rien réaliser sans Dieu. En raison de son amour pour nous, Dieu ne veut rien faire sans nous. Mieux : Dieu nous aime tant qu'il ne *peut* rien faire sans nous. Le Ciel a voulu avoir besoin de nous. Dieu réquisitionne nos actes pour assister d'autres âmes, et « Il se servira de cette faiblesse même [la nôtre, nda] pour faire son œuvre, car Le Dieu Fort aime à montrer sa puissance en se servant du rien ». Nous ne sommes donc pas uniquement des « instruments » d'ordre matériel : nous revêtons vraiment une densité théologale : dans le sens où, Jésus agissant à travers nous par nos actes, nous devenons des vecteurs de sa grâce. Dieu fait tout, mais Il ne peut et ne veut agir que par nous.

47. Officieusement sous le priorat de mère Agnès, et officiellement dès mars 1896 sous celui de mère Marie de Gonzague.

Nous ne sommes plus à un paradoxe près. C'est celui du mystère de l'amour, que nous ne pouvons sonder que partiellement.

L'abaissement divin (janvier 1894)

Sa première récréation, *La mission de Jeanne d'Arc*, très patriotique, donne le ton de l'année 1894. Thérèse y aiguise et prolonge ses réflexions sur l'humilité humaine, mais cette fois à partir de l'abaissement divin. Ce qui était tracé en pointillé prend la netteté et l'éclat d'un fil d'or dans cette pièce hagiographique. Depuis juillet 1888, abaissement de Dieu et sanctification de l'homme sont associés dans l'esprit de Thérèse. Dieu vit la kénose pour nous déifier, « le propre de l'amour étant de s'abaisser » jusqu'à nous afin d'y « faire sa demeure… »

Le revirement enclenché de Thérèse trouve son assise définitive. La sainteté ne consiste pas en une ascension laborieuse et héroïque vers Dieu, mais en une descente en soi – du reste tout aussi ardue et méritante. Thérèse nous dissuade de vouloir « *gravir* une montagne [puisque] le bon Dieu veut [nous] faire *descendre* au fond d'une vallée fertile où [nous] apprendrons le mépris de [nous]-mêmes[48] ». Ce mépris, c'est la kénose de soi, qui est reconnaissance de notre néant humain. Et c'est cette kénose[49] de soi qui conditionne notre sanctification : nous laissons Dieu nous diviniser. Par-là, nous le glorifions en le laissant régner dans notre âme.

« Pour nos contemporains qui s'inspirent de la philosophie de Nietzsche (volonté de puissance) ou qui restent fixés au principe de Kant (autonomie de la volonté), la sainteté ne peut être que

48. *CSG*, p. 26.

49. Du grec ´εκενοσεν´εαντον : « il s'est anéanti, vidé », pour désigner l'« appauvrissement volontaire du Christ dans l'incarnation, en Ph 2,7 » (L. BOUYER, *Dictionnaire théologique*, Paris, Desclée, 1963, « Kénose »).

l'épanouissement de la personnalité, et la perfection spirituelle, une forme privilégiée de la réalisation de soi et par soi. [...] La conviction qui s'enracine dans l'âme de Thérèse est que Dieu a toujours la première initiative[50] ». L'orgueil dénigre le défi de la sainteté. S'il le relève, c'est avec désinvolture – quand ce n'est pour le bafouer. En réaction, Thérèse insiste sur la jeunesse et l'indécision de Jeanne d'Arc[51], en même temps que sur la grandeur et l'impact historiques de son rôle. Pour Thérèse, les grandes missions ne peuvent incomber qu'à ceux dont les vertus sont « voilées » et qui ont renoncé à eux-mêmes.

« *(C'est* maintenant *que Jésus* brise *ta* nature*)* » *(juillet 1894)*

Et Céline ? Ses atermoiements et ses conflits intérieurs ont donné à Thérèse de révéler les profondeurs de sa pédagogie et de sa théologie. Elle ne change pas son discours et continue de ramener ses idées dans cette ligne directrice : une affirmation de ses aptitudes personnelles – réelles ou imaginées – entrave l'action de Dieu en elle.

> « Il est heureux que tu sentes ta faiblesse ; c'est Lui [Jésus, nda] qui imprime dans ton âme les sentiments de défiance d'elle-même. [...] Il te comble de ses grâces de choix, si toujours tu restes fidèle à Lui faire plaisir dans les petites choses, Lui se trouvera OBLIGÉ de t'aider dans les GRANDES... Les apôtres sans Notre Seigneur travaillèrent toute la nuit et ne prirent pas de poisson, mais leur travail était agréable à Jésus, Il voulait leur prouver : que

---

50. P. Blanchard, « Sainte Thérèse de l'Enfant-Jésus et le sens de l'histoire », *VT* 6 (avril 1962), p. 35.

51. Proclamée vénérable en 1894 par le pape Léon XIII, elle sera béatifiée par le pape Pie X le 18 avril 1909, quatre mois après l'ouverture du procès informatif de Thérèse – une synchronie qui lui aurait fait plaisir, puisque sa quatrième prière (*PN 4*) est un *Cantique pour obtenir la canonisation de la Vénérable Jeanne d'Arc*.

> Lui seul peut nous donner quelque chose, Il voulait que les apôtres s'humilient... “Enfants, leur dit-Il, n'avez-vous rien à manger ? Seigneur, répondit saint Pierre, nous avons péché toute la nuit sans rien prendre.” Peut-être que s'il eut pris quelques petits poissons Jésus n'aurait pas fait de miracle, mais il n'avait rien, aussi Jésus remplit bientôt son filet de manière à le faire presque rompre ». (*LT* 161, v°)

Du haut de ses vingt et un ans, Thérèse a compris que nous sommes tous logés à la même enseigne : appelés à concerter avec nous-mêmes et à obtempérer devant l'insuccès intégral de nos efforts : « C'est [Jésus, nda] qui imprime dans ton âme les sentiments de défiance d'elle-même », souligne Thérèse. Ce doute de soi est en effet nécessaire si nous ne voulons pas freiner l'investissement divin de notre cœur et faire obstruction à son action. Le corollaire immédiat de la sainteté est donc la désappropriation de soi et de sa vie, dans une humilité qui fasse le vide en nous, afin de laisser *toute* la place à Dieu. « Qu'il faut qu'une âme soit grande pour contenir un Dieu!... », lui écrit-elle quelques semaines plus tard. Y faire le ménage est rude. Thérèse n'est pas sans l'ignorer car elle ajoute, le lendemain : « Je pense que tu es dans l'ÉPREUVE, que c'est maintenant que s'opère le retranchement dont tu sens le besoin... (C'est maintenant que Jésus *brise* ta nature, qu'il te donne la croix et la tribulation.) Plus je vais, plus j'ai la certitude intime qu'un jour tu viendras ici[52] ».

Céline au couvent de Lisieux... Voilà deux ans qu'elle y aspire, mais elle tient à remplir son rôle de garde-malade de leur père. Or, onze jours après que Thérèse lui a partagé sa « certitude intime », Louis Martin s'éteint au château de la Musse, le 29 juillet. Six semaines[53] plus tard, le 14 septembre, Céline franchit à son

52. *LT* 167, r°.

53. On lui reprochera d'ailleurs d'avoir écourté son deuil dans le monde (cf. *OC*, note 1 de *LT* 169, p. 1324).

tour l'enceinte du carmel de Lisieux. Thérèse y verra le signe que monsieur Martin est « allé *tout droit* au *Ciel* ».

Céline avait « pêché toute la nuit sans rien prendre ». Thérèse peut à présent se réjouir que Jésus ait rempli « son filet de manière à le faire presque rompre ». « De manière à le faire presque rompre » ? Oui, car Céline a emporté avec elle son « Carnet de Notes Bibliques », et il n'est pas improbable que ce soit à sa lecture que Thérèse ait trouvé l'assise de sa « petite voie »... Ainsi, le trépas de monsieur Martin aura scellé le destin de Céline au Carmel, tout en décidant de celui de Thérèse, qui était prête pour recevoir de nouvelles lumières sur la sainteté.

Chapitre VI

De janvier 1895 à mars 1896

Janvier 1895. Thérèse inaugure la rédaction de son premier manuscrit autobiographique[1].

« Je désire être Sainte » (9 juin 1895)

Thérèse est comblée au plus haut point par les délicatesses divines : sa sœur Céline est au carmel de Lisieux, et sa cousine Marie Guérin ne va plus tarder à les rejoindre. Exaucée au-delà de ses attentes, elle écrit : « Maintenant le Bon Dieu continue de me diriger par la même voie, je n'ai qu'un désir, celui de faire sa volonté[2]. »

Tout est-il fini pour autant ? Bien sûr que non. Elle va avancer plus résolument dans la sainteté.

Dans le prologue de son témoignage, Thérèse se situe d'emblée dans l'horizon de la reconnaissance. Elle dégage l'ascendant délicat mais certain de Dieu dans sa vie. Rien ne lui revient en propre.

---

1. *Ms A.* Mère Agnès de Jésus (Pauline) lui a commandé de mettre par écrit ses souvenirs d'enfance et les richesses de sa vie intérieure. En fait, c'est sœur Marie du Sacré-Cœur qui le suggéra à la suite d'une conversation récréative entre elle-même, sœur Geneviève, sœur Agnès de Jésus et sœur Thérèse de l'Enfant-Jésus (cf. *OC*, « Introduction »).

2. *LT* 176, 2r°-2v°.

Ce qu'il y a d'« extraordinaire » et de merveilleux en elle, est le résultat d'un choix divin, dont l'efficacité se découvre à travers l'enchaînement merveilleux de grâces personnelles. Avec cette précision fondamentale pour nous : « [Dieu] n'appelle pas ceux qui en sont dignes, mais ceux qu'il lui *plaît* ou comme le dit saint Paul : "Dieu a pitié de qui Il veut et Il fait miséricorde à qui Il veut faire miséricorde." "Ce n'est donc pas l'ouvrage de celui qui veut ni de celui qui court, mais de Dieu qui fait miséricorde."[3] » Thérèse n'est pas la sainte de l'épanouissement des potentialités humaines, mais de la profusion des miséricordes divines. Elle en a absolument conscience.

Ses sentiments de gratitude culminent au matin de la fête de la Sainte Trinité, le 9 juin 1895. Soit au *lendemain* de la lecture de la circulaire nécrologique d'une carmélite de Luçon[4]. C'est probablement à elle que Thérèse songeait en expliquant la genèse de sa prière : « Je pensais aux âmes qui s'offrent comme victimes à la Justice de Dieu afin de détourner et d'attirer sur elles les châtiments réservés aux coupables, cette offrande me semblait grande et généreuse, mais j'étais loin de me sentir portée à la faire[5]. » Forte de ce constat, Thérèse rebondit aussitôt : « Si votre Justice aime à se décharger, elle qui ne s'étend que sur la terre, combien plus votre Amour Miséricordieux désire-t-il *embraser* les âmes, puisque votre Miséricorde s'élève jusqu'aux Cieux… Ô mon Jésus ! que ce soit *moi* cette heureuse victime, consumez votre holocauste par le feu de votre Divin Amour[6] !… » Et Thérèse

3. *Ms A*, 2r°.

4. Sœur Anne-Marie de Jésus était décédée dix jours plus tôt. Son agonie – le Vendredi saint – avait été terriblement oppressante, au point qu'elle lâcha : « Je porte les rigueurs de la Justice divine… la Justice divine !… la Justice divine ! Ô Jésus ! venez, venez vite ; je n'en puis plus… J'accepte les tourments intérieurs… L'incertitude… l'incertitude… Puis levant ses mains glacées et tremblantes et les regardant elle dit : Je n'ai pas assez de mérites ; il faut en acquérir » (cf. http://www.archives-carmel-lisieux.fr/carmel/index.php/05-1895/12484-30-mai-1895-lu%C3%A7on).

5. *Ms A*, 84r°.

6. *Ibid.*

s'offre sans plus attendre « comme victime d'Holocauste à l'Amour Miséricordieux du Bon Dieu ».

Sa correspondance passe sous silence la prière qui consacre son engagement, tant, nous semble-t-il, c'est une affaire entre elle, Céline[7] et Jésus. Cette prière révèle en effet ce qui l'anime désormais :

> « Je désire accomplir parfaitement votre volonté et arriver au degré de gloire que vous m'avez préparé dans votre royaume, en un mot, je désire être Sainte, mais je sens mon impuissance et je vous demande, ô mon Dieu ! d'être vous-même ma Sainteté. [...] Je vous offre encore tous les mérites des Saints (qui sont au Ciel et sur la terre) [...] et c'est avec confiance que je vous demande de venir prendre possession de mon âme. [...] je ne veux pas amasser de mérites pour le Ciel, je veux travailler pour votre seul Amour, dans l'unique but de vous faire plaisir, de consoler votre Cœur Sacré et de sauver des âmes [cf. aussi *CJ* 30.7.3] qui vous aimeront éternellement. Au soir de cette vie je paraîtrai devant vous les mains vides car je ne vous demande pas, Seigneur, de compter mes œuvres. Toutes nos justices ont des taches à vos yeux. Je veux donc me revêtir de votre propre Justice et recevoir de votre Amour la possession éternelle de Vous-même ». (*Pri 6*, « Acte d'offrande »)

7. Céline se souvient : « Au sortir de cette messe, elle m'entraîna à sa suite, à la recherche de notre Mère, elle semblait comme hors d'elle-même et ne me parlait pas. Enfin ayant trouvé notre Mère (Agnès de Jésus) elle lui demanda la permission de s'offrir avec moi en victime à l'Amour miséricordieux. Elle lui donna une courte explication. Notre Mère était pressée, elle ne sembla pas trop comprendre ce dont il s'agissait et permit tout, tant elle avait confiance en la discrétion de sœur Thérèse de l'Enfant Jésus » (*PO*, p. 281).

« Je sens mon impuissance et je vous demande, ô mon Dieu ! d'être vous-même ma Sainteté »

Maintes fois Thérèse a formulé cette conjugaison entre sa disponibilité personnelle et la réalisation de la volonté de Dieu en elle. La plus belle est sa prière spontanée, qu'elle a quotidiennement récitée : « Ô mon Dieu ! je vous demande pour moi et pour ceux qui me sont chers la grâce d'accomplir parfaitement votre sainte volonté, d'accepter pour votre amour les joies et les peines de cette vie passagère afin que nous soyons un jour réunis dans les Cieux pendant toute l'éternité[8] ». Elle polarise depuis des mois toute son énergie à subordonner sa volonté à celle de Dieu, parce que « souvent le bon Dieu ne veut que notre volonté, Il demande tout et […] dès que notre volonté se conforme à la sienne, qu'il voit que c'est lui seul que nous cherchons, alors il se conduit à notre égard comme il se conduisit autrefois pour Abraham[9]… » Thérèse expose la sainteté à la manière d'un recevoir. S'il reste un « agir à faire », c'est celui de renoncer : de se désapproprier de sa volonté afin de la laisser « se conformer » à celle de Dieu.

La coïncidence de la volonté humaine avec celle de Dieu est la condition *sine qua non* de notre union à lui. Trois mois avant son agonie, Thérèse pourra assurer en vérité : « Depuis longtemps je ne m'appartiens plus, je suis livrée totalement à Jésus, Il est donc libre de faire de moi ce qu'il lui plaira[10]. » Théologiquement parlant, il s'agit de l'absorption de la créature par Dieu, de « l'immatérielle intussusception par laquelle l'autre [Dieu, nda] en moi devient plus moi que moi-même […] [et qui consiste à] se perdre en l'autre en tant que soi, m'aliéner dans la réalité de l'autre en tant qu'il devient plus moi que moi-même[11] ». L'incise

8. *Pri* 10.

9. *LT* 167, r°.

10. *Ms C*, 10v°.

11. Thomas D'AQUIN, *Somme théologique*, Iª IIªᵉ, Q. 28, a. 1, cité dans J. MARITAIN, *Distinguer pour unir ou Les degrés du savoir*, *op. cit.*, p. 735.

de l'apôtre saint Paul, que cite Thérèse, est plus lapidaire : « Ce n'est plus moi qui vis, c'est Jésus qui vit en moi!... » (Ga 2,20).

« La sainteté est l'apanage de Dieu. Elle est son essence même et, comme telle, se situe hors de la portée de l'homme, radicalement au-delà de ses efforts et de ses prétentions[12]. » Thérèse l'a parfaitement compris : « Je sens mon impuissance et je vous demande, ô mon Dieu! d'être vous-même ma Sainteté ». Le seul moyen d'atteindre la sainteté est d'accueillir celle de Dieu en elle. C'est une exigence, puisque Dieu « veut que nous soyons de grands saints ». Dieu nous a créés pour vivre de sa vie. Voilà pourquoi l'aspiration la plus fondamentale de Thérèse, qui résume et amène à leur sommet toutes les autres, est que Dieu vienne « prendre possession de son âme » et de son cœur. Il ne s'agit pas de s'éviter de commettre des péchés qui font de la peine à Dieu et nous en éloignent – ce serait impossible, soyons honnêtes. Par contre, il est à notre portée de s'exclamer à la suite de Thérèse : « Je vous demande, ô mon Dieu! d'être vous-même ma sainteté. »

Les « mains vides » et la justice de Dieu

Le mouvement primordial de l'aspiration de Thérèse à la sainteté, ce furent ses « désirs[13] immenses » et « infinis[14] ». Il est

12. J. HUSCENOT, *La sainteté avant 30 ans c'est possible!*, Paris, Éd. du Chalet, 1991, p. 5.

13. Les « envies », que nous assène de suivre la mentalité contemporaine, n'ont pas leur consistance – encore moins leur durée.

14. Nous allons en reparler. Signalons seulement que, « suivant le désir de Thérèse, Mère Agnès fit contrôler le texte de l'Acte d'Offrande par un théologien, dès 1895. Après l'avoir examiné, le P. Armand Lemmonier le soumit à son supérieur (et homonyme qui fit changer l'expression "désirs infinis" en "désirs immenses". Thérèse obéit, bien qu'elle ait déjà parlé de "désirs infinis" en *LT* 107 et *RP* 2, 6v°; voir aussi la demande de "l'amour infini" en *Pri* 2. Théologiquement, Thérèse avait raison : elle ne restreint pas Dieu à la mesure de l'homme (que ce soit son péché ou ses désirs), mais elle ajuste l'homme à la mesure de Dieu, en l'ouvrant à l'infini (cf. Thomas d'Aquin et Catherine de Sienne) » (*OC*, note 8 de la prière 6, p. 1447).

entendu qu'ils étaient sans commune mesure avec son potentiel humain. Et si nous pouvons sans problème admettre que nous ne sommes pas mieux que Thérèse, nous avons cette consolation qu'elle donnera à sœur Agnès. Alors que celle-ci se désolait en disant « Hélas ! je n'aurai rien à donner au bon Dieu, à ma mort, j'ai les mains vides ! Cela m'attriste beaucoup », Thérèse lui répondra : « Mais c'est justement ce qui fait ma joie, car n'ayant rien, je recevrai tout du bon Dieu[15] ».

Néanmoins, comment être comblé et « sauvé » en ayant les mains vides ? Philippe de la Trinité suggère d'interpréter en ce sens la célèbre expression des « mains vides » : « La main gauche tient nos péchés et elle doit être *vide* pour le jour du jugement, car nous devons avoir la ferme confiance que tout nous est remis – fautes et peines dues à ces fautes. La main droite tient nos mérites, et elle doit être vide, elle aussi, à nos yeux, car ces mérites sont radicalement et avant tout des dons gratuits de la miséricorde divine à notre endroit et, en ce sens, ne sont pas "de nous"[16] ». Et justement, l'aspiration de Thérèse à voir son âme possédée par Dieu est à rapprocher d'une autre supplique qui lui est contemporaine : « Je veux sanctifier les battements de mon cœur, mes pensées et mes œuvres les plus élémentaires en les unissant à ses mérites infinis ».

Thérèse refuse de s'inscrire dans le cadre d'une justice de réparation du mal commis et pardonné. Elle préfère se « revêtir de [la] propre Justice [de Dieu] » et se concentrer sur son amour, puisqu'elle a l'assurance de « recevoir de [Son] Amour la possession éternelle de [Lui]-même ». Par contre-coup, elle échappera au jugement de Dieu. C'est en effet en ce sens que nous comprenons son incise qui, bien que plus tardive, nous paraît néanmoins exprimer le fond de sa pensée actuelle : « Il est

15. *CJ* 23.6.2.

16. Ph. de la Trinité, « De saint Thomas d'Aquin à sainte Thérèse de l'Enfant-Jésus. Consonances doctrinales », *Teresianum XXV* [Rome] (1974 I-II), p. 392. Voir aussi *CSM*, *VT 73*, p. 58.

écrit qu'"à la fin, le Seigneur se lèvera pour sauver tous les doux et les humbles de la terre". Il ne dit pas "juger", mais "sauver". » En s'offrant à l'amour miséricordieux, Thérèse sera sauvée de toute façon, et elle pourra paraître devant lui les « mains vides ». Expression que nous pouvons rimer avec un autre libellé rédigé quelques mois auparavant : « Je ne mérite rien, mais cependant je pense / Que vous me comblerez de vos bienfaits nouveaux ».

Voilà donc ce qui a amené Thérèse à s'offrir à l'amour miséricordieux de Dieu : « Puisque le problème du péché n'est pas un problème de justice, de châtiment et de rédemption pénale, mais un problème d'amour, la vraie question [...] n'est pas "Ô mon Dieu, votre justice va-t-elle rester inassouvie par l'endurcissement du pécheur" mais : "Ô mon Dieu, votre amour méprisé va-t-il rester en votre cœur[17] ?" » Thérèse veut donc atténuer les affres de la maladie d'amour de Jésus, dont les ardeurs ont de quoi désarmer lorsqu'on l'entend avouer : « Oui, c'est votre cœur que j'envie / Jusqu'à lui je viens m'abaisser / Les Cieux et leur gloire infinie / Pour vous j'ai voulu délaisser ». Jésus « désire », « réclame » et « ne veut que [notre] amour, / Il se nourrit de l'âme pure / Voilà son Pain de chaque jour ». Jésus « aime les âmes [... les ayant] faites pour [Lui]-même [...] [et] la plus petite âme qui [L']aime / Devient pour [Lui] le Paradis !... »

Thérèse laissera souvent libre cours à sa stupéfaction bouleversée : « Vraiment, Il était fou notre Bien-Aimé de venir sur la terre chercher des pécheurs pour en faire ses amis, ses intimes, ses semblables, Lui qui était parfaitement heureux avec les deux adorables personnes de la Trinité[18] !... » ; « Le Fils de Dieu [...] s'il a quitté le brillant palais des Cieux, ce n'est pas afin de conquérir un empire terrestre ; ce qu'Il désire, ce qu'Il vient chercher sur la terre, ce sont des amis, des frères, pour les

---

17. A. Combes, *Introduction à la spiritualité de sainte Thérèse de l'Enfant-Jésus*, *op. cit.*, p. 181.

18. *LT* 169, 2r°.

emmener avec Lui dans son royaume Céleste[19] ». Jésus vient « des Célestes prairies pour chercher les âmes qu'il considère comme ses sœurs ». Thérèse a vibré devant cet amour sublime de Dieu qui l'a fait « s'exiler » du « Céleste Séjour ». C'est donc tout naturellement qu'elle conclut, dans un poème rédigé d'une traite pendant son heure d'adoration au Saint-Sacrement, et moins de quatre mois avant sa consécration : « De son Amour je veux être embrasée / Je veux Le voir, m'unir à Lui toujours / Voilà mon Ciel... voilà ma destinée : / Vivre d'Amour[20] !!! »

Que de chemin parcouru par Thérèse qui, en date du 26 avril 1889, concentrait la sainteté dans le « *souffrir* et souffrir *de tout* ». Son offrande d'elle-même à l'amour miséricordieux a finalisé son ascension vers Dieu – son terme, mais aussi son moteur comme on le verra. Le contenu de sa prière atteste qu'elle a définitivement quitté l'idée d'une possible équivalence entre ses prestations et les attentes de Dieu sur elle ; équivalence stricte que réclame la justice. Il n'est plus question de savoir ce que l'homme peut faire pour Dieu, mais de ce que Dieu peut et veut faire pour l'homme. C'est l'amour de Dieu qui comblera ce qui manque en l'homme.

Comprenons bien. La voie de Thérèse n'est pas un blanc-seing qui autoriserait de pécher impunément. Il n'est pas davantage question de substituer l'amour de Dieu à sa justice, au motif que celle-ci serait moins aimante. Si Dieu est juste, c'est parce qu'il est miséricordieux : « J'espère autant de la justice du Bon Dieu que de sa miséricorde, déclare Thérèse. C'est parce qu'il est juste qu'"il est compatissant et rempli de douceur, lent à punir et abondant en miséricorde. Car il connaît notre fragilité, Il se souvient que nous ne sommes que poussière. Comme un Père a de la tendresse pour ses enfants ainsi le Seigneur a compassion de nous"[21]. »

19. *RP* 6, 8v°.

20. *PN* 17, 15.

21. *LT* 226, 1v°.

Thérèse préfère parler d'amour miséricordieux au lieu de justice miséricordieuse, parce que nous cernons mal cette justice divine, en l'anthropomorphisant. C'est ce qu'elle explique en rappelant une fable fantastique qui l'avait marquée dans sa jeunesse :

> « Un roi, parti à la chasse, poursuivait un lapin blanc que ses chiens allaient bientôt atteindre, quand le petit lapin, se sentant perdu, rebroussa chemin rapidement et sauta dans les bras du chasseur. Celui-ci, touché de tant de confiance, ne voulut plus se séparer du lapin blanc, ne permettant à personne d'y toucher, se réservant lui-même le soin de le nourrir. "Ainsi, le bon Dieu fera-t-il avec nous, me dit-elle, si, poursuivis par la justice, figurée par les chiens, nous cherchons refuge dans les bras mêmes de notre Juge..." » (*CSG*, p. 52)

Au lieu de tomber sous le coup d'une justice divine « figurée par les chiens » – en raison de la conception trop humaine que l'on en a –, elle préfère remonter directement à sa source : un Dieu juge, certes, mais qui, avant d'exercer une justice forcément implacable et inflexible, nous met à disposition sa miséricorde. Non seulement ce Dieu amour est susceptible de nous accueillir dans ses « bras », mais en plus, il n'attend que ça ! Seulement, il y faut la démarche d'un cœur contrit, et dans le ferme propos de changer de vie. Après, il faudra bien que justice se fasse.

Enfin, le mouvement de fond qui sous-tend l'entreprise de Thérèse n'est pas la recherche de sa perfection. La perfection n'est pas une fin en soi mais le signe de la vie du Christ en nous. Elle n'est pas un bien à acquérir et dont nous pourrions nous prévaloir, mais une réalité qui vient de Lui seul, et qui ne doit être visible que de Lui. Thérèse ne s'en inquiétant plus, Dieu pourra dépasser ses attentes et devenir lui-même sa vertu et sa sainteté.

« La voie de l'amour »

La « voie de l'*amour* », mentionnée pour la première fois dans le contexte annonciateur du 9 juin 1895, est la sienne depuis le 20 février 1893, jour de la nomination de sœur Agnès au priorat.

Escortée de « la confiance », la voie de l'amour lui donne « des ailes », et même « de nouvelles ailes plus brillantes et plus légères », qui font « voler bien haut[22] ». Thérèse a découvert le secret d'une sainteté rapide, aisée et énergique dans l'intense exercice de l'amour. « Nous qui courons dans la voie de l'Amour », écrit-elle encore en y associant Pauline.

L'amour est le tremplin de toutes ses prières, ramassées dans cette unique supplication : « Je vous demande, ô mon Dieu ! de ne pas regarder ce que je suis, mais ce que je devrais et voudrais être, c'est-à-dire une religieuse tout embrasée de votre amour ».

Car, de plus, dans la voie de l'amour, Thérèse sait « toujours trouver le moyen d'être heureuse et de profiter de [ses] misères… » Nous forcerions sa pensée en croyant qu'elle déprécie les actes parfaits. Nous savons qu'elle refuse de ranger ses écarts réguliers, manquements involontaires et intempestifs, avec ses échecs. Pour elle, même les plus petites aspirations au bien avortées ne sont pas perdues : « Ce Dieu de bonté et de miséricorde récompensera magnifiquement, non seulement les actions éclatantes accomplies pour Lui, mais encore les simples désirs de le servir et de l'aimer, car Il voit tout, son œil pénètre le fond des cœurs, les plus secrètes pensées ne Lui sont pas cachées[23] ». Thérèse peut le déduire de cette affirmation de saint Jean de la Croix, qu'elle se plaît à citer à de nombreuses reprises : « Le plus petit

22. *RP* 5, 4r°. La citation finale de sa cinquième récréation intitulée *Le divin petit enfant de Noël*, n'entre pas dans les vingt-six strophes adressées personnellement à chacune des carmélites. Comme elle n'échut à personne en particulier, nous pouvons en déduire que Thérèse visa toute la communauté religieuse en évoquant la voie de l'amour.

23. *RP* 6, 9r°-9v°.

mouvement de *pur amour* lui est plus utile [à l'Église, nda] que toutes les autres œuvres réunies ensemble[24]. »

En fait, l'assimilation de sa misère se confond avec la découverte de la miséricorde infiniment aimante de Dieu pour elle – ou de l'amour infiniment miséricordieux de Dieu pour elle, ce qui revient au même. Dieu aime ce qu'elle accomplit pour lui et il veut à son tour accomplir de grandes choses en elle. Sœur Geneviève s'était souvenue que Thérèse lui « disait souvent qu'elle ne voulait pas être "marchande des quatre saisons", parce qu'à ce métier-là, on ne gagne pas gros, mais sou par sou. Il y a pourtant des âmes qui gagnent leur vie à cette petite échelle, il y en a qui demandent à être payées à mesure. Mais moi, disait-elle, *je joue à la banque de l'amour…* Je joue gros jeu. Si j'y perds, je le verrai bien. Je ne m'occupe pas des coups de bourse, c'est Jésus qui les fait pour moi, je ne sais si je suis riche ou pauvre, plus tard, je le verrai[25] »

« C'est l'amour seul qui m'attire »

L'amour a jalonné son avancée depuis deux ans; désormais, il règle sa marche et inspire ses gestes. Comme elle le dira elle-même, « Tout ce que je fais, les mouvements, les regards, tout, depuis mon offrande, c'est par amour ». Jusqu'à la fin, c'est vers l'amour que convergeront tous ses désirs : « Une seule attente fait battre mon cœur, c'est l'amour que je recevrai et celui que je pourrai donner ». Thérèse veut laisser l'amour de Dieu l'envahir, au point que sa « vie devienne comme une pure transparence de la vie de Jésus. […] C'est le maximum de l'imitation

24. *Ms B*, 4v° ; *Pri* 12 ; *LT* 221, 1r°-1v° et *LT* 245, v°.

25. *CSG*, p. 71

de Jésus, jusqu'à l'identification avec lui [...,] c'est une sainteté qui montre Jésus à l'Église[26] ».

Dans les lignes suivantes, Thérèse confirme l'état de plénitude où l'a conduite sa consécration à l'amour miséricordieux.

> « Maintenant, je n'ai plus aucun désir, si ce n'est celui d'*aimer* Jésus à la folie... [...] c'est l'*amour* seul qui m'attire... [...] maintenant c'est l'abandon seul qui me guide, je n'ai point d'autre boussole!... Je ne puis plus rien demander avec ardeur excepté l'accomplissement parfait de la volonté du Bon Dieu sur mon âme sans que les créatures puissent y mettre obstacle. "[...] Tout mon exercice est d'*aimer*!..." [...] "Depuis que j'en ai l'expérience, l'AMOUR est si puissant en œuvres qu'il sait *tirer profit de tout*, du bien et du *mal* qu'il trouve en moi[27], et transformer mon âme en SOI." Ô ma Mère chérie! qu'elle est douce la voie de l'*amour*. Sans doute, on peut bien tomber, on peut commettre des infidélités, mais, l'amour sachant *tirer profit de tout*, a bien vite consumé *tout* ce qui peut déplaire à Jésus, ne laissant qu'une humble et profonde paix au fond du cœur ». (*Ms A*, 82v°-83v°)

Tous les désirs de Thérèse se ramènent à deux objectifs : « l'accomplissement parfait de la volonté du Bon Dieu sur [son] âme sans que les créatures puissent y mettre obstacle »; « celui d'*aimer* Jésus à la folie ». Quand même son amour pour Jésus se manifesta rarement dans les « transports », Thérèse comprit « si bien qu'il n'y a que l'amour qui puisse nous rendre agréables au Bon Dieu que cet amour fut le seul bien qu'[elle] ambitionna ».

Pourtant, son « Acte d'offrande » nous place devant un nouveau paradoxe : le « vivre d'amour » tend vers le « mourir

26. F.-M. Léthel, *Connaître l'amour du Christ...*, *op. cit.*, p. 488.

27. Elle l'avait déjà assuré à Céline (cf. *LT* 142, 1v°).

d'amour », puisqu'elle écrit : « Je n'ai plus de grands désirs si ce n'est celui d'aimer jusqu'à mourir d'amour ». En fait, son désir de mourir d'amour a reçu une vitalité nouvelle et différente. Souvenons-nous que le martyre fut le « rêve » de sa « jeunesse ». À l'époque, elle y tendait pour accomplir de grandes choses pour Jésus. À présent, il se résume dans cette tension de son être : « Vous suppliant de me consumer sans cesse, laissant déborder en mon âme les flots de tendresse infinie qui sont enfermés en vous et qu'ainsi je devienne Martyre de votre Amour [...] Que ce martyre après m'avoir préparée à paraître devant vous me fasse enfin mourir et que mon âme s'élance sans retard dans l'éternel embrassement de Votre Miséricordieux Amour[28] ». Thérèse a choisi la forme de son « martyre » : subir les assauts d'amour que Dieu ne peut contenir en lui-même, vivre uniquement de l'amour de Dieu. Ce martyre résume tous les autres, attendu qu'il fut celui du Fils de Dieu. À notre petite échelle, nous avons déjà une idée de ce que l'amour peut être exponentiel, mais aussi crucifiant. Que dire de l'Amour total et parfait, avec un grand A ! Il est un feu qui dévore et que le Fils de Dieu avait hâte de nous transmettre[29].

Si donc l'amour sonne plus agréablement à nos oreilles, son martyre n'en est pas moins terrible. Aux portes de la mort, Thérèse admettra : « Notre-Seigneur est mort sur la Croix, dans les angoisses, et voilà pourtant la plus belle mort d'amour. [...] Mourir d'amour ce n'est pas mourir dans les transports. Je vous l'avoue franchement, il me semble que c'est ce que j'éprouve[30] ». Le mois suivant, elle précisera : « Il faudra dire que c'est au fond de mon âme "la joie et les transports"... Mais cela n'encouragerait pas tant les âmes si l'on croyait que je n'ai pas beaucoup

---

28. *Pri* 6.

29. « C'est un *feu* que *je* suis venu apporter sur la terre et *comme je voudrais* qu'il soit déjà allumé ! » (Lc 12,49). Nous soulignons.

30. *CJ* 4.7.2.

souffert[31]. » On peut donc souffrir intensément sans que l'amour diminue en nous. Il en est ainsi en raison de la nature même de l'amour.

« L'Amour consumant... »

Et cet amour est d'abord un « Amour consumant ».

Thérèse divulgue volontiers son désir d'être consumée et consommée de l'amour de Dieu. Elle recourt aussi bien au terme « consommer » que « consumer », selon qu'elle réfère ou non au Cantique de saint Jean de la Croix. Et c'est lui qu'elle cite dans sa « Consécration à la Sainte Face » : « Il est donc de la plus haute importance que nos âmes s'exercent à l'Amour, afin que se consommant rapidement elles ne s'arrêtent guère ici-bas et arrivent promptement à voir Jésus, Face à Face. » Cette phrase, que Thérèse répétera à l'infirmerie, trouve son explication dans la description sur la nuit obscure des sens qu'en donne le carme espagnol du XVIe siècle :

> « Le feu matériel, appliqué au bois commence tout d'abord par le dessécher; il en expulse l'humidité et lui fait pleurer toute sa sève. Aussitôt, il commence par le rendre peu à peu noir, obscur, vilain; il lui fait répandre même une mauvaise odeur; il le dessèche insensiblement; il en tire et manifeste tous les éléments grossiers et cachés qui sont opposés à l'action du feu. Finalement, quand il commence à l'enflammer à l'extérieur et à l'échauffer, il le transforme en lui-même et le rend aussi brillant que le feu. En cet état le bois n'a plus l'action ni les propriétés du bois; il n'en conserve que la quantité et la pesanteur qui est plus grande que celle du feu[32]. »

31. *CJ* 15.8.1.

32. Saint JEAN DE LA CROIX, *La nuit obscure*, II, 10, *Œuvres spirituelles*, p. 588.

Le bois illustre notre nature pécheresse. Il se dessèche sous l'action du feu, qui représente l'agir de Dieu en nous. Ce bois pleure « toute sa sève », dans le sens où l'assomption de notre être en Dieu ne s'opère pas sans douleur, ni sans larmes : ce qui est accessoire et étranger aux vues de Dieu sur nous, ne doit pas être seulement relégué au second plan, mais carrément supprimé pour être remplacé par lui-même. Thérèse se réfère aussi à saint François de Sales (1567-1622). Ce prélat savoyard avait constaté que « quand le feu de l'amour est dans un cœur, tous les meubles volent par la fenêtre ». Thérèse en déduit logiquement qu'il ne faut rien « laisser dans notre cœur que Jésus[33] ». « En cet état le bois n'a plus l'action ni les propriétés du bois » du fait que tout ce qui est encore susceptible de contrarier la libre expansion de l'amour en nous doit disparaître. L'impression du desséchement, aussi pénible soit-il, ne durera pas et nous gagnerons au change : se laisser consumer revient à se laisser « purifier par ce feu d'amour divin[34] ».

En vérité, l'amour « sait tirer profit de tout », certifie Thérèse par deux fois. Nos souffrances, nos « infidélités », nos péchés, « *tout* ce qui peut déplaire à Jésus », se trouve non pas anéanti, mais intégralement assumé et « consumé » dans l'amour. C'est l'Amour qui sanctifie. L'Amour avec un grand A, donc un Amour qui vient de Dieu. Voilà pourquoi, pressentant l'imminence de sa mort, les dernières forces de Thérèse tendront vers cette certitude : « *Je ne compte plus* que sur l'*amour*, demandez au Bon Jésus que toutes les prières qui sont faites pour moi servent à augmenter le Feu qui doit me consumer[35]… » La moindre souillure de l'âme empêche, en effet, la venue de celui qui est trois fois saint, pur et parfait. D'où la nécessité absolue que Dieu

33. *LT* 89, 1v°.

34. *LT* 226, 1v°.

35. *LT* 242. Notons que Thérèse est décédée des suites de la tuberculose que l'on appelait aussi phtisie : c'est-à-dire, étymologiquement, la consomption, la consommation… Thérèse s'est consumée d'amour par la maladie.

purifie sans cesse cette âme pour y faire sa demeure permanente. Et c'est son amour miséricordieux qui s'en chargera. Notre nature doit mourir à elle-même dans l'amour, pour renaître en Dieu.

En attendant, écrivait-elle, « *Je tâche de faire que ma vie soit un acte d'amour* et je ne m'inquiète plus d'être une petite âme, au contraire je m'en réjouis ; *Voilà pourquoi j'ose espérer que "mon exil sera court"* mais ce n'est pas parce que je suis prête ; je sens que je ne le serai jamais si le Seigneur ne daigne me transformer Lui-Même ; Il peut le faire en un instant ; après toutes les grâces dont Il m'a comblée j'attends encore celle-là de sa miséricorde infinie[36]. »

« … et transformant »

Cette grâce ne se fera pas attendre. Sa consomption a été le prélude à sa transformation. Thérèse est prête pour que Dieu la « transforme » en lui-même[37].

Qu'est-ce à dire ? Saint Jean de la Croix vient encore à point nommé pour expliquer ce qui n'est autre que le « mariage spirituel » de l'âme avec Dieu :

> « "la consommation de l'union spirituelle entre Dieu et l'âme, ceux-ci [étant] deux natures en un seul esprit et amour". L'âme possède alors les droits illimités de l'épouse, Dieu lui révèle tous ses secrets. Force terrible de cette âme entièrement soumise à la volonté de Dieu ! Elle participe en quelque manière à l'impassibilité des anges, les eaux de la douleur ne peuvent plus la désagréger, la contrition même de ses fautes, qui est parfaite, a cessé

36. *LT* 224, 2r° ; nous soulignons.

37. Cf. *PN* 30, 30 avril 1896. Dans cette poésie, Thérèse a versifié la « Glose sur le divin » composée par saint Jean de la Croix. Voir aussi *PN* 25, str. 8 ; *Pri* 6 et *PN* 32, str. 3.

> d'être affligeante, les démons n'osent plus l'attaquer, elle semble identifiée à la paix elle-même[38] ».

C'est ce que Thérèse expérimente depuis le jour de sa consécration : « Il me semble que l'*Amour* me pénètre et m'environne, il me semble qu'à chaque instant cet *Amour Miséricordieux* me renouvelle, purifie mon âme et n'y laisse aucune trace de péché [...] Le Feu de l'Amour est plus sanctifiant que celui du purgatoire[39] ». En posant la question de savoir « comment [Dieu] purifierait [...] dans les flammes du purgatoire des âmes consumées des feux de l'amour divin ? » Thérèse ne nie pas la justice divine, pas plus qu'elle ne la reporterait au second plan, après l'amour de Dieu. En fait, du « point de vue » de Dieu, son amour s'exerce à travers sa justice, comme sa justice est inséparable de son amour. Dieu possédant parfaitement une âme, il n'a plus « besoin » – si nous osons dire – d'exercer sa justice. Du point de vue de l'âme, si elle est totalement unie à Dieu dans l'amour, elle n'a plus « besoin » non plus de passer sous le coup de sa justice : l'âme est *déjà* justifiée et guérie par son amour miséricordieux. C'est en ce sens que les « feux de l'amour divin » rendent superflues les « flammes du purgatoire ». Dans la parfaite union d'amour avec Dieu, les péchés de l'homme sont brûlés incontinent. D'où la conclusion de Thérèse : « pour satisfaire la *Justice* Divine, il fallait des victimes parfaites, mais à la loi de crainte a succédé la loi d'Amour, et l'Amour m'a choisie pour holocauste, moi, faible et imparfaite créature[40]... »

Thérèse recourt tardivement et parcimonieusement au verbe « transformer ». Il nous renseigne pourtant sur la part décisive de Dieu dans son perfectionnement : « Daigne aussi transformer mes œuvres imparfaites / [...] Seigneur, rends-les parfaites » ;

38. Jean de la Croix, *Cantique*, cité par J. Maritain, *Distinguer pour unir ou Les degrés du savoir*, Chapitre IX : « Todo y nada », Paris, DDB, 1932, p. 727.

39. *Ms A*, 84v°.

40. *Ms B*, 3v°.

« Si loin [si pécheurs, nda] que nous soyons [Dieu] nous transformera en flammes d'amour ». Il nous dit aussi que son vœu d'être transformée par Dieu s'inscrit dans le sillage de celui de lui être unie. En effet, cette union revêt deux formes[41] : dans le « mouvement d'inspiration », Thérèse veut faire venir Jésus en elle ; dans le « mouvement d'expiration », elle veut se perdre en lui.

Cette union trouve son sommet dans la communion eucharistique. Car il ne faut pas amoindrir l'envergure du message de ses vers : « Mon Ciel, il est caché dans la petite Hostie [...] / Tu viens, mon Bien-Aimé, me transformer en toi / Cette union d'amour, cette ineffable ivresse / Voilà mon Ciel à moi[42] !... » Autrement, Thérèse ne se fut pas écriée au milieu de son offrande : « Restez en moi, comme au tabernacle, ne vous éloignez jamais de votre petite hostie » « En fait, elle demande la prise de "possession" d'elle-même par Celui qui ne transforme le pain en son Corps que pour transformer le communiant en Lui-même[43] [Dieu, nda] ». Seul un cœur constamment docile et abandonné aux opérations de Dieu pourra être constamment transformé en lui.

Au final, Thérèse ne s'est pas tant offerte en victime d'holocauste pour s'annihiler que pour laisser vivre Dieu en elle ; jusqu'à l'ingérence si nous pouvons dire. Cela en vue d'être disponibilité pure sous les libres initiatives de l'amour de Jésus ; et, en contrepoint, de vivre la *theopatheia*[44]. Chez Thérèse, l'enjeu de la sainteté se résume dans cette requête : « Mon Bien-Aimé, viens vivre en moi / [...] Daigne me transformer en Toi ! » Du moment que Jésus possède notre âme, « qu'importe que nos vases soient brisés puisque Jésus est consolé et que malgré lui le monde

41. Voir P. Descouvemont, *Thérèse de Lisieux et son prochain*, Paris, Cerf, 2003², p. 112.

42. *PN* 32, 3.

43. Voir *OC*, note 9 de la *Pri* 6, p. 1447.

44. Dieu n'est pas impassible pour Thérèse : il souffre de nous voir refuser son amour et nous éloignant de lui.

est obligé de sentir les parfums qui s'en exhalent et qui servent à purifier l'air empoisonné qu'il ne cesse de respirer ». L'amour miséricordieux et prévenant brûle en elle tout ce qui n'est pas lui, pour le transformer en lui. En la consumant de l'intérieur, Dieu irradie à travers elle, en faisant d'elle une médiatrice de l'amour de Dieu auprès des autres créatures.

Au final, son aveu de ne pouvoir devenir sainte par elle-même l'a directement conduite à implorer Dieu « de venir prendre possession » de son « âme ». Au lieu de saboter son désir de sainteté, son impuissance – et sa reconnaissance paisible – l'a convaincue d'adopter l'attitude du petit enfant qui reçoit tout de son Père. Y compris sa sainteté.

La « voie de l'enfance spirituelle »

L'idée de l'esprit d'enfance revient au cardinal de Bérulle. Elle s'est décantée chez Charles de Condren[45] et ses disciples.

Depuis juillet 1893, l'image de l'enfant filigrane les réflexions de Thérèse. Il y en avait eu une première approche sérieuse avec l'évocation des bras de Jésus, le 26 avril 1889. Mais c'est en juillet 1895 qu'elle invente sa formule définitive : « *Rester enfant, rester petit enfant*[46] ».

Au-delà de sa force poétique et psychologique, la prédilection de Thérèse pour le petit enfant recèle une profonde signification. Son choix se porte sur lui parce qu'on effleure à peine ses actions, pour majorer son attitude d'abandon confiant et persévérant.

45. Ce mystique français du XVIIe siècle fut notamment le confesseur du frère du roi Louis XII, du cardinal de Bérulle (le fondateur de la société de l'Oratoire de Jésus et de Marie – dans lequel il entra), et le directeur spirituel du prêtre mystique Jean-Jacques Olier de Verneuil (par l'intermédiaire d'Agnès de Langeac, stigmatisée, béatifiée en 1994, qui s'offrit aussi à la justice divine – cf. F.-M. Léthel, *L'amour de Jésus.*, *op. cit.*, p. 62).

46. *LT* 178.

De même, ses rechutes, bien prévisibles, n'entament pas sa foi en l'amour de ses parents pour lui.

Par ailleurs, l'attitude de l'enfant synthétise parfaitement l'enseignement thérésien sur la juste et délicate conjugaison entre l'action de Dieu dans la grâce, et l'action de l'homme dans l'effort. Thérèse le développe auprès de sœur Geneviève, puis de sœur Marie de la Trinité :

> « Il faut faire tout ce qui est en soi, donner sans compter, se renoncer constamment, en un mot, prouver son amour par toutes les bonnes œuvres en son pouvoir. Mais à la vérité, comme tout cela est peu de chose... Il est nécessaire, quand nous aurons fait tout ce que nous croyons devoir faire, de nous avouer des "serviteurs inutiles", espérant toutefois que le bon Dieu nous donnera, par grâce, tout ce que nous désirons. C'est là ce qu'espèrent les petites âmes qui "courent" dans la voie d'enfance : Je dis "courent et non pas se reposent". » (*CSG*, p. 50)
>
> « Consentez à être ce petit enfant; par la pratique de toutes les vertus, levez toujours votre petit pied pour gravir l'escalier de la sainteté, et ne vous imaginez pas que vous pourrez monter même la première marche! non; mais le bon Dieu ne demande de vous que la bonne volonté. Du haut de cet escalier, il vous regarde avec amour. Bientôt, vaincu par vos efforts inutiles, il descendra lui-même, et, vous prenant dans ses bras, vous emportera pour toujours dans son royaume. [...] Mais si vous cessez de lever votre petit pied, il vous laissera longtemps sur la terre ». (*CSM*, *VT* 73, p. 64)

« Faites ce que vous pourrez, détachez votre cœur des soucis de la terre et surtout des créatures, puis soyez sûre que Jésus fera le reste, il ne pourra permettre que vous tombiez dans le bourbier redouté[47]… », ajoute-t-elle à une autre consœur. Elle-même agit « le mieux possible », sans concevoir pour autant que la sainteté soit toute dans l'ascèse. « Par la pratique de toutes les vertus », Thérèse s'applique du mieux qu'elle peut, comme si le salut dépendait d'elle, mais tout en ne l'espérant et ne l'attendant que de Dieu. À l'école de Thérèse, il n'y a nulle place pour la vertu sans la grâce, et réciproquement. De même, notre effort n'oblige pas l'aide de Dieu, puisque c'est lui-même qui a suscité cet effort. Il n'empêche que cet effort est indispensable de la part de l'homme.

L'abandon du petit enfant

L'abandon résulte de l'entrelacement de deux fils rouges, noués par l'homme lui-même : l'humilité sereine et entretenue dans la petitesse, et l'accueil confiant de la grâce divine. Thérèse en a trouvé la meilleure illustration dans l'allégorie du petit enfant, qui est animé de la conviction que jamais ses parents ne le laisseront – du moins durablement – livré à lui-même. Son abandon canalise toutes les attitudes chères à Thérèse, et envisageables uniquement avec un cœur « qui ne craint pas, qui s'endort et s'oublie / Sur le Cœur de son Dieu, comme un petit enfant ».

Partant, nous pouvons aisément admettre, à la suite de Thérèse, que « c'est vilain de passer son temps à se morfondre, au lieu de s'endormir sur le cœur de Jésus !… […] Le petit enfant va s'abandonner, il va croire que Jésus le porte, il va consentir à ne pas le voir et laisser bien loin la crainte stérile d'être infidèle (crainte qui ne convient pas à un enfant)[48] ». De fait, être un petit enfant implique « le renoncement à toute subsistance en soi pour

47. *LT* 241.

48. *LT* 205.

ne dépendre que de Dieu[49] ». Aussi bien, le petit enfant peut toujours *s'arranger*, *ruser* par amour et commettre de « petites sottises » – pour peu qu'il demande pardon à chaque fois. Il n'est pas question d'être un « nul décomplexé et qui assume » ; nous avons compris que ce n'est pas la griffe de Thérèse. Le petit enfant attend de ses parents de continuelles absolutions, tout en renouvelant sans cesse ses « efforts » – quand même ils sont « inutiles ».

Seul le petit enfant peut affirmer : « Pour moi je trouve la perfection bien facile à pratiquer, parce que j'ai compris qu'il n'y a qu'à prendre Jésus par le Cœur. » Ainsi, cette posture n'est concevable que dans un contexte d'amour : « l'abandon est le fruit délicieux de l'Amour ». Il ne va pas de soi pour autant : Thérèse reconnaît avoir « été longtemps avant de [s]'établir à ce degré d'abandon. Maintenant j'y suis, poursuit-elle ; le bon Dieu m'y a mise, il m'a prise dans ses bras et m'a posée là ». Elle n'en a plus bougé. Après avoir tourné ses mains vers le bas, en ramassant les « trésors », « épingles » et autres, elle a progressivement écarté les doigts pour laisser s'échapper ses mérites personnels, les garanties de son salut et les signes lui permettant de déceler la présence de Jésus en elle. Par-là, elle s'est allégée, tout en tendant les bras vers Jésus ; jusqu'à voler avec les ailes de Dieu, dans son amour.

« Avec l'énergie on peut facilement arriver au sommet de la perfection »

Cela ne s'est pas fait en un tournemain, et c'est pourquoi « l'Évangile des ouvriers de la dernière heure, payés autant que ceux qui avaient porté le poids du jour, la ravissait : « Voyez-vous, disait-elle, si nous mettons notre confiance dans le bon

49. H. U. von Balthasar, *Thérèse de Lisieux...*, *op. cit.*, p. 255 et 256.

Dieu, faisant tous nos petits efforts et espérant tout de sa miséricorde, nous recevrons autant que les grands saints[50]. »

Nous nous en doutions, la sainteté ne nous « tombera » pas dessus. À deux reprises, Thérèse mentionne l'énergie pour y parvenir. À propos de sa cousine Marie Guérin, dont elle se réjouit et écrit : « L'empire qu'elle a sur elle-même est étonnant, ce n'est toujours pas l'*énergie* qui lui manque pour devenir une sainte et c'est la vertu la plus nécessaire, avec l'énergie on peut facilement arriver au sommet de la perfection[51]. » Et à propos de son « petit frère » spirituel, elle affirme : « Vous ne pourrez être un saint à demi, il vous faudra l'être tout à fait ou pas du tout. J'ai senti que vous deviez avoir une âme énergique et c'est pour cela que je fus heureuse de devenir votre sœur[52]. » Ce n'est rien moins que ce que recommandait sainte Thérèse d'Avila : « Je veux que vous ne soyez femmes en rien mais qu'en tout vous égaliez des hommes forts[53] ». De fait, « l'abandon n'est pas un état passif fait d'inertie et d'oisiveté. Au contraire, étant l'extrême[54] de l'amour, l'abandon participe à sa brûlante activité[55] ». C'est la condition pour « nous réjouir de toutes les choses dont le Ciel sera le prix… » Thérèse a compris que « non seulement Dieu agit *pour nous*, mais [que] son action nous met à l'œuvre […] ; il agit *en nous* afin d'agir *par nous*[56] ».

---

50. *CSG*, p. 167.

51. *LT* 178, 2r°.

52. *LT* 247, 1v°.

53. Thérèse d'Avila, *Chemin de la perfection*, chap. VIII, cité dans *LT* 201, 2r°.

54. Le père J.-M. Hennaux observe que ce n'est pas un hasard si elle contempla davantage les mystères de l'Enfance et de la Passion du Christ, puisque c'est « là que Jésus est le plus passif, le plus abandonné, et donc [paradoxalement] le plus aimant et le plus actif » (in *Le mystère de la vie consacrée, Passion et enfance de Dieu*, coll. « Vie consacrée », 1, Namur, diff. Brepols, 1992, p. 120).

55. F.-T. Lamoureux, « La "Petite Voie" de sainte Thérèse de l'Enfant-Jésus et de la Sainte-Face », p. 42.

56. L. de Saint-Chamas, *Sainte Thérèse de l'Enfant-Jésus. Dieu à l'œuvre*, Venasque, Éd. du Carmel, 1998, p. 400.

Enfin, notre énergie est capitale parce qu'elle vitalise notre « bonne volonté[57] », qu'il ne faut surtout pas laisser s'émousser, puisque c'est principalement elle que Dieu demande au petit enfant. De même, c'est cette bonne volonté qui fait que le désir d'aimer Jésus suffit. Thérèse avait lu ce conseil prodigué par Jésus à sainte Gertrude : « En toutes choses et par-dessus tout, aie *bonne volonté*, cette seule disposition donnera à ton âme l'éclat et le mérite spécial de toutes les vertus. Quiconque a *bonne volonté*, désir sincère de procurer ma gloire, de me rendre grâces, de compatir à mes souffrances, de m'aimer et de me servir autant que toutes les créatures ensemble, celui-là recevra indubitablement des récompenses dignes de ma libéralité et son désir lui sera quelquefois plus profitable que ne le sont à d'autres leurs bonnes œuvres[58]. »

Notons enfin que Thérèse réunit dans une même aspiration la sainteté et la perfection. *Avec l'énergie*, Marie peut espérer « devenir sainte » et « arriver facilement au sommet de la perfection ». C'est donc que l'une et l'autre se rejoignent en fin de compte. Il en est ainsi parce que c'est « Celui qui est la Vertu, la Sainteté Même, c'est Lui seul qui se contentant de [nos] faibles efforts [nous] élèvera jusqu'à Lui et, [nous] couvrant de ses mérites infinis, [nous] fera [*Saints*][59] ». Chacun sera rétribué généreusement, mais dans la mesure, où il aura été pure capacité sous l'agir de Dieu et totale docilité à sa volonté sur lui.

Sainteté et héroïsme

Après avoir éprouvé un profond sentiment d'incomplétude, qui peut générer la frustration et le désespoir, Thérèse est entrée

57. Cette « petite chienne qui nous sauve de tous périls » (*CSG*, p. 22) : désespoir, autonomie orgueilleuse, etc.

58. *CSG*, p. 21.

59. *Ms A*, 32r°.

dans une acceptation existentielle, permanente et joyeuse de sa faiblesse. Et sans renoncer pour autant au moindre de ses désirs !

Thérèse ne voulait pas être une sainte admirable, mais proche de nous. En effet, accepter, « avec une grande douceur et sans tristesse » son imperfection – à l'instar de Thérèse –, s'accommode très bien d'une sainteté diamétralement opposée à celle présentée dans les hagiographies qui ne tarissent pas sur les récits fabuleux et les anecdotes stupéfiantes. Ces sortes de chroniques de prodiges mises aux enchères favorisait une « spiritualité [qui] ne connaissait pas non plus une vaste extension, car les gens qui avaient la force de la vivre étaient relativement rares[60] ». Au contraire, Thérèse a opté pour un chemin vers Dieu, que puisse emprunter le plus grand nombre d'entre nous.

Cela nous amène à reconsidérer – peut-être – notre conception de l'héroïcité dans la sainteté. D'une part, « le Héros est l'homme de la volonté, le Saint est l'homme de la grâce. Le Héros est pénétré de sa force, le Saint persuadé de sa faiblesse. Le Héros travaille à sa gloire, aux triomphes de causes temporelles, le Saint a en vue la gloire de Dieu[61] ». D'autre part, peut-être « nous confondons si facilement la sainteté avec l'héroïsme : nous voulons être des héros, c'est-à-dire assurer le triomphe [...] des forces humaines et naturelles. Dans le combat, le héros, c'est celui qui arrive à vaincre ; le saint, c'est celui qui laisse triompher Dieu en lui : voilà la différence. Nous sommes saints lorsque le Bon Dieu fait tout en nous[62]... » Dès lors, la voie que propose Thérèse n'entraîne pas un désistement de l'héroïcité, mais son déplacement : si « un héros nous donne l'illusion de dépasser l'humanité, le saint ne la dépasse pas, il l'assume, il s'efforce de la réaliser le mieux possible [...] d'approcher le plus près possible

60. M.-E. de l'Enfant-Jésus, *Ton amour a grandi avec moi. Un génie spirituel, Thérèse de Lisieux*, Venasque, Éd. du Carmel, 1987, p. 54.

61. P. Blanchard, *Sainteté aujourd'hui*, coll. « Études carmélitaines », Bruges, DDB, 1954, p. 53.

62. M.-E. de l'Enfant-Jésus, *Ton amour a grandi avec moi.*, *op. cit.*, p. 69.

de son modèle Jésus Christ, c'est-à-dire de Celui qui a été parfaitement homme[63] ».

En définitive, c'est sa consécration à l'amour miséricordieux au 9 juin 1895 qui a converti le hiatus entre son *vouloir* devenir sainte (thèse) et son *pouvoir* devenir sainte (antithèse), dans cette synthèse : la conversion de sa petitesse en une totale pauvreté en esprit. Une pauvreté spirituelle qui l'a aidée à dénouer les nœuds gordiens du jansénisme (avec son petit nombre d'élus) et du pélagianisme (le salut obtenu par soi-même). Par-là, elle a relevé ce double défi : ni se désoler de sa misère ni la renier. Et elle a débrouillé le dilemme avec le symbole du petit enfant qui ne craint pas de demeurer « par terre », en attendant que lui soient tendus les bras de son Père céleste.

Petitesse et pauvreté en esprit, dont jamais Thérèse ne s'indignera d'en consentir l'aveu, sont les réalités incandescentes qui ont accéléré son ascension ; avec son énergie et sa bonne volonté qui ne lui firent jamais défaut. Telle est la note capitale de son âme, livrée sur papier dans les derniers mois de vie de Thérèse, notamment dans ses *Derniers entretiens*[64].

Nous y sommes.

---

63. G. Gaucher, « Thérèse : La petite voie de sainteté aujourd'hui », *art. cit.*, p. 25.

64. Sorte de synopsis comprenant le *Carnet jaune* de sœur Agnès de Jésus et d'*Autres paroles* consignées par des religieuses.

3e partie

Les derniers mois

Le 24 février 1896 célèbre les « noces de Céline » : ses vœux définitifs. Le 21 mars, sœur Marie de Gonzague est réélue mère supérieure, après sept tours de scrutin.

Nous voici aux portes des dix-huit derniers mois de vie de Thérèse. Le compte à rebours est lancé. Les ravages de la tuberculose se poursuivent. Les signes précurseurs – toux, enrouements persistants – sont apparus en 1894, l'année où elle commença à jeûner. Les premiers symptômes décisifs se manifesteront dans la nuit du Jeudi saint au Vendredi saint 1897, durant laquelle Thérèse a sa première hémoptysie (crachat de sang). Une tuberculose pulmonaire et intestinale est bientôt diagnostiquée à un stade avancé. Thérèse, heureuse, y voit l'annonce qu'elle va rejoindre Jésus sous peu. Pourtant, deux jours après cette bonne nouvelle de sa fin prochaine, Thérèse est plongée dans les « plus épaisses ténèbres » : au dimanche de Pâques, le 5 avril 1897. Comme si la joie pascale et la nuit de Gethsémani avaient été inversées.

Jusqu'à présent, Thérèse a peu divulgué l'état de son âme. Nous savons que la « sécheresse » de l'esprit est son « pain quotidien » depuis son entrée au Carmel. Nous savons également que depuis 1890, elle avance dans un souterrain parce qu'elle s'en est ouverte à ses deux grandes sœurs. Les « *ténèbres* » l'ont déjà visitée, mais elles étaient « *extérieures* ». Dans son « aridité » spirituelle, il y avait eu des oasis – songeons à toutes les fois où se sont réalisés ses prières et ses désirs.

Cependant, Thérèse a toujours exprimé un amour combatif, dans un langage martial. Certaines prières[1], la plupart de ses

1. *Pri* 17, *Seigneur, Dieu des armées*, et son invocation à saint Sébastien dans *Pri* 18, r°-v°.

récréations pieuses et ses dernières poésies[2] surtout, connotent cette lutte et trahissent son épreuve spirituelle. On l'y voit s'efforcer de « supporter patiemment l'absence de son Chevalier [Jésus, nda], le laissant combattre seul afin que lui seul ait l'honneur de la victoire; se [contentant, pour elle-même,] de manier le glaive de l'Amour ».

Désormais, ce sont des « ténèbres qui obscurcissent [son] âme ». Cependant, sa vaillance et sa fidélité la récompenseront : en contrepoint de l'éclipse totale du « lumineux flambeau de la foi » vont surgir d'autres lumières.

2. Thérèse y incarne ses pensées dans des symboles. Pour exemples les plus criants, citons *PN* 48, qui porte le titre éloquent de *Mes armes* et que nous entendons comme un appel à l'aide. La *PN* 50 est dédiée à *Jeanne d'Arc*, la sainte de son enfance, vers laquelle revient Thérèse – comme pour s'identifier à elle au seuil de sa propre passion.

Chapitre VII

L'inhabitation divine

Une pensée bien familière chez Thérèse va nous offrir la porte d'entrée de l'année 1896 : celle de l'âme unie à Dieu. Elle a déjà allégué que les créatures sont « trop petites pour remplir le vide immense que Jésus a creusé […] [dans notre cœur, nda] ». Nous savons également que Dieu n'attend que notre approbation pour investir complètement, et envahir de sa « Force Divine », notre âme ; afin de la rendre « puissante ». Or, nous allons voir que la petitesse, expression de la finitude humaine abîmée par le péché, permet justement cette kénose de soi. Et Dieu nous transportera du vide de nous-mêmes à l'inhabitation de lui divine : « J'aime les âmes / […] / Je les ai faites pour moi-même / J'ai fait leurs désirs infinis / La plus petite âme qui m'aime / Devient pour moi le Paradis !… », affirme Thérèse en imaginant cette réplique de Jésus.

C'est la petitesse la plus totale qui conduit à l'abandon le plus radical. Thérèse vit à plein cette petitesse, qui occupe une place de choix dans son avant-dernière récréation intitulée « Le triomphe de l'humilité ». Thérèse y délivre, entre autres messages, celui selon lequel si nous nous unissons à Dieu, nous serons « aussi terribles que Lui[1] ». L'assertion est répétée avec

1. *RP* 7, 3v°. Thérèse emprunte l'idée à saint Jean de la Croix : « Une âme unie à Dieu est terrible au démon comme Dieu Lui-même » (*Maximes*, n° 99). D'où l'importance de rester en état de grâce.

la même force et le même qualificatif dans un poème contemporain de la récréation : « L'Épouse du Roi est terrible comme une armée rangée en bataille, elle est semblable à un chœur de musique dans un camp d'armée. » Dans de telles conditions, l'un des protagonistes de la pièce récréative, Lucifer, est obligé d'en convenir : « Je ne réussis pas à damner les âmes possédées par Adonaï ». Ces âmes échappent à Lucifer parce qu'elles sont « comme le veilleur observant l'ennemi de la plus haute tourelle d'un château fort » – écrit-elle en s'inspirant probablement de ce verset biblique : « Le Seigneur des armées est avec nous, il est notre citadelle » (Ps 15,8).

Par ailleurs, l'âme habitée par Dieu dispose des mêmes pouvoirs que lui. Notamment, celui de participer à sa force d'attraction. En effet, le personnage de Lucifer admet en fulminant que la « parfaite Adonaïte[2] entraîne à sa suite un grand nombre d'âmes » qui eussent pu être siennes. Chandelier lumineux ou modeste lumignon au parfum néanmoins perceptible, « lorsqu'une âme s'est laissée captiver [par Jésus, nda] [...], elle ne saurait courir seule, toutes les âmes qu'elle aime sont entraînées à sa suite ; cela se fait sans contrainte, sans effort, c'est une conséquence naturelle de son attraction vers [Dieu][3] », explique Thérèse. En fait, elle retranscrit, dans l'ordre mystique, la loi d'attraction universelle[4] selon laquelle « tous les astres du ciel s'attirent en raison directe de leur masse [plus la masse est grande, plus l'attraction est forte, nda] et en raison inverse du carré de leurs distances[5] [plus l'astre est éloigné d'un autre, moins il l'attire, nda] ». À la manière d'un « astre du ciel », l'âme sainte, emplie de Dieu, attire plus fortement les autres âmes. Il en est

2. Jeu de mots de Thérèse pour signifier l'âme remplie d'Adonaï – nom hébreu qui désigne Yahvé, Dieu.

3. *Ms C*, 33v°-34r°.

4. Découverte rapportée au physicien anglais Newton, au XVIIIe siècle.

5. P. Descouvemont, *Sainte Thérèse de Lisieux, docteur de l'Église. Guide de lecture*, Paris, Cerf, 1997, p. 217.

ainsi parce que « c'est trop peu au saint de s'avancer seul vers son Dieu. Ce serait se "rétrécir" et se contenter de son seul profit. Il veut encore conduire vers la maison du Père, tous ceux qu'il lui a donnés[6] ».

Enfin, « s'unir plus intimement à Lui » (Jésus), c'est le laisser « imprimer en [nous sa] Divine Ressemblance », de sorte qu'il ne puisse plus regarder notre âme sans se contempler lui-même, ajoute Thérèse en s'inspirant toujours du *Cantique Spirituel* de saint Jean de la Croix. L'âme habitée par Dieu jouit de sa sainteté : « Laisse en moi la Divine empreinte / De tes Traits remplis de douceurs / Et bientôt, je deviendrai sainte / Vers toi j'attirerai les cœurs[7]. »

Laisser Dieu vivre en soi revient à laisser transparaître ses œuvres à travers soi, à en réfracter l'Être et l'Agir, et à exercer une puissante et vertueuse influence sur les autres.

Telle est l'inhabitation divine, qui cautérise la moindre blessure de péché, pulvérise la plus insignifiante trace d'opposition à lui, et supprime séance tenante le plus infime retour sur soi.

Sous l'égide de la pauvreté en esprit (septembre 1896)

Thérèse a dû accepter sa fragilité avant de décider de descendre encore dans ses profondeurs, pour y déposer ses rêves de sainteté et de perfection. « La plupart des chercheurs de Dieu renoncent à traverser cette nuit de pauvreté et reviennent sur leurs pas. [...] La confrontation avec l'impuissance semble un saut dans l'abîme et on n'ose croire que c'est dans les bras sauveurs de Dieu qu'on aboutira. [...] N'est-ce pas sur les ruines de nos rêves de sainteté

6. J.-P. Torrell, *Inutile sainteté ?...*, *op. cit.*, p. 152.

7. *PN* 11, 5.

que Dieu édifie les siens ? Nos propres schémas de vie s'écroulent et Dieu prend le gouvernail en mains[8] ». Dieu aime créer à partir de rien.

Thérèse a creusé sa faiblesse afin de reconnaître – avec bonne foi – et d'accueillir – avec bon cœur – la réalité de ses limites. C'était justement la condition pour que Jésus descende à son tour : « parce que j'étais petite et faible il s'abaissait vers moi[9] ». Notre abaissement ouvre à l'action de Dieu parce que plus on est humble, plus volontiers on agrée ses grâces : « C'est l'humilité de Marie / Qui attira le Divin Roi / [...] L'Enfant Jésus dans les langes / [...] / A préféré l'humilité[10] ».

Dans une confiance que Thérèse qualifie d'« audacieuse » et de « téméraire », elle est allée jusqu'au bout de la logique du dénuement. Chez elle, nous ne risquons plus de surprendre la moindre ambition de voler d'elle-même vers Dieu. Elle refusera de « s'attribuer » à elle-même ses dons et ses vertus, du fait qu'elle « sent si bien que tout vient de Lui », Jésus. Telle est la pauvreté spirituelle sans fausse note, qui ne quitte pas des yeux l'avertissement du Christ : « Sans moi vous ne pouvez rien faire » (Jn 15,5).

Thérèse pourra se sentir « si misérable », tout en convenant être « riche de tous les trésors divins ». C'est que « la pratique de la pauvreté est avant tout une question d'esprit... La *pauvreté évangélique* n'est pas absence ou manque de biens, elle est *détachement*... On peut avoir très peu et être avare, avoir beaucoup et être pauvre en esprit. *La vertu est avant tout chose d'âme*[11] ». Sa sœur Céline a rapporté comment Thérèse en était arrivée là : « On aime autant qu'on le peut, on le montre par des

8. C. De Meester, « Dieu est plus grand que notre Cœur », *Carmel XVI* (1973), *Actualité de Thérèse de Lisieux*, p. 325-326.

9. *Ms A*, 49r°.

10. *RP* 1, 12r°-12v°.

11. R. Massol, *Vers la sainteté avec sainte Thérèse de l'Enfant-Jésus*, *op. cit.*, p. 183. L'auteur souligne.

actes, mais lorsqu'on est impuissant et qu'on n'y arrive pas, on se confie à l'infiniment Miséricordieux. La doctrine thérésienne de la pauvreté spirituelle est construite à partir de l'expérience de quelqu'un qui, aussi longtemps qu'il s'appuie sur ses propres forces, n'arrive pas jusqu'au bout dans l'effort vers la sainteté[12]. »
Thérèse a rédigé un second manuscrit autobiographique en deux temps[13]. Dans cette puissante synthèse de ses intuitions centrales, Thérèse développe justement plus particulièrement la pauvreté en esprit. Pour beaucoup, elle est la pierre d'achoppement de l'inhabitation de Dieu en nous. Nous allons à présent en analyser toutes les ramifications.

> « Mes désirs du martyre *ne sont rien*, ce ne sont pas eux qui me donnent la confiance illimitée que je sens en mon cœur. Ce sont, à vrai dire, les richesses spirituelles qui *rendent injuste*, lorsqu'on s'y repose avec complaisance et que l'on croit qu'ils sont *quelque chose de grand*… Ces désirs sont une *consolation*, que Jésus accorde parfois aux âmes faibles comme la mienne (et ces âmes sont nombreuses) mais lorsqu'il ne donne pas cette *consolation* c'est une grâce de *privilège* […] Ce qui lui plaît [au Bon Dieu] *c'est de me voir aimer ma petitesse* et ma *pauvreté*, *c'est l'espérance aveugle* que *j'ai* en *sa miséricorde*… Voilà mon seul trésor. […] Comprenez que pour aimer Jésus, être sa *victime d'amour*, plus on est faible, sans désirs, ni vertus, plus on est propre aux opérations de cet Amour consumant et transformant… Le seul *désir* d'être victime suffit, mais il faut consentir à rester pauvre et sans force et voilà le difficile car "Le véritable pauvre d'esprit, où le trouver ? il faut le chercher bien loin" […] c'est-à-dire dans la *bassesse*, dans le *néant*… […] Aimons notre petitesse,

12. *CSG*, p. 22.

13. La *LT* 196 du 13 septembre 1896 et la *LT* 197 du 17 septembre 1896, à sa sœur Marie, constituent le manuscrit B.

> aimons à ne rien sentir, alors nous serons pauvres d'esprit et Jésus viendra nous chercher, *si loin* que nous soyons il nous transformera en flammes d'amour... [...] C'est la confiance et rien que la confiance qui doit nous conduire à l'Amour ». (*LT* 197, r°-v°)

Être « sans désirs... »

Thérèse prétend qu'il faut être dépourvu de désirs, alors même qu'ils sont à l'origine de notre agir et de notre tension vers Dieu. Que comprendre ?

Thérèse a une certaine intelligence du désir. On peut même dire « qu'elle était Docteur du désir [...]. Mais Thérèse sait que le désir peut se gâter. [...Dès lors,] il ne s'agit pas pour elle de ne plus désirer, mais d'entrer dans les purifications du désir que celui qu'elle aime veut pour elle[14] ».

Le désir étant un moteur essentiel pour avancer, il ne s'agit pas d'y renoncer, mais d'accepter de ne pas en avoir la jouissance. Souvenons-nous de ce qu'elle disait à propos de l'amour non senti. De même ici, être « sans désirs », signifie ne pas « profiter » de ce qui se passe en soi – qui serait une « consolation ». C'est aussi refuser de s'y attarder si cela est vivement ressenti – qui serait de la « complaisance » et nous rendrait « *injustes* ».

Si nous établissons une cartographie des désirs de Thérèse, nous apprenons qu'elle désira souffrir pour Jésus ; avant d'agréer les souffrances comme des dons de Dieu et d'y trouver alors sa joie. Elle désira le Ciel pour aimer Dieu sans réserve ; avant de perdre la délectation de l'objet de son espérance, au point de ne plus pouvoir en apprécier l'attente, dès Pâques 1897. Elle désirera mourir dans l'impatience de retrouver l'Aimé ; avant de s'en remettre à sa volonté et de cesser de relever les dates anniversaires

14. B. Bro, *Le murmure et l'ouragan. Une femme de génie*, Paris, Fayard, 1999, p. 122.

pouvant annoncer sa mort prochaine[15]. Pareillement à propos de son désir impatient d'entrer au couvent. Enfin, jusqu'au bout, Thérèse fut animée du double et réel désir de perfection et de sainteté; avant de comprendre que les idéaux humains n'entrent pas dans leurs définitions, et que seul Dieu peut les actualiser.

Au total, les désirs de Thérèse furent multiples, avant de converger et se résumer dans « celui d'*aimer* Jésus à la folie », et celui de laisser s'« accomplir parfaitement sa volonté » en elle.

« … *ni vertus* »

Quant aux vertus, Thérèse ne conteste pas davantage leur importance, nous le savons. Elles nous rendent plus facile l'exercice des autres vertus, en raison de leur connexion – la pratique ciblée d'une vertu en amènera d'autres. Elles sont nécessaires en ce qu'elles donnent corps à la grâce et à nos élans vers Dieu. Elles contribuent au réajustement de notre nature par rapport aux dons de Dieu. Les vertus nous rapprochant de Dieu, être sans vertu n'induit pas la dispense de les pratiquer, mais le détachement dans leur exercice. Les actes de vertu composent un appoint bien dérisoire comparativement à la grâce de Dieu; ce ne sont même que des réponses à la grâce. Les vertus vont et viennent, elles ne nous appartiennent pas et nous ne pourrons jamais garantir que nous les possédons réellement et pour toujours. Le raisonnement prend sa source dans la parole de l'*Imitation*, qu'elle connaissait presque par cœur : « Ne vous appropriez rien du bien que vous faites et n'attribuez à aucun

15. Elle fera par exemple un jeu de mots trahissant sa lassitude. Alors qu'on lui disait : « Vous mourrez sans doute le 16 juillet, fête de N.D. du M. Carmel, ou le 6 août, fête de la Sainte-Face », elle rétorqua : « Mangez des "dattes" tant que vous voudrez, moi je ne veux plus en manger… J'ai été trop attrapée par les dates » (*CJ* 9.7.5).

homme la vertu qu'il montre; rapportez tout à Dieu sans lequel l'homme n'a rien de bon[16]. »

Logiquement, le détachement touche également les dons : nous ne devons regretter ni leur absence ni leur disparition en nous. C'est ce qu'écrit Thérèse à Céline, par la bouche de Jésus : « Je veux qu'elle cache les dons qu'elle a reçus de moi, me laissant les lui donner et reprendre comme Il me plaira, ne s'attachant à aucun ». Voilà pourquoi quand, à l'infirmerie, ses consœurs lui certifieront « *qu'elle était bien heureuse d'être choisie par le bon Dieu pour montrer aux âmes la voie de confiance*, Thérèse répondra : "Qu'est-ce que cela me fait que ce soit moi ou une autre qui donne cette voie aux âmes; pourvu qu'elle soit montrée, qu'importe l'instrument[17] ! » C'est sec et sonnant. Ce n'est pas de l'ingratitude pour autant, ayant précisé quelques mois auparavant : « Ne croyez pas que ce soit l'humilité qui m'empêche de reconnaître les dons du bon Dieu, je sais qu'Il a fait en moi de grandes choses[18] »

« Être sans vertu » se comprend aussi dans le sens où parfois, « malgré tous [les] efforts, le bon Dieu laisse des faiblesses à certaines âmes, parce que cela leur serait très préjudiciable d'avoir de la vertu sentie, c'est-à-dire qu'elles croient en posséder et que les autres leur en reconnaissent[19] ». Seule une telle pauvreté en esprit donnera d'atteindre « cette sensibilisation extrême de l'âme afin qu'elle soit à tout instant exposée à toute la force de l'amour de Dieu. Mais, dans ce monde déchu, cela n'est possible que par une humiliation sans cesse nouvelle. Sans elle, l'âme se mettrait bientôt au repos[20] ». Cette délicatesse de la conscience, mieux que tous les scrupules réunis (dont fut victime

16. *Imitation*, L. III, ch. IX, v. 2, cité en *CSG*, p. 161, note 1.

17. *CJ* 21.7.5.

18. *LT* 224, 2r°.

19. *CSG*, p. 150.

20. H. U. von Balthasar, *Thérèse de Lisieux...*, *op. cit.*, p. 222.

Thérèse), donne de discerner la plus petite esquisse d'orgueil et de la surmonter sur-le-champ.

Toutefois, rien ne s'oppose à une interprétation littérale de l'expression « sans vertu ». Ce serait alors dans le sens où Thérèse s'est définitivement affranchie de tout « moralisme volontariste qui fait essentiellement dépendre la sainteté des actes personnels et bien souvent violents, plus ou moins indépendants de l'action divine, ce que [son] époque appelait couramment "vertu[21]" ». Thérèse était une vraie pauvre de ce point de vue également. Éduquée dans la pratique de la vertu, Thérèse s'y employa toujours de tout son cœur. À présent, elle se situe dans un autre registre. Sa faiblesse reconnue et réappropriée, le dépouillement le plus total étant son pain quotidien, elle raisonne différemment : « Quelle est l'âme qui ne désire pas posséder la vertu ! C'est la voie commune ! Mais que peu nombreuses sont celles qui acceptent de tomber, d'être faibles, qui sont contentes de se voir par terre et que les autres les y surprennent[22] ! » Encore cette radicalité : accepter de tomber, même devant les autres, et s'en réjouir. Car entre nous soit-dit, le regard clairvoyant sur soi est déjà mortifiant, mais quand s'ajoute celui des autres, l'humiliation est plus grande encore. Thérèse ne fait pas preuve de masochisme, mais d'une profonde sagesse. Seules les humiliations acceptées, et même accueillies, édifient : plus on est abaissé aux yeux des hommes, plus on est élevé aux yeux de Dieu.

Nous avons beau le savoir, nous n'aimons pas y être confrontés. Thérèse n'était pas différente de nous : « "La voie de l'homme n'est pas en son pouvoir" mais nous nous surprenons tout de même à désirer ce qui brille ». Ainsi, tout en étant capable de ne pas se désoler trop durablement de voir la grâce se dérober parfois soudainement, nous ne devons pas nous étonner que cela lui demandât un gros travail sur elle-même. Nous avons pour

21. L. Menvielle, *Thérèse docteur racontée par le père Marie-Eugène de l'E.-J.*, *op. cit.*, p. 346.

22. *CSG*, p. 22.

preuve cet aparté spontané : « Ah ! ce soir, je vous ai montré ma vertu, mes TRÉSORS de patience !... Et moi qui prêche si bien les autres !!! Je suis contente que vous ayez vu mon imperfection. [...] Je suis bien plus heureuse d'avoir été imparfaite que si soutenue par la grâce, j'avais été un modèle de douceur[23]... » Nous ne pouvons douter que l'écart de sa nature lui ait coûté et elle ne s'en cache pas : elle élève en lettres capitales le mot « trésors ». Thérèse n'a jamais voulu se prétendre meilleure qu'elle n'était. Cependant, elle en tire rapidement la seule conclusion qui compte : son manquement lui a rappelé son imperfection, dont elle ne s'attriste pas puisqu'elle justifie et suscite son besoin du « bon Dieu ».

Elle a même eu l'opportunité de le montrer à sa communauté. Son long séjour à l'infirmerie lui donnera tout le loisir de vivre à cœur ouvert ce qu'elle a compris, et de témoigner que cela ne va pas toujours de soi. En permanence sous le regard de ses consœurs, qui la veillaient ou la regardaient de loin – et dont certaines étaient vraisemblablement à l'affut du moindre geste édifiant de sa part –, elle aura eu maintes occasions de revenir sur son enseignement connu de ses mères supérieures. Par exemple, « *On avait cru lui faire plaisir en lui apportant un objet et c'est le contraire qui arriva. Elle manifesta du mécontentement, devinant qu'on avait privé quelqu'un de l'objet en question, mais se repentit bientôt et demanda pardon avec larmes.* "Oh ! je vous demande bien pardon, j'ai agi par nature, priez pour moi ! *Et un peu plus tard :* "Oh ! que je suis heureuse de me voir imparfaite et d'avoir tant besoin de la miséricorde du bon Dieu au moment de la mort[24] !" » Eh oui, plus on est faible, plus nous avons besoin de l'amour de Dieu. Ce n'est pas un problème pour elle de faillir quand elle n'est pas soutenue par la grâce et de se retrouver seule avec sa nature humaine. Thérèse n'a jamais été équivoque sur sa

23. *LT* 230, r°-v°.

24. *CJ* 26.7.3.

faiblesse, d'autant que cela la rapprochait de nous. En tout cas, nous pouvons la prendre pour modèle dans sa résilience, que révèle cet aveu : « Je ne me mets pas toujours non plus au-dessus des riens de la terre ; par exemple, je serai taquinée d'une sottise que j'aurai dite ou faite. Alors je rentre en moi-même et je me dis : Hélas ! j'en suis donc encore au même point comme autrefois ! Mais je me dis cela avec une grande douceur et sans tristesse. C'est si doux de se sentir faible et peti[25]t ! »

La pauvreté d'esprit refuse donc absolument la plus négligeable assurance en son autojustification. Elle exige encore de se départir du besoin intempestif de contrôler le résultat de son agir. Elle implique même de se réjouir de se voir imparfait et « par terre ». Mais comme si cela n'était pas assez, elle est également invitation à renoncer même au triomphe de la vertu, si l'on en croit cette apostrophe de Thérèse : « Ce qui vous est nécessaire maintenant, ce n'est pas de pratiquer des vertus héroïques, mais d'acquérir l'humilité. Pour cela, il faudra que vos victoires soient toujours mêlées de quelques défauts, de sorte que vous n'y puissiez penser avec plaisir[26]... » Autrement dit, peu importe si, malgré tous nos efforts[27], nos actes sont exécutés incomplètement et imparfaitement. Tant mieux si le succès n'est pas au rendez-vous. « Car pour n'avoir pas atteint son but de surface – telle vertu à pratiquer, tel sacrifice à bien faire – il n'en a pas moins atteint son but profond et essentiel. L'échec humblement

25. *CJ* 5.7.1.

26. *CSG*, p. 22.

27. Thérèse avait néanmoins débusqué un subterfuge, un « *dernier moyen* », pour le cas où elle ne se sentait pas de taille à résister devant une tentation : « c'est la désertion... Je comprends maintenant qu'il aurait été bien plus parfait de céder à cette sœur [...] je me dis que certainement si je commençais à me justifier je n'allais pas pouvoir garder la paix de mon âme, je sentais aussi que je n'avais pas assez de vertu pour me laisser accuser sans rien dire, ma dernière planche de salut était donc la fuite. [...] Ce n'était pas là de la bravoure, [...] mais je crois cependant qu'il vaut mieux ne pas s'exposer au combat lorsque la défaite est certaine ? » (*Ms C*, 14v°-15r°).

accepté, s'il provoque un regard sur l'Amour, met en mouvement cet Amour miséricordieux, sans cesse penché sur la faiblesse[28]. »

Au final, Thérèse est la première à le reconnaître : c'est une « épreuve de ne pas te plaire à toi-même [...] puisque tu seras à la porte de chez toi, mais ne crains pas, plus tu seras pauvre, plus Jésus t'aimera, Il ira loin, bien loin pour te chercher, si parfois tu t'égares un peu. Il aime mieux te voir heurter dans la nuit les pierres du chemin que marcher en plein jour sur une route émaillée de fleurs qui pourraient retarder ta marche[29] ». C'est comme si elle nous parlait...

Sainteté et vérité de l'homme

La pauvreté d'esprit authentique conduit à la véritable humilité, pour nous y installer – souvent inconfortablement, il est vrai. D'où l'invitation de Thérèse à ne pas s'attarder à des impressions, toujours fugaces et souvent trompeuses. Si elles sont agréables et encourageantes, alors surgit fatalement le spectre bicéphale de la vanité et de l'orgueil. Et quand les impressions personnelles s'apparentent au manque d'ardeur dans la prière, au peu d'allant dans la charité, à l'aridité dans les oraisons, voilà que nous nous décourageons devant cette absence de réconfort spirituel. C'est aussi en cela que consiste son réalisme : il ne se réduit pas à un atavisme normand, mais il s'étend à sa soif de vérité sur l'homme et à son refus de s'illusionner sur sa vie – sans être pour autant désenchantée.

Un extrait épistolaire de la même époque revient sur ces points et livre un précieux éclairage sur le fond de sa pensée :

28. V. Sion, *Réalisme spirituel de Thérèse de Lisieux*, *op. cit.*, p. 131.

29. *LT* 211, 2r°.

> « Parfois lorsque je lis certains traités spirituels où la perfection est montrée à travers mille entraves, environnée d'une foule d'illusions, mon pauvre petit esprit se fatigue bien vite, je ferme le savant livre qui me casse la tête et me dessèche le cœur et je prends l'Écriture Sainte. Alors [...], la perfection me semble facile, je vois qu'il suffit de reconnaître son néant et de s'abandonner comme un enfant dans les bras du Bon Dieu. [...], je me réjouis d'être petite puisque les enfants seuls et ceux qui leur ressemblent seront admis au banquet céleste. Je suis bien heureuse qu'il y ait plusieurs demeures dans le royaume de Dieu, car s'il n'y avait que celle dont la description et le chemin me semblent incompréhensibles, je ne pourrais y entrer ». (*LT* 226, 2r°)

Thérèse voulait « voir les choses sous leur vrai jour ». Elle se méfiait de ce qui « jette de [la] poudre aux yeux » Elle avait observé le lien indéfectible qui unit la vérité et l'humilité, « Puisque cette vertu [l'humilité, nda] n'est autre que la vérité ». De fait, l'humilité nous amène à voir « ce que nous sommes aux yeux du Bon Dieu[30] ». Thérèse put donc, mais tout à la fin, assurer deux fois, sans manquer d'humilité : « Oui, il me semble que je suis humble... Le bon Dieu me montre la vérité; *je sens si bien que tout vient de Lui* » ; « Oui, il me semble que je n'ai jamais cherché que la vérité; oui, j'ai compris l'humilité du cœur... il me semble que je suis humble... » – ces mots ont quasi scellé son existence...

Au lieu de s'atteler à nier ou relativiser ses manquements – dans le trouble espoir de s'accommoder avec sa conscience –, Thérèse s'en sert justement comme autant de points d'insertion à l'humilité, de points d'ancrage à sa petitesse et de points d'appui à l'action de la grâce. Quand on lui disait qu'elle avait

30. *Ms C*, 2r°. Dieu nous a tirés de la terre, dont le mot latin *humus* donne la racine (sans jeu de mots) du mot « humilité ».

« dû *beaucoup lutter pour arriver à être parfaite* », elle répondait : « Oh ! ce n'est pas cela !... », et de donner cette précision fondamentale : « La sainteté n'est pas dans telle ou telle pratique, elle consiste en une disposition du cœur qui nous rend humbles et petits entre les bras de Dieu, conscients de notre faiblesse, et confiants jusqu'à l'audace en sa bonté de Père[31]. » C'est vraiment l'accueil continu d'une prise en charge surnaturelle. Or, à compter du moment où l'homme renonce aux expédients humains, dès l'instant qu'il conçoit tout ce qu'il fait comme une grâce et qu'il se « laisse agir » par Dieu : Dieu « oublie [nos] infidélités [et] seuls [nos] désirs de perfection sont présents pour réjouir son cœur ».

Pourtant, comment lâcher prise et ne pas s'employer à constituer son petit capital de sainteté ? Comment « rester petit enfant devant le bon Dieu » ?

Le « tiercé gagnant » de la petitesse, ou comment « rester petit enfant devant le bon Dieu »

8 juillet 1897. Thérèse est transférée à l'infirmerie. Elle y dévoile le tracé de sa pensée définitive et le rythme de sa vie finissante. Surtout, elle accède enfin à la requête de mère Agnès de lui expliquer « ce qu'elle entendait par "rester petit enfant devant le bon Dieu" ». En trois coups de pinceau, et exhaustivement, elle nous enseigne que :

> « **1)** C'est reconnaître son néant, attendre tout du bon Dieu, comme un petit enfant attend tout de son père ; c'est ne s'inquiéter de rien, ne point gagner de fortune. Même chez les pauvres, on donne à l'enfant ce qui lui est nécessaire, mais aussitôt qu'il grandit son père ne veut

31. *CJ* 3.8.2.

plus le nourrir et lui dit : Travaille maintenant, tu peux te suffire à toi-même. C'est pour ne pas entendre cela que je n'ai pas voulu grandir, me sentant incapable de gagner ma vie, la vie éternelle du Ciel. Je suis donc restée toujours petite, n'ayant d'autre occupation que celle de cueillir des fleurs, les fleurs de l'amour et du sacrifice, et de les offrir au bon Dieu pour son plaisir.
2) Être petit, c'est encore ne point s'attribuer à soi-même les vertus qu'on pratique, se croyant capable de quelque chose, mais reconnaître que le bon Dieu pose ce trésor dans la main de son petit enfant pour qu'il s'en serve quand il en a besoin ; mais c'est toujours le trésor du bon Dieu.
3) Enfin, c'est de ne point se décourager de ses fautes car les enfants tombent souvent, mais ils sont trop petits pour se faire beaucoup de mal. » (*CJ* 6.8.8)

« *C'est reconnaître son néant, attendre tout du bon Dieu* »

En exerçant sa direction spirituelle auprès des novices, Thérèse avait pu découvrir que « faire du bien c'est chose aussi impossible sans le secours du bon Dieu que de faire briller le soleil dans la nuit[32] ». Une fois admise la faiblesse de sa nature, il suffit d'affirmer à sa suite : « Je ne m'appuie pas sur mes propres forces mais sur la force de Celui qui sur la Croix a vaincu les puissances de l'enfer ». Thérèse, qui emprunte ses pensées à Théophane Vénard, recommandait régulièrement cette attitude à ses consœurs dont elle connaissait aussi la propension à « s'inquiéter » de leur devenir. Elle savait par expérience que c'est tout bénéfice pour nous : « On éprouve une si grande paix

32. *Ms C*, 22r°-22v°.

d'être absolument pauvre, de ne compter que sur le bon Dieu. » En voici quelques raisons.

Dès lors, si nous avons commis un péché, nous reviendrons plus rapidement à Dieu, notre Père, pour lui implorer son pardon ; ce qu'explique Thérèse à Léonie :

> « Regarde un petit enfant, qui vient de fâcher sa mère en se mettant en colère ou bien en lui désobéissant ; s'il se cache dans un coin avec un air boudeur et qu'il crie dans la crainte d'être puni, sa maman ne lui pardonnera certainement pas sa faute, mais s'il vient lui tendre ses petits bras en souriant et disant : "Embrasse-moi, je ne recommencerai plus." Est-ce que sa mère pourra ne pas le presser contre son cœur avec tendresse et oublier ses malices enfantines ? Cependant elle sait bien que son cher petit recommencera à la prochaine occasion, mais cela ne fait rien, s'il la prend encore par le cœur jamais il ne sera puni... » (*LT* 191, 1v°-2v°).

« Si tu savais le don Dieu... » (Jn 4,10), s'était exclamé Jésus à la Samaritaine. Or justement, le péché, la faute nous rappellent sans cesse que nous avons besoin de sa clémence. Ainsi, disait Thérèse, « le souvenir de mes fautes m'humilie, me porte à ne jamais m'appuyer sur ma force qui n'est que faiblesse, *mais plus encore* ce souvenir me parle de miséricorde et d'amour[33] ». N'est-ce pas saint Paul qui certifiait qu'« Il ne s'agit ni d'effort ni de record, mais de Dieu qui s'attendrit » (Rm 9,16) ?

Pour cela, il faut « reconnaître son néant ». À cette condition, l'on pourra être « la vivante image / Le pur Miroir » de Jésus[34]. Car il ne s'agit pas d'un néant métaphysique, mais d'un néant « mystique » signifiant « l'incapacité humaine radicale [...]. En

33. *LT* 247, 2r°-2v° – nous soulignons.

34. Nous retrouvons le même objectif dans sa prière jaculatoire « Fais que je te ressemble, Jésus ! » (*Pri* 11).

effet, face à la densité ontologique de la Vie divine[35], le mystique ne peut parler que de "néant" en ce qui concerne ce qui n'est pas Dieu[36] ». En ce sens, Thérèse admet qu'elle « serait rentrée dans le néant si Son divin regard ne lui avait donné la vie à chaque instant ».

Cependant, la grâce sera stérile et vaine si nous ne l'agréons pas pour lui donner corps. Et nous ne serons probablement pas plus aptes qu'elle à « gagner [notre] vie, la vie éternelle du Ciel » par nous-mêmes. Il faut donc, à l'instar de Thérèse, consentir à être le *néant* que nous sommes, le gonfler d'une « *espérance aveugle* » en la « *miséricorde* » de Dieu qui est notre « seul trésor ». Car « c'est la confiance et rien que la confiance qui doit nous conduire à l'Amour… »

Enfin, la petitesse étant une notion dynamique, il s'agit de l'être en le devenant chaque jour davantage. Jusqu'à « disparaître » en Jésus. Telle fut la démarche de Thérèse : « Oui, je veux qu'il s'empare de mes facultés, de telle sorte que je ne fasse plus des actions humaines et personnelles, mais des actions divines, inspirées et dirigées par l'Esprit d'amour[37]. » Car si ce néant n'est pas reconnu et offert à Dieu, il ne pourra être comblé par l'amour.

Il reste qu'à certains moments plus que d'autres, il est particulièrement pénible de s'en remettre à Dieu, qui sait pourtant ce qui est bon pour nous :

> « Parfois, il est vrai, ce divin Sauveur nous fait sentir toute l'amertume du calice qu'il présente à notre âme. Lorsqu'il demande le sacrifice de tout ce qui est le plus cher en ce monde, il est impossible à moins d'une grâce

35. Pourtant, Dieu lui-même s'est abaissé jusqu'à nous, et son Fils unique s'est anéanti pour que nous ayons la Vie éternelle ! (cf. Ph 2,7).

36. I. Marcil, « Thérèse de Lisieux et l'Esprit Saint », *Teresianum LI* [Rome] (2000-II), p. 401.

37. *CSM*, *VT* 73, p. 61.

> toute particulière de ne pas s'écrier comme Lui au jardin de l'agonie : “Mon Père, que ce calice s'éloigne de moi... cependant que votre volonté soit faite et non la mienne.” — Il est bien consolant de penser que Jésus, le Dieu Fort, a connu nos faiblesses, qu'il a tremblé à la vue du calice amer, ce calice qu'autrefois il avait si ardemment désiré de boire... » (*LT* 213, r°-1v°)

Thérèse parle d'expérience... Trois mois plus tôt, elle écrivait : « Rappelez-vous ces paroles du Père : “Les martyrs ont souffert avec joie et le Roi des Martyrs a souffert avec tristesse.” Oui Jésus a dit : “Mon Père, éloignez de moi ce calice.”[38] » Pourtant, c'est bien sous le coup de « l'épreuve de la foi[39] », qu'elle a acté de la manière la plus aiguë son « petit néant ». Le fait est que *plus* on se vide de soi – quitte à ne plus jouir de sa foi –, *plus* on peut se remplir de Dieu. « C'est justement dans le zéro et l'impuissance réduite à rien que s'accomplit le miracle de la totalisation par la grâce[40] ». Par suite, elle pouvait aussi certifier : « Je n'ai pas d'œuvres ! il ne pourra donc pas me rendre “selon mes œuvres”... Eh bien ! il me rendra “selon ses œuvres à Lui”. »

« Être petit, c'est encore ne point s'attribuer à soi-même les vertus qu'on pratique... »

Thérèse a dérouté toute velléité de vouloir « assurer ses arrières ». Elle n'aura de cesse de répéter à l'infirmerie que s'il y a,

38. *LT* 197.

39. Sœur Agnès parle même d'« épreuve *contre* la foi » (*CJ* 3.7.4). Thérèse a vécu la « kénose de la foi », qui « caractérise » l'épreuve de la foi de Marie (encyclique *Redemptoris Mater*, n° 18). Elle « signifie, non certes l'effondrement et la perte de la foi, mais la foi qui tient héroïquement dans la plus grande épreuve » (F.-M. Léthel, *Théologie de l'amour de Jésus, Écrits sur la théologie des saints*, Venasque, Éd. du Carmel, 1996, p. 177).

40. H. U. von Balthasar, *Thérèse de Lisieux...*, *op. cit.*, p. 158.

en elle, quelque chose d'admirable, elle n'y peut rigoureusement rien. Elle est ce qu'elle est par la grâce de Dieu exclusivement. Par exemple elle répliqua : « Je n'ai pas encore eu une minute de patience. Ce n'est pas ma patience à moi !… On se trompe toujours ! » Ou encore, si dans l'aveu suivant, lancé à tue-tête, la forme est facétieuse, le fond était on ne peut plus sérieux : « On m'a tant répété que j'ai du courage, et c'est si peu vrai, que je me suis dit : mais, enfin, il ne faut pas faire mentir tout le monde ! Et je me suis mise, avec l'aide de la grâce, à acquérir ce courage. J'ai fait comme un guerrier qui s'entendant féliciter de sa bravoure, tout en sachant très bien qu'il n'est qu'un lâche, finirait par avoir honte des compliments et voudrait les mériter[41]. »

Heureuses méprises qui lui valurent de réaffirmer fermement que son état vertueux ne procède absolument pas d'elle, mais uniquement de l'intervention incessante de Dieu en elle. En fin de compte, Thérèse insiste sur l'agir prédominant de Jésus parce qu'elle veut se mouvoir sous la seule grâce. Elle refuse de faire sien ce qu'on lui prête, fidèle à sa conviction que « tout est grâce ». Tant et si bien qu'après sa mort, « c'est le bon Dieu tout seul qu'il faudrait faire valoir, car il n'y a rien à faire valoir dans [son] petit néant[42] ». Thérèse veut faire comprendre que « les vertus sont un surcroît que l'Amour donne à ceux qui ne regardent que Lui et ne vivent que pour Lui. C'est en demeurant tout à l'Amour qu'elles pratiquent la vertu, comme sans le faire exprès[43] ». Inutile de s'y attarder – sauf pour glorifier Dieu. Ainsi, sans fausse modestie elle convenait : « Non, je ne me crois pas une grande sainte ! Je me crois une toute petite sainte ; mais je pense que le bon Dieu s'est plu à mettre en moi des choses qui font du bien à moi et aux autres[44]. »

---

41. *CJ* 21-26.5.6.
42. *CJ* 8.8.1. Voir aussi *CJ* 13.8.1.
43. V. SION, *Réalisme spirituel de Thérèse de Lisieux*, *op. cit.*, p. 132.
44. *CJ* 4.8.2.

« Vous savez bien que vous soignez une petite sainte »

Dans cet état d'esprit, Thérèse ne pouvait nier sa sainteté. En témoigne cet aparté dont se souvient sa sœur Marie : « *Vers le mois d'août 1897, six semaines environ avant sa mort, j'étais auprès de son lit avec Mère Agnès de Jésus et sœur Geneviève. Tout à coup, sans qu'aucune conversation ait amené cette parole, elle nous regarda avec un air céleste et nous dit très distinctement :* "Vous savez bien que vous soignez une petite sainte[45]." »

Faut-il y voir l'une de ses « plaisanteries sur l'avenir[46] » ? S'est-elle exprimée avec « humour, voyant comment on l'entourait et qu'on commençait à parler de sainteté[47] ». Nous pensons que cette déclaration est authentique et que Thérèse a parlé sérieusement, sans se prendre au sérieux. Sinon, pourquoi aurait-elle rétorqué, alors qu'on lui disait : « *Quand on pense que nous soignons une petite sainte!* » : « Eh bien, tant mieux! mais je voudrais que le bon Dieu le dise[48]. »

Thérèse ne se vante pas. Elle témoigne gravement des heureuses conséquences de la petitesse confiante et aimante, qui donne de se rebrancher sur celui qui est le pourvoyeur de toutes grâces. Sans se sentir flattée par les faveurs divines, Thérèse s'est remémoré tout ce que Dieu avait fait et continuait de faire pour elle. Cette parade l'a tenue éloignée du danger réel de s'enorgueillir de toutes les grâces reçues. Écueil que Thérèse redoutera jusqu'à la fin, si l'on en croit sa prière formulée pour Céline auprès de Jésus : « Je vous demande encore que l'huile des louanges si douce à la nature n'amollisse pas ma tête, c'est-à-dire mon esprit, en me faisant croire que je possède des vertus qu'à peine

45. *DP/MSC*, août.

46. J.-M. Martin, *Trajectoire de sanctification*, *op. cit.*, p. 165-166.

47. R. Laurentin et J.-F. Six, *Verse et controverse. Thérèse de Lisieux*, Paris, Beauchesne, 197, p. 108-109.

48. *CJ* 3.8.2. Elle en profite d'ailleurs pour rappeler le peu d'importance des jugements des créatures, et que seul l'intéresse celui de Dieu sur elle.

j'ai pratiquées plusieurs fois[49]. » Thérèse se défiait grandement devant la plus insignifiante allusion qui eut pu la tromper sur ses capacités, et lui sortir de la mémoire l'inanité de ses actes. Le motif est clairement explicité ici :

> « Oh ! Si j'étais infidèle, si je commettais seulement la moindre infidélité je sens que je le paierais par des troubles épouvantables, et je ne pourrais plus accepter la mort. Aussi je ne cesse de dire au bon Dieu : "Ô mon Dieu, je vous en prie, préservez-moi du malheur d'être infidèle." [Sœur Agnès lui demande :] *De quelle infidélité voulez-vous parler ?* [Thérèse lui répond :] D'une pensée d'orgueil entretenue volontairement. Si je me disais par exemple : J'ai acquis telle vertu, je suis certaine de pouvoir la pratiquer. Car alors ce serait s'appuyer sur ses propres forces, et quand on en est là, on risque de tomber dans l'abîme. Mais j'aurai le droit sans offenser le bon Dieu de faire de petites sottises jusqu'à ma mort, si je suis humble, si je reste toute petite. Voyez les petits enfants : ils ne cessent de casser, de déchirer, de tomber, tout en aimant beaucoup, beaucoup leurs parents. Quand je tombe ainsi, cela me fait voir encore plus mon néant et je me dis : Qu'est-ce que je ferais, qu'est-ce que je deviendrais, si je m'appuyais sur mes propres forces ?!… Je comprends très bien que saint Pierre soit tombé. Ce pauvre saint Pierre, il s'appuyait sur lui-même au lieu de s'appuyer uniquement sur la force du bon Dieu. J'en conclus que, si je disais : "Ô mon Dieu, je vous aime trop, vous le savez bien, pour m'arrêter à une seule pensée contre la foi" ; mes tentations deviendraient plus violentes et j'y succomberais certainement. Je suis bien sûre que si saint Pierre avait dit humblement à Jésus : "Accordez-moi je vous en prie,

49. *LT* 259, v°.

> la force de vous suivre jusqu'à la mort", il l'aurait eue aussitôt. » (*CJ* 7.8.4).

Thérèse ne trahit pas du tout des séquelles de scrupules qui la taraudaient dans sa jeunesse : ses « tentations » « contre la foi » sont réelles. Elle nous invite plutôt à ne plus écouter le père du mensonge et de l'orgueil en nous bouchant les oreilles avec l'humilité. L'humilité est une composante essentielle de la vérité : nous ne cessons « de casser, de déchirer, de tomber ». De même l'orgueil mène au mensonge : « Si je me disais par exemple : J'ai acquis telle vertu, je suis certaine de pouvoir la pratiquer. » Cette prétention signe notre propre perte : l'« on risque de tomber dans l'abîme ». En fait, Thérèse connut la « loi de la sainteté », « ce même phénomène qui inspirait à Thérèse d'Avila et à d'autres saints des affirmations impressionnantes sur leur peccabilité[50] ». « Leurs auto-accusations ne doivent [...] pas être évaluées comme le signe d'un sens tendu et malsain de leur peccabilité, mais comme l'expression d'une conscience, purifiée par la proximité de Dieu[51] ». C'est le fameux « radar spirituel » grâce auquel les âmes se voient quasi telles que les voit Dieu. Par lui, elles intelligent davantage à quel point Dieu les aime et combien grande est sa miséricorde. Thérèse le savait, qui s'était écriée à son propos : « Ô Jésus ! que ton petit oiseau est heureux d'être *faible* et *petit*, que deviendrait-il s'il était grand ?... Jamais il n'aurait l'audace de paraître en ta présence, de *sommeiller*[52] devant toi... »

Les manquements, auxquels Thérèse n'a pas échappé, la confortaient dans sa petitesse dépendante de la grâce et orientée

50. C'est-à-dire leur état de pécheur.

51. C. De Meester, *Dynamique de la confiance.*, *op. cit.*, p. 386.

52. *Ms B*, 5r°. Thérèse dormait régulièrement au cours de ses « oraisons » et « actions de grâce » (*Ms A*, 75v°). Elle confesse encore avoir « eu tant de mal toute [sa] vie à dire [son] chapelet ! » (*CJ* 20.8.16). Mais cela ne la dissuadait pas de prendre « la résolution d'être tout le reste de la journée en action de grâces » (*Ms A*, 80r°).

vers la miséricorde divine. Le tout empaqueté dans une détermination confiante qui lui inspira l'ajout du troisième coefficient de la petitesse.

« ... enfin c'est de ne point se décourager de ses fautes »

La dernière particularité de la petitesse est de ne point se décourager de ses fautes... Thérèse avait conscience que « les enseignements de Jésus sont contraires aux sentiments de la nature, [et que] sans le secours de sa grâce il serait impossible non seulement de les mettre en pratique mais encore de les comprendre[53] ». Au lieu de l'inquiétude, du découragement et de la démission, c'est à la circonspection que nous invitent les mécomptes passés. Et c'est un abandon plus grand encore que suggère la hauteur de vue de Dieu sur nous. Un abandon que deux autres clés synchrones de la sainteté doivent qualifier : le courage et la confiance.

Le courage

Le courage englobe la force d'âme, l'énergie et la bonne volonté. Thérèse le reconnaissait sans ambages : « Sainte Thérèse [d'Avila, nda] n'aurait pas voulu me reconnaître pour son enfant si le Seigneur ne m'avait revêtue de sa force divine, s'il ne m'avait lui-même armée pour la guerre[54]. » En effet, il lui a fallu poser un premier pas énergique et plein de bonne volonté à treize ans :

> « J'ai pensé aujourd'hui à ma vie passée, à l'acte de courage que j'avais fait autrefois à Noël et la louange adressée

53. *Ms C*, 18r°-18v°.

54. *LT* 201, 2r°.

> à Judith m'est revenue à la mémoire : "Vous avez agi avec un courage viril et votre cœur s'est fortifié." Bien des âmes disent : Mais je n'ai pas la force d'accomplir tel sacrifice. Qu'elles fassent donc ce que j'ai fait : un grand effort. Le bon Dieu ne refuse jamais cette première grâce qui donne le courage d'agir ; après cela le cœur se fortifie et l'on va de victoire en victoire. » (*CJ* 8.8.3)

Cette première grâce avait instillé en Thérèse la « force divine » et accordé un « courage viril ». Nouvellement armée, elle avait pu se redresser et aller « de victoire en victoire ». Sans éviter pour autant les échecs. Ainsi, lors même qu'elle se saura condamnée, il lui arrivera « encore [...] souvent de laisser échapper de ces petits sacrifices qui donnent tant de paix à l'âme ; [mais elle conclura :] cela ne me décourage pas, je supporte d'avoir un peu moins de paix et je tâche d'être plus vigilante une autre fois ». Elle l'admettait : « Je ne suis pas toujours fidèle, mais je ne me décourage jamais, je m'abandonne dans les bras de Jésus ».

Elle en est progressivement arrivée à ne plus se désoler de faillir, pour avoir compris que « quand on accepte l'ennui d'avoir été méchante, le bon Dieu revient tout de suite[55] ». Sur la fin, elle pourra même assurer sans présomption : « Heureusement je ne suis pas facile à décourager ».

Oui, heureusement. N'oublions pas qu'il y a un réel risque de se complaire dans sa faiblesse et, partant, de perdre Dieu des yeux... À l'encontre de ce péril, Thérèse a exhorté à « ne pas nous arrêter aux fatigues de la lutte », à persévérer coûte que coûte et à ne pas s'auto-apitoyer. Elle se considérait elle-même comme « un faible petit oiseau couvert seulement d'un léger duvet [...] ... Le petit oiseau voudrait *voler* vers ce brillant Soleil qui charme ses yeux, il voudrait imiter les Aigles ses frères qu'il voit s'élever jusqu'au foyer Divin de la Trinité Sainte... hélas ! tout ce qu'il

55. *CJ* 2.9.6.

peut faire, c'est de *soulever* ses *petites* ailes, mais s'envoler, cela n'est pas en son *petit* pouvoir ! Que va-t-il devenir ? mourir de chagrin se voyant aussi impuissant ?... Oh non ! le petit oiseau ne va pas même s'affliger. Avec un audacieux abandon, il veut rester à fixer son Divin Soleil[56] ».

Nous ne pouvons donc objecter : oui mais c'était Thérèse ! Car elle-même dut lutter pour s'accepter telle quelle et réussir à s'abandonner. Le témoignage de Céline l'atteste : « [Thérèse] s'était enthousiasmée pour le beau, le sublime, le parfait et avait éprouvé ce certain sentiment d'exil, cette tristesse que l'on ressent quand on se croit inférieur ou moins privilégié que d'autres, dont on entend la louange ». Mais elle l'a *supporté*, et elle s'est « appliquée à aimer [son] infériorité... alors elle [lui] est devenue douce comme le reste[57] ». C'est aussi à Céline que Thérèse a écrit : « Oui, il suffit de s'humilier[58], de supporter avec douceur ses imperfections. Voilà la vraie sainteté ! »

La confiance en la miséricorde divine

Thérèse s'est donc imprégnée de sa faiblesse, elle l'a pleinement assumée, et elle l'a remise à Jésus. Sa seule exigence est de « consentir à rester pauvre et sans force et voilà le difficile car "Le véritable pauvre d'esprit, où le trouver ? il faut le chercher bien loin" [...] c'est-à-dire dans la *bassesse*, dans le *néant*... [...] *bien loin* de tout ce qui brille[59] ».

---

56. *Ms B*, 5r°.

57. *CSG*, p. 165.

58. *LT* 243. L'humiliation, elle l'a connue au maximum quand a éclaté la supercherie (qui durait depuis douze ans, presque jour pour jour) de Léo Taxil. En effet, le 19 avril 1897, Gabriel Jogand-Pagès, alias Léo Taxil, a avoué sa mystification autour de Diana Vaughan, qui aurait fait partie de la secte Palladium avant de se « convertir ». Thérèse avait encouragé par lettre cette Diana Vaughan factice.

59. *LT* 197, v°.

Si donc nous défaillons, il faut s'empresser de se jeter plein de repentir dans les « bras de Jésus » afin d'obtenir son pardon – seul le pardon divin comble la distance séparant le pécheur et Dieu. Alors, garantit Thérèse, « oui, certainement plus vite encore que je viens de le faire [Dieu] oubliera toutes nos iniquités pour ne plus jamais s'en souvenir... Il fera même davantage : il nous aimera plus encore qu'avant notre faute[60]!... » Elle l'affirmera également à son petit frère spirituel qu'elle savait avoir une propension aux scrupules : « Pour ceux qui l'aiment et qui viennent après chaque indélicatesse Lui demander pardon en se jetant dans ses bras, Jésus tressaille de joie [...] Que la bonté, l'amour miséricordieux de Jésus sont peu connus!... Il est vrai que pour jouir de ces trésors, il faut s'humilier, reconnaître son néant, et voilà ce que beaucoup d'âmes ne veulent pas faire[61] ».

C'est la raison pour laquelle saint Augustin et sainte Madeleine avaient eu sa faveur : ils incarnaient ses convictions que ce sont des « âmes auxquelles “Beaucoup de péchés ont été remis parce qu'elles ont beaucoup aimé” ». De même, elle avait été très touchée par l'histoire de Paésie, « la pécheresse convertie qui est morte d'amour[62] ». Thérèse aimait encore tout particulièrement la parabole de l'enfant prodigue, qui lui suggérait ce pressentiment : « Oui je le sens, quand même j'aurais sur la conscience tous les péchés qui se peuvent commettre, j'irais le cœur brisé de repentir me jeter dans les bras de Jésus, car je sais combien Il chérit l'enfant prodigue qui revient à Lui. Ce n'est pas parce que le bon Dieu, dans sa *prévenante* miséricorde a préservé mon

---

60. *CSM*, *VT* 73, p. 64.

61. *LT* 261, 2r°.

62. *CSG*, p. 53. *« Il est rapporté dans la vie des pères du désert, que l'un d'eux convertit une pécheresse publique, dont les désordres scandalisaient une contrée entière.* Cette pécheresse, touchée de la grâce, suivait le saint dans le désert pour y accomplir une rigoureuse pénitence, quand, la première nuit du voyage, avant même d'être rendue au lieu de sa retraite, ses liens mortels furent brisés, par l'impétuosité de son repentir plein d'amour, et le solitaire vit au même instant son âme portée par les anges dans le sein de Dieu » (*CJ* 11.7.6).

âme du péché mortel que je m'élève à Lui par la confiance et l'amour[63]. »

Thérèse n'a jamais commis de péché mortel, mais ce n'est pas cela qui fondait sa confiance en la miséricorde divine et, par contrecoup, l'éloignerait de nous. D'une part, elle a tenu à le préciser elle-même : « Dites bien, ma Mère, que, si j'avais commis tous les crimes possibles j'aurais toujours la même confiance[64] ». D'autre part, il faut savoir que dans les derniers mois de sa vie, et malgré elle, Thérèse a été amenée à faire cause commune avec ces pécheurs, sans pour autant s'identifier à leur état ; à l'image du Christ dont saint Paul dit : « Celui qui n'a point connu le péché, il [Dieu le Père, nda] l'a fait devenir péché pour nous, afin que nous devenions en lui justice de Dieu » (2Co 5,21). Voici son témoignage :

> « Mais Seigneur, votre enfant l'a comprise votre divine lumière, elle vous demande pardon pour ses frères, elle accepte de manger aussi longtemps que vous le voudrez le pain de la douleur et ne veut point se lever de cette table remplie d'amertume où mangent les pauvres pécheurs avant le jour que vous avez marqué... Mais aussi ne peut-elle pas dire en son nom, au nom de ses frères : Ayez pitié de nous Seigneur, car nous sommes de pauvres pécheurs!... Oh! Seigneur, renvoyez-nous justifiés... Que tous ceux qui ne sont point éclairés du lumineux flambeau de la Foi le voient luire enfin... ô Jésus s'il faut que la table souillée par eux soit purifiée par une âme qui vous aime, je veux bien y manger seule le pain de l'épreuve jusqu'à ce qu'il vous plaise de m'introduire dans votre lumineux royaume. La seule grâce que je vous demande c'est de ne jamais vous offenser!... » (*Ms C*, 6r°)

63. *Ms C*, 36v°-37r°.

64. *CJ* 11.7.6.

La condition pécheresse qu'a embrassée Thérèse, donne suite à son vœu (remontant à juillet 1887) de sauver les âmes. Vœu qui commença de s'exaucer avec le criminel Pranzini Son état a également intensifié sa nuit de la foi, dont nous avons cette unique description exhaustive, quelques lignes plus loin :

> « Lorsque je veux reposer mon cœur fatigué des ténèbres qui l'entourent par le souvenir du pays lumineux vers lequel j'aspire mon tourment redouble, il me semble que les ténèbres empruntant la voix des pécheurs me disent en se moquant de moi : — "Tu rêves la lumière, une patrie embaumée des plus suaves parfums, tu rêves la possession *éternelle* du Créateur de toutes ces merveilles, tu crois sortir un jour des brouillards qui t'environnent, avance, avance, réjouis-toi de la mort qui te donnera non ce que tu espères, mais une nuit plus profonde encore, la nuit du néant." [...] je ne veux pas en écrire plus long, je craindrais de blasphémer... j'ai peur même d'en avoir trop dit... Ah ! que Jésus me pardonne si je Lui ai fait de la peine, mais Il sait bien que tout en n'ayant pas la jouissance de la Foi, je tâche au moins d'en faire les œuvres. Je crois avoir fait plus d'actes de foi depuis un an que pendant toute ma vie ». (*MS C*, 6v°-7r°)

Les « ténèbres » ont entouré sa foi et ôté la jouissance, sans en supprimer l'essence. Au lieu d'apostasier, Thérèse s'est écriée : « Lorsque je chante le bonheur du Ciel, l'éternelle possession de Dieu, je n'en ressens aucune joie, car je chante simplement ce que *je veux croire*[65]. » En définitive, la petitesse est la source alimentant la confiance de Thérèse. Elle ne s'en afflige plus puisque c'est un gage de l'intervention divine. Sa petitesse agréée,

65. *Ms C*, 7v°.

désormais poussée à l'extrême[66], nous enseigne que les « petits » « seront jugés avec une extrême douceur », et qu'ils englobent tant les pécheurs convertis que les plus grands malfrats qui ont fait amende honorable. Cet état suscitera en elle une intuition géniale : regardant de si bas (sa petitesse) un but si élevé (la sainteté), elle comprend que c'est en prenant l'ascenseur divin qu'elle sera élevée vers Dieu. Sa petitesse l'aura acheminée jusqu'à l'abandon intégral.

Le symbole de l'ascenseur

23 mai 1897. Thérèse emploie pour la première fois le mot « ascenseur », dans le préambule d'une lettre adressée à sœur Agnès de Jésus. Le mal tuberculeux s'étant étendu, Thérèse avait été déchargée définitivement de toute activité cinq jours plus tôt. Elle consola sa sœur en disant : « Je serai tout près de ma Mère chérie, de l'Ange que Jésus a envoyé devant moi pour me préparer le chemin, la voie qui conduit au ciel, l'ascenseur qui devait m'élever sans fatigue vers les régions infinies de l'amour[67]… » La veille ou le lendemain, sœur Agnès utilise le même symbole en affirmant à Thérèse qu'elle est « chérie particulièrement du bon Dieu, [qui ne l'a] pas fait monter comme les autres le rude escalier de la perfection, mais mise dans un ascenseur pour [être] plus vite rendue à Lui ».

Peu importe de qui provient le parallèle. Il a fait mouche chez Thérèse, qui le développe une dizaine de jours plus tard :

> « Vous le savez, ma Mère, j'ai toujours désiré d'être une sainte, mais hélas! j'ai toujours constaté, lorsque je me suis comparée aux saints qu'il y a entre eux et moi la même

66. Notons aussi qu'à la fin de son *Manuscrit B*, Thérèse a ajouté à sa signature : « religieuse carmélite indigne », « la *toute petite* Sr Thérèse de l'Enfant Jésus de la Ste Face ».

67. *LT* 229, r°.

> différence qui existe entre une montagne dont le sommet se perd dans les cieux et le grain de sable obscur foulé sous les pieds des passants ; au lieu de me décourager, je me suis dit : le Bon Dieu ne saurait inspirer des désirs irréalisables, je puis donc malgré ma petitesse aspirer à la sainteté ; me grandir, c'est impossible, je dois me supporter telle que je suis avec toutes mes imperfections, mais je veux chercher le moyen d'aller au Ciel par une petite voie bien droite, bien courte, une petite voie toute nouvelle. Nous sommes dans un siècle d'inventions, maintenant ce n'est plus la peine de gravir les marches d'un escalier, chez les riches un ascenseur le remplace avantageusement. Moi je voudrais aussi trouver un ascenseur pour m'élever jusqu'à Jésus, car je suis trop petite pour monter le rude escalier de la perfection. Alors j'ai recherché dans les livres saints l'indication de l'ascenseur objet de mon désir et j'ai lu [...] : Si quelqu'un est *tout petit* qu'il vienne à moi. [...] j'ai continué mes recherches et voici ce que j'ai trouvé : Comme une mère caresse son enfant, ainsi je vous consolerai, je vous porterai sur mon sein et je vous balancerai sur mes genoux ! [...] l'ascenseur qui doit m'élever jusqu'au Ciel, ce sont vos bras, ô Jésus ! Pour cela je n'ai pas besoin de grandir, au contraire il faut que je reste petite, que je le devienne de plus en plus ». (*Ms C*, 2v°-3r°. Cf. aussi *LT* 196, v°)

L'ascenseur désigne la solution spirituelle, inédite et originale, à sa lente progression vers Dieu. Davantage qu'une image ou une allégorie, l'ascenseur est un symbole[68] réconciliant deux extrêmes : le « petit enfant » et les « bras de Jésus » ; le « petit oiseau qui voudrait *voler* » et le « brillant Soleil qui charme ses yeux ». En fait, l'ascenseur concentre toutes les anciennes

68. Étymologiquement, le mot « symbole » signifie « mettre ensemble » deux éléments.

représentations de Thérèse pour rendre compte de la distance à combler entre elle et Dieu.

Genèse de sa petite voie

Le courage et la détermination n'ont jamais manqué à Thérèse pour devenir sainte. Restait à savoir comment s'y prendre. Elle s'interrogeait sincèrement : « Comment une âme aussi imparfaite que la mienne peut-elle aspirer à posséder la plénitude de l'Amour ?... Ô Jésus ! mon *premier, mon seul Ami*, toi que j'*aime* UNIQUEMENT, dis-moi quel est ce mystère ? Pourquoi ne réserves-tu pas ces immenses aspirations aux grandes âmes, aux Aigles [nda : les "grands" saints] qui planent dans les hauteurs[69] ?... » La sainteté, « plénitude de l'Amour », se trouve « dans les hauteurs ». Comment donc rapprocher d'elle ces « hauteurs » ?

En compulsant les Écritures, Thérèse a vu se confirmer la nécessité impérieuse de rester toujours petite. Au début, c'était pour pointer son désir d'être oubliée des créatures et de s'abandonner à la volonté de Jésus. Puis ce fut pour exalter le contraste entre deux certitudes qui ont fusionné. D'une part, Dieu seul peut réaliser sa sainteté ; d'autre part, sa progression depuis son entrée au Carmel est quasi nulle. État de fait patent qui l'avait incitée à écrire : « Il y a bientôt neuf ans que je suis dans la maison du Seigneur. Je devrais donc être déjà avancée dans les voies de la perfection, mais je suis encore au bas de l'échelle ; cela ne me décourage pas[70] ». Thérèse accepte et respecte les différences natives existant entre les âmes : certaines sont des « Aigles » ; elle-même est « le petit oiseau ». Il ne s'agissait donc pas, pour elle, de recadrer sa sainteté. Encore moins de viser une sainteté au rabais.

---

69. *Ms B*, 4v°.

70. *LT* 102, 2r°.

C'est à trois mois de sa mort qu'elle entreprend de parler ouvertement de sa célèbre « petite voie ». Lors d'un séjour à l'infirmerie, elle avait averti ses consœurs : « Je vois que je vais bientôt mourir, j'en suis sûre maintenant. Ne vous étonnez pas si je ne vous apparais pas après ma mort, et si vous ne voyez aucune chose extraordinaire comme signe de mon bonheur. Vous vous rappellerez que c'est "ma petite voie" de ne rien désirer voir[71]. » Elle ne mentionnera encore sa « petite voie » que deux fois le mois suivant. C'est tout. C'est peu.

Son laconisme pourrait bien s'expliquer par le fait que sa petite voie est comme le testament qu'elle nous lègue : c'est après sa mort que nous avons mesuré l'étendue théologique de sa trouvaille. Sa « petite voie toute nouvelle » et de surcroît « bien courte » est presque surréaliste dans sa brièveté et dans son immédiateté.

Le « rude escalier de la perfection » versus « l'ascenseur de l'amour »

En attendant, elle expose la radicale opposition entre le « rude escalier de la perfection » et « de la crainte » qu'il faut « gravir », et « l'ASCENSEUR de l'amour » qui « élève ». Elle souligne le divorce absolu entre sa propre idée de la sainteté et celles qui s'ingénient à montrer la sainteté sous son jour le plus austère et le plus ardu. Si elle s'estime toujours « au bas de l'échelle », elle a trouvé un nouveau tracé. Il ne s'agit pas de s'auto-élever vers Dieu, mais de se laisser porter par lui, jusqu'à lui.

Thérèse ne se contente pas de se démarquer d'une conception ancienne, universelle[72] et familière à la mystique[73]. Elle tourne

71. *CJ* 4.6.1. Comme elle a vécu une vie ordinaire, elle pense que sa mort le sera également.

72. Même Confucius parle de cet escalier.

73. Cf. par exemple saint Denys l'Aréopagite, saint Jean Climaque ou le bienheureux Guigues le Chartreux.

résolument le dos à ce qu'ont enseigné les fondateurs du Carmel sur la *Scala mistica*, l'échelle mystique : saint Jean de la Croix dans la *Montée du Carmel* et Thérèse d'Avila dans les *Châteaux intérieurs* (où elle expose les « sept demeures » de l'âme dans son ascension vers Dieu). C'est proprement révolutionnaire. Et « c'est bien là l'humour de Thérèse : l'ascenseur est un moyen utilisé "chez les riches". Thérèse retourne les choses : dans la vie spirituelle, ce sont les pauvres, les petits qui utilisent l'ascenseur ; les riches, les âmes hautes prendront l'escalier[74] ».

En fait, le concept était en incubation, dans l'attente de circonstances déterminées pour s'épanouir. On peut penser que la métaphore de l'ascenseur existait déjà chez elle, dans sa « réalité spirituelle », depuis 1889. En cette année, Thérèse évoque les bras divins qui *devraient* la « porter » et dans lesquels il lui faut « s'abandonner ». Elle désigne également les ailes que Dieu peut faire « pousser » ; avant d'en conclure qu'il peut finalement les lui « donner ». L'image de l'« enfant », mentionné pour la première fois le 18 juillet 1893, lui revient à l'esprit dès la fin 1896, et régulièrement en 1897. Toutes ces images rendaient déjà compte de l'entier de son mouvement vers la sainteté : son élan initial, c'est-à-dire sa motivation et son détonateur ; son énergie et son endurance : sa finalité.

Jusqu'à présent, Thérèse avait beaucoup insisté sur l'abaissement de l'amour divin envers les hommes. Elle relève à présent son autre particularité : celle d'élever la créature jusqu'à lui. Et Dieu élève l'âme qui le cherche intensément : par ses « bras », ses « ailes », sa grâce, ses dons. En un mot, par son amour. Sœur Geneviève témoigne en effet que, « contrairement à d'autres mystiques qui s'exercent à la perfection pour atteindre l'amour, sœur Thérèse de l'Enfant-Jésus prenait pour voie de la perfection l'amour même ». L'amour résumait tout son agir et il condensait tout son être.

74. J.-F. SIX, *Vie de Thérèse de Lisieux*, Paris, Seuil, 1975, p. 308.

En fait, sans le savoir, elle était dans l'ascenseur depuis longtemps. Restait à le mettre en fonction. Et Dieu seul pouvait le faire.

En quoi consiste cette trouvaille

La découverte de l'ascenseur « officialise » le primat absolu de la grâce de Dieu dans la sanctification de Thérèse, tout en l'entérinant et en le complétant. Tant dans sa prière d'offrande à l'amour miséricordieux que dans l'extrait sur l'ascenseur, nous lisons la même aspiration formulée non plus sur le ton de la revendication personnelle, mais sur le mode du bilan serein d'une longue expérience de vains efforts. Nous trouvons aussi le même mouvement en quatre temps : un désir irrépressible de devenir sainte, le constat de l'incapacité à le devenir par elle-même, l'assurance que Dieu nous « fait désirer ce qu'Il veut donner », et enfin un rebondissement dans l'abandon confiant et humble. Il manquait une dernière étape : la propulsion à proprement parler. L'amour de Dieu est purifiant, consumant et transformant : il est également « exaltateur ».

L'ascenseur divin est donc le moyen de locomotion pour traverser la « voie d'enfance spirituelle[75] ». L'objectif est toujours le même : « Ce qui nous regarde, c'est de nous unir au bon Dieu[76]. » Par conséquent, l'ascenseur pourrait bien traduire l'immersion du cœur de Dieu dans celui de la créature qui lui est parfaitement unie.

Cela signifie-t-il qu'en prenant l'ascenseur, il faille renoncer totalement à l'escalier et à l'échelle de la perfection ? Nous pouvons répondre à cette question en deux moments. D'une part, l'âme peut à tout moment renoncer à prendre l'ascenseur

---

75. *CJ* 13.7.12.

76. *CSG*, p. 74.

– ou en sortir –, ne supportant plus de vivre dans la petitesse et dans l'accueil permanent d'une incapacité radicale et insurmontable à réaliser quoi que ce soit sans la grâce. D'autre part, l'ascenseur peut ne pas monter immédiatement.

En fait, gravir l'escalier et appeler l'ascenseur sont deux actions simultanées. De fait, l'effort personnel est concomitant à la grâce de Dieu, même si l'accent doit être mis sur elle. Surtout, Thérèse ne demande pas de renoncer à prendre l'escalier. Seulement, il y a deux façons de le gravir. Soit en escomptant arriver de soi-même à la dernière marche ; soit en espérant de tout son cœur que Dieu nous saisira avant. C'est la seconde position qu'elle défendit : « Est-il plus difficile à Jésus de [nous] prendre au bas plutôt qu'à la moitié de l'escalier ? Il y a encore un avantage pour vous à ne pas pouvoir monter, c'est de rester toute notre vie dans l'humilité, tandis que si vos efforts étaient couronnés de succès, vous ne feriez pas pitié à Jésus, il vous laisserait monter toute seule et il y aurait tout à craindre que vous ne tombiez dans la complaisance en vous-même[77]. »

Le génie de Thérèse consiste donc à avoir « placé [...] cette force de l'ascenseur, cette force de Dieu [...] déjà au début de la vie spirituelle. [...] même pour gravir les premiers degrés de la vie spirituelle... Elle prend l'ascenseur au rez-de-chaussée[78] ! » S'il ne vient pas tout de suite, eh bien il faut s'évertuer à lever sans cesse son petit pied vers la première marche – en attendant patiemment l'arrivée de l'ascenseur.

Thérèse thématise cet enseignement en recourant à une autre métaphore, que l'on peut dater également aux alentours de son séjour à l'infirmerie. Céline lui pose la question :

77. *CSM*, *VT* 77, p. 63.

78. Cité par F.-R. Wilhélem, « Le renouveau mystique contemporain et la question des dons du Saint-Esprit dans la théologie du P. Marie-Eugène », *in* AAVV, *Une figure du XXe siècle. Le père Marie-Eugène de l'Enfant-Jésus* (Actes du colloque du Centenaire 1894-1994), Venasque, Éd. du Carmel, 1995, p. 269.

> « Croyez-vous que je puisse espérer être près de vous au Ciel ? cela me semble impossible, c'est comme si l'on faisait concourir un petit manchot pour attraper ce qui se trouve en haut d'un mât de cocagne. Thérèse la reprend : « Oui mais ! [...], s'il se trouve là un géant qui prend le petit manchot sur son bras, l'élève bien haut et lui donne l'objet désiré ?... C'est comme cela que le bon Dieu fera avec vous, mais il ne faut pas vous en occuper, il faut dire au bon Dieu : "Je sais que je ne serai jamais digne de ce que j'espère, mais je vous tends la main comme une petite mendiante et je suis sûre que vous m'exaucerez pleinement, car vous êtes si bon ! » (CSG, p. 188)

Les deux scènes participent d'un même abandon confiant, mais aussi industrieux et persévérant. Elles sont à rapprocher de l'idée du petit oiseau auquel s'identifie Thérèse : il espère « obtenir la faveur de *voler* vers le Soleil de l'Amour avec les propres ailes de l'Aigle Divin » ; dans l'intervalle, « tout ce qu'il peut faire, c'est de *soulever* ses *petites* ailes ».

Disons pour terminer que l'ascenseur a le bonheur de rendre d'unique façon la progression dont on n'a pas conscience : on ne perçoit pas l'ascension, on ignore les étages franchis et dépassés, et on ne sait jusqu'où l'on pourra monter. On se prémunit ainsi tant de la satisfaction du progrès que du découragement de sa lenteur. Ce symbole respecte donc le principal souci de Thérèse : « Je tâche de ne plus m'occuper de moi-même en rien, et ce que Jésus daigne opérer en mon âme je le lui abandonne ».

Cependant la charge symbolique de l'image de l'ascenseur a aussi ses limites. Notamment, elle ne couvre pas l'agir à travers la pratique de la charité, que nous allons à présent étudier. Mais nous sommes d'ores et déjà assurés que Thérèse a de l'imagination à revendre...

Chapitre VIII

« Je sens si bien que tout vient de Lui »

Avec sa franchise habituelle, Thérèse a certifié n'être qu'« une *très petite âme* qui ne peut offrir au bon Dieu que de *très petites choses* ». Propos identiques à ceux qu'elle a tenus à l'infirmerie. Alors qu'on lui demandait : « *Qu'est-ce que vous êtes ?* » Elle répondit : « Je suis une petite graine, on ne sait pas encore ce qui en sortira... » Quinze jours plus tard, « on lui disait qu'elle était une sainte » et Thérèse rétorqua : « Non, je ne suis pas une sainte ; je n'ai jamais fait les actions des saints. Je suis une toute petite âme que le bon Dieu a comblée de grâces, voilà ce que je suis. » Cette question préoccupait décidément ses consœurs – et on le comprend – puisque le lendemain, elles lui ont affirmé « *que les âmes arrivées comme elle à l'amour parfait voyaient leur beauté, et qu'elle* [Thérèse, nda] *était du nombre* ». Là encore Thérèse se récria : « Quelle beauté ?... Je ne vois pas du tout ma beauté, je ne vois que les grâces que j'ai reçues du bon Dieu[1]. Vous vous méprenez toujours, vous ne savez donc pas que je ne suis qu'un tout petit noyau, une petite amande... »

---

1. *CJ* 10.8.2.Thérèse a probablement défendu dans cette logique une personne, en disant : « Peut-être à sa place serais-je encore moins bonne qu'elle et peut-être aussi serait-elle déjà une grande sainte si elle avait reçu la moitié des grâces dont le bon Dieu m'a comblée » (*LT* 147, 1v°).

Si elle y insiste, c'est que c'est vrai. La mécompréhension de la communauté s'étend sur plus de la moitié du mois d'août. Les religieuses pressentent l'imminence de la mort de Thérèse et, en un certain sens, l'attendent. Elles l'ont côtoyée sur près de dix ans et elles veulent connaître son « secret » avant qu'il ne soit trop tard. À présent que le temps lui est compté, Thérèse se résoudra bien à dire si elle est vraiment sainte et comment elle l'est devenue !

Dans leur besoin insistant de savoir, nous obtenons une information capitale. Thérèse explique la nature du saint : il est une gangue que Dieu veut remplir de ses dons, afin de l'attirer plus sûrement à lui et d'en entraîner d'autres avec. Il est une petite « lettre » sur laquelle Dieu peut écrire le projet de sainteté qu'il nourrit pour lui. Le saint est ce qu'il est par la grâce de Dieu. L'œuvre à réaliser dans l'âme est si haute que Dieu doit s'y appliquer lui-même et la diriger directement par ses lumières et ses motions.

Alors que s'étirent ses derniers jours sur la terre, Thérèse vit intensément et constamment dans cette vérité. Elle est la preuve vivante que le saint concilie en lui le refus d'être quoi que ce soit par lui-même et le désir sans limite d'être par Dieu. Ainsi, « *on lui avait apporté une gerbe d'épis, elle en détacha le plus beau et me dit :* "Ma Mère [sœur Agnès, nda], cet épi est l'image de mon âme : le bon Dieu m'a chargée de grâces pour moi et pour bien d'autres…" *Puis craignant d'avoir eu une pensée d'orgueil.* "Oh ! que je voudrais être humiliée et maltraitée pour voir si j'ai vraiment l'humilité du cœur !… Pourtant, quand j'étais humiliée autrefois, j'étais bien heureuse… Oui, il me semble que je suis humble… Le bon Dieu me montre la vérité ; *je sens si bien que tout vient de Lui*[2]" ».

2. *CJ* 4.8.3.

L'amour et les œuvres

Se mettre dans l'ascenseur n'entraîne aucune passivité et encore moins un quelconque enfermement dans une « boîte ». Il n'est pas question de s'installer confortablement et d'attendre en se croisant les doigts – même si c'est en priant. Loin de l'inaction et du repli sur soi, Thérèse écrit que « si toutes les âmes faibles et imparfaites sentaient ce que sent la plus petite de toutes les âmes, l'âme de votre petite Thérèse, pas une seule ne désespérerait d'arriver au sommet de la montagne de l'amour, puisque Jésus ne demande pas de grandes actions, mais seulement l'abandon et la reconnaissance… […] Voilà donc tout ce que Jésus réclame de nous, il n'a point besoin de nos œuvres, mais seulement de notre amour[3] ». C'est sur l'amour que nous serons jugés : « Au soir de cette vie, on vous examinera sur l'amour. Apprenez donc à aimer Dieu comme il veut être aimé et laissez-vous vous-même. »

Nous éviterons cependant les interprétations erronées et incomplètes de ce conseil en le corrélant à cette autre précision de Thérèse : « Alors rangeons-nous humblement parmi les imparfaits, estimons-nous de petites âmes qu'il faut que le Bon Dieu soutienne à chaque instant ; dès qu'Il nous voit bien convaincues de notre néant il nous tend la main ; si nous voulons encore essayer de faire quelque chose de grand même sous prétexte de zèle, le Bon Jésus nous laisse seules. Mais dès que j'ai dit : "Mon pied a chancelé, votre miséricorde, Seigneur, m'a affermi[4] !…" » Celui qui veut œuvrer seul à sa sainteté se ferme à la grâce : il se coupe de Dieu et se retrouve « seul ». C'est le revers de l'attitude

3. *Ms B*, 1v° // LT 196, 1r°.

4. *LT* 243, v°.

prométhéenne[5], pélagienne[6] et pharisaïque. Si nous osons dire, c'est la rançon du « self-made-saint ».

Face à ces dérives, Thérèse oppose une attitude réceptive à la grâce, dans la conviction de son « néant » personnel. Une posture qui donne de devenir le réceptacle de l'amour de Dieu. Or, « une âme embrasée d'amour ne peut rester inactive », affirme aussi Thérèse en citant Thérèse d'Avila. Ce qui revient à dire que l'amour débouche immanquablement sur l'agir. Il a besoin de se répandre. Il se décharge comme malgré lui, par surabondance, dans nos actes ; un peu à la manière de cendres chaudes tirant leur substance de notre être qui se consume dans le « feu d'Amour ». Thérèse avait effectivement observé que « lorsque la charité a jeté de profondes racines dans l'âme elle se montre à l'extérieur ». Il ne s'agit donc pas de renoncer aux œuvres, mais d'y tendre à partir de l'amour et par amour – au lieu de partir de soi-même et en vue de soi-même.

Une autre clé explicative du rôle des œuvres est celle-ci : « "se replier sur soi-même, cela stérilise l'âme ! Il faut se hâter de courir aux œuvres de charité. " "Parfois, on est si mal chez soi, dans son intérieur, qu'il faut promptement en sortir. Le bon Dieu ne nous oblige pas à rester en notre compagnie, au contraire, Il permet souvent qu'elle nous soit désagréable afin que nous la quittions. Je ne vois pas d'autres moyens, en ce cas, que de sortir de chez soi et d'aller rendre visite à Jésus et à Marie en courant aux œuvres de charité[7]" ». Car l'amour est aussi *exstasis*, et cette sortie de soi entraîne naturellement un décentrement de soi. Inversement, les œuvres donnent corps à la charité, qui est un capital à faire

5. Selon la mythologie grecque, Prométhée aurait volé à Zeus le feu sacré de l'Olympe et donné aux hommes qu'il avait créés, afin de les rendre aptes à survivre par eux-mêmes. Par extension, ce qualificatif exprime la volonté de se débrouiller sans Dieu, jusqu'à se révolter contre lui.

6. Pélage est né en Grande-Bretagne, au ve siècle. Il était convaincu que nous pouvons parvenir de nos propres forces à la sainteté, la grâce étant superflue.

7. *CSG*, p. 99.

fructifier : « J'ai compris que sans l'*amour*, toutes les œuvres ne sont que néant, même les plus éclatantes. » Thérèse offre donc également un contrepoison au *solifidéisme* : la foi seule ne suffit pas, elle réclame des œuvres[8].

Au final, les œuvres deviennent vaines du moment qu'elles nourrissent notre *ego* et dorent le blason de notre image. Thérèse l'affirmait : « Quand même j'aurais accompli toutes les œuvres de St Paul, je me croirais encore "serviteur inutile" (Lc 17,10) mais c'est justement ce qui fait ma joie, car n'ayant rien, je recevrai tout du bon Dieu ». S'enraciner dans l'amour, sans chercher à s'approprier les œuvres qui s'en échappent ; c'est aussi en ce sens que Thérèse veut avoir les « mains vides ». Sans résilier toute action, celle-ci doit honorer deux conditions : s'appuyer sur Dieu uniquement et évoluer dans l'amour :

> « Je demande à Jésus de m'attirer dans les flammes de son amour, de m'unir si étroitement à Lui, qu'Il vive et agisse en moi. [...] Ce qu'Archimède n'a pu obtenir parce que sa demande ne s'adressait point à Dieu et qu'elle n'était faite qu'au point de vue matériel, les Saints l'ont obtenu dans toute sa plénitude. Le Tout-Puissant leur a donné pour point d'appui : *Lui-même* et *Lui seul*. Pour levier : l'oraison, qui embrase d'un feu d'amour, et c'est ainsi qu'ils ont soulevé le monde, c'est ainsi que les Saints encore militants le soulèvent et que jusqu'à la fin du monde les Saints à venir le soulèveront aussi ». (*Ms C*, 36r°-36v°).

8. « Que sert-il à quelqu'un de dire qu'il a la foi, s'il n'a pas les œuvres ? Cette foi peut-elle le sauver ? [...] En effet, de même que le corps sans esprit est mort, de même *la foi* sans [les] *œuvres* est morte » (Jc 2,14.26).

Les « biens de l'esprit et du cœur »

Le détachement est un maître-mot chez Thérèse. Il honore la pauvreté en esprit : vis-à-vis des vertus pratiquées, des dons reçus, des mérites, des fruits de nos actes, des œuvres, mais aussi de toutes nos « pensées ».

Thérèse a produit une longue réflexion relative aux « biens de l'esprit et du cœur ». L'âme qui en est pourvue n'en est que l'heureuse dépositaire. Sous certaines conditions :

> « Les élans de l'intelligence et du cœur, les pensées profondes, tout cela forme une richesse à laquelle on s'attache comme à un bien propre auquel personne n'a le droit de toucher… Par exemple si en licence on dit à une sœur quelque lumière reçue pendant l'oraison et que, peu de temps après, cette sœur parlant avec une autre lui dise comme l'ayant pensée d'elle-même la chose qu'on lui avait confiée, il semble qu'elle prend ce qui n'est pas à elle. Ou bien en récréation on dit tout bas à sa compagne une parole pleine d'esprit et d'à-propos ; si elle la répète tout haut sans faire connaître la source d'où elle vient, cela paraît encore un vol à la propriétaire qui ne réclame pas, mais aurait bien envie de le faire et saisira la première occasion pour faire savoir finement qu'on s'est emparé de ses pensées. Ma Mère, je ne pourrais si bien vous expliquer ces tristes sentiments de nature, si je ne les avais sentis dans mon cœur et j'aimerais à me bercer de la douce illusion qu'ils n'ont visité que le mien si vous ne m'aviez ordonné d'écouter les tentations de vos chères petites novices. […] je me suis trouvée forcée de pratiquer ce que j'enseignais aux autres ; ainsi maintenant je puis le dire, Jésus m'a fait la grâce de n'être pas plus attachée aux biens de l'esprit et du cœur qu'à ceux de la terre. S'il m'arrive de penser et de dire une chose qui plaise à mes sœurs, je trouve tout naturel qu'elles s'en emparent comme d'un bien à elles.

> Cette pensée appartient à l'Esprit Saint et non à moi [...] Je ne méprise pas les pensées profondes qui nourrissent l'âme et l'unissent à Dieu, mais il y a longtemps que j'ai compris qu'il ne faut pas s'appuyer sur elles et faire consister la perfection à recevoir beaucoup de lumières. Les plus belles pensées ne sont rien sans les œuvres, il est vrai que les autres peuvent en retirer beaucoup de profit si elles s'humilient et témoignent au bon Dieu leur reconnaissance de ce qu'il leur permet de partager le festin d'une âme qu'il Lui plaît d'enrichir de ses grâces, mais si cette âme se complaît dans ses *belles pensées* et fait la prière du pharisien, elle devient semblable à une personne mourant de faim devant une table bien garnie pendant que tous ses invités y puisent une abondante nourriture et parfois jettent un regard d'envie sur le personnage possesseur de tant de biens. Ah! comme il n'y a bien que le Bon Dieu tout seul qui connaisse le fond des cœurs... que les créatures ont de courtes pensées!... Lorsqu'elles voient une âme plus éclairée que les autres, aussitôt elles en concluent que Jésus les aime moins que cette âme et [qu'elles] ne peuvent être appelées à la même perfection ». (*Ms C*, 19r°-20r°)

D'une part, quiconque se voit gratifier de « pensées profondes » et de « lumières », doit les prolonger dans les œuvres. Sinon, ces « grâces » seront gâchées. N'authentifiant nullement la sainteté, elles doivent trouver un prolongement en portant du fruit. Notamment en profitant à d'autres, mais sous deux réserves : dans la mesure où la bénéficiaire de ces lumières se comporte en débitrice et rapporte tout à Dieu, et où ces lumières servent les intérêts de Dieu. Instruments de catéchèse, ces lumières pourront convertir et en éclairer les autres, qui n'auront plus aucune raison de les « envier » chez l'âme qui en a. En dehors de ces conditions, ces grâces peuvent nuire à l'intéressée qui pourrait les mal gérer : en se repliant sur elle-même et, par contrecoup, en se trouvant paralysée devant tout le possible gracieux – cette « table bien garnie » –, tout occupée à en tirer un plaisir narcissique et/ou à parader. Or Thérèse a bien certifié à Céline : « C'est pour vous que le bon Dieu a mis en moi des charmes de vertu extérieure, ce n'est pas pour moi. »

Par ailleurs, nous sommes les administrateurs des dons de Dieu et des lumières de l'Esprit Saint. Ces « élans de l'intelligence et du cœur » ne nous appartiennent pas. Thérèse appuie sa conviction sur le dominicain alsacien Jean Tauler qui disait : « Si j'aime le bien qui est en mon prochain plus qu'il ne l'aime lui-même, ce bien est à moi plus qu'à lui. Si j'aime en saint Paul toutes les faveurs que Dieu lui a accordées, tout cela m'appartient au même titre qu'à lui. Par cette communion, je puis être riche de tout le bien qui est au Ciel et sur la terre, dans les anges, les saints et en tous ceux qui aiment Dieu[9]. » Idée ratifiée et résumée dans un aphorisme de saint Jean de la Croix, *Prière de l'âme embrasée de l'amour divin*, que reprend Thérèse : « Tout est à nous, tout est pour nous ». Au lieu de biens personnels et temporels, ces réalités sont des faveurs de Dieu qui entrent dans le bien commun de l'humanité.

Thérèse rendra un verdict identique aux visions extraordinaires – dont elle souhaitait être dispensée – et aux « transports » – « *Ce qui lui était arrivé* [une unique fois, nda] *après son offrande à l'Amour* ». Ces états peuvent occasionner le même néfaste retour sur soi, et Thérèse n'y décelait aucune preuve de la sainteté. S'ils nous gratifient, ils offrent une consolation à laquelle il sera vain et dangereux de s'attacher ou de s'attarder.

9. In *CSG*, p. 63. Jean Tauler est un mystique rhénan du XIVe siècle, théologien et disciple de Maître Eckhart.

Les « œuvres » de Thérèse

Loin d'être supplétives, les œuvres d'amour sont le plénipotentiaire de l'amour de Dieu en nous : nous agissons par amour en proportion de l'amour qui brûle en nous. Inversement, l'amour de Dieu agit en nous à la manière d'un comburant : à travers nos œuvres d'amour, il provoque notre combustion. Les œuvres d'amour sont les combustibles qui intensifieront et accéléreront notre consomption en Dieu. À mesure que nous approchons de Dieu, nous brûlons littéralement d'amour. Ce feu d'amour inextinguible nous consume à travers nos actes d'amour.

Reste à savoir ce que Thérèse accomplissait comme « œuvres » et à connaître les catégories d'actes qui avaient sa haute considération. Pour sa part, elle entreprenait de petites actions « motorisées » par les « vertus enfantines » et les « vertus d'enfance ».

« Jeter des fleurs »

La voie de la sainteté thérésienne est pavée d'humilité et émaillée de fleurs. Tout en rendant compte de son âme de poète et de son attrait indéniable pour la nature, les fleurs définissent des réalités existentielles : les âmes et les actes.

Thérèse se rangeait parmi des « pâquerettes ou des violettes ». Elle estimait n'être qu'une « fleurette ». L'origine de cette comparaison est peut-être à trouver dans une image que lui donna Pauline et qui s'intitulait « La *petite fleur* du Divin Prisonnier ». Thérèse avait également reçu une fleur blanche de son papa, après qu'elle lui eut annoncé pour la première fois sa vocation religieuse. S'étant identifiée à cette fleur séchée, elle vit un présage de sa mort prochaine lorsque la tige se brisa. Identification confirmée à la fin de son premier manuscrit, quand elle se demande : « Comment s'achèvera-t-elle, cette “histoire d'une petite fleur blanche” ? » Par ailleurs, les enfants morts dans la « fleur de l'âge » – sans jeu de mots – composaient, selon elle, le cortège des « fleurs printanières ». Enfin, l'une ou l'autre fois, les

« fleurs » ont aussi indiqué les joies ressenties dans la liesse, ou « les plaisirs purs de la vie »

Dans le second manuscrit, Thérèse opère une conversion sémantique : les fleurs désignent ses actions préférées. Elle étrenne le terme un an avant de mourir, pour l'assimiler à « toutes les plus petites choses » exécutées « par amour » :

> « [Thérèse] ne sait plus qu'une chose, t'aimer, ô Jésus... Les œuvres éclatantes lui sont interdites, il ne peut prêcher l'Évangile, verser son sang... mais qu'importe, ses frères travaillent à sa place, et lui, *petit enfant*, [...] aime pour ses frères qui combattent... [...] le petit enfant *jettera* des *fleurs*, [...] voilà comment se consumera ma vie... Je n'ai d'autre moyen de te prouver mon amour, que de jeter des fleurs, c'est-à-dire de ne laisser échapper aucun petit sacrifice, aucun regard, aucune parole, de profiter de toutes les plus petites choses et de les faire par amour [...] ces pétales fragiles et sans aucune valeur, ces chants d'amour du plus petit des cœurs te charmeront, oui, ces riens te feront plaisir, ils feront sourire l'Église Triomphante, elle recueillera mes fleurs effeuillées *par amour* et les faisant passer par tes Divines Mains, ô Jésus, cette Église du Ciel, voulant jouer avec son petit enfant, jettera, elle aussi, ces *fleurs* ayant acquis par ton attouchement divin une valeur infinie, elle les jettera sur l'Église souffrante afin d'en éteindre les flammes, elle les jettera sur l'Église combattante afin de lui faire remporter la victoire!... » (*Ms B*, 4r°-4v°).

En eux-mêmes, le « petit sacrifice » et « les plus petites choses » sont « sans aucune valeur » : des « riens », comparés à la prédication de l'Évangile ou au martyre du sang. Pourtant, un « attouchement divin » suffit à donner une charge corédemptrice à ces « pétales fragiles » et à ces « fleurs effeuillées ». Par l'entremise de « l'Église triomphante » (céleste), ce « regard » ou cette

« parole » se voient attribuer « une valeur infinie » : ils peuvent soulager « l'Église souffrante » (terrestre) et l'aider à « remporter la victoire » contre le mal sur la terre.

Cette association d'idées peut remonter aux processions du Saint-Sacrement de sa jeunesse, au cours desquelles Thérèse aimait « semer des fleurs sous les pas du Bon Dieu »; comme aussi aux enseignements de Pauline sur les boutons de fleurs, pour représenter ses aspirations d'amour. En tous les cas, les fleurs illustrent l'agir que patronne Thérèse. Agir offert à Jésus afin qu'il s'en serve pour répandre ses grâces, en leur donnant ainsi une « valeur inestimable[10] ».

C'est l'agir d'un enfant, dont la conduite dérive des « vertus enfantines » et des « vertus de l'enfance ». Le prédicat « enfantin » ne dénote aucune puérilité : il qualifie sept vertus en tout.

Les trois « vertus enfantines »

Thérèse parle deux fois de « vertu enfantine ». D'abord dans une longue poésie rédigée pour la Vierge Marie. Un couplet en énumère trois dans « La reine du Ciel à son enfant » : « Je veux que sur ton front rayonne / La douceur et la pureté / Mais la vertu que je te donne / Surtout, c'est la Simplicité[11]. »

La douceur est l'un des attributs favoris de Thérèse pour qualifier son papa et Jésus dans sa miséricorde vis-à-vis des « petits ». La douceur cause la paix et la sérénité. C'est dans le cadre de ses réflexions sur la douceur que l'on trouve la formule :

10. « Ah ! que la vocation du petit Enfant est belle ! Ce n'est pas une mission qu'il doit évangéliser, mais toutes les missions. Comment cela ?... c'est en aimant, en dormant [à cause de son manque de sommeil, elle s'endormait « pendant [ses] oraisons et [ses] *actions* de *grâces* » (*Ms* 75v°)], en JETANT des FLEURS à Jésus lorsqu'il sommeille [on peut deviner sa nuit de la foi]. Alors Jésus prendra ces fleurs et leur communiquant une valeur inestimable, il les jettera à son tour ; il les fera voler sur tous les rivages et sauvera les âmes, avec les fleurs, avec l'amour du petit enfant qui ne verra rien mais qui sourira toujours même à travers ses larmes ! » (*LT* 194). Thérèse en souffre.

11. *PN* 13, str. 6.

« Oui, il suffit de s'humilier, de supporter avec douceur ses imperfections. Voilà la vraie sainteté[12] ! »

La pureté lui a toujours été précieuse. Elle définit « une goutte de rosée ». Or, s'interroge par deux fois Thérèse : « Qu'y a-t-il de plus simple et de plus pur ? » Associée à la virginité, la pureté trouve son modèle en Marie : « La plus pure, la plus intelligente de toutes les créatures a préféré de rester vierge plutôt que de devenir Mère d'un Dieu… »

La simplicité, enfin, découle de notre proximité avec Dieu : « Plus on s'approche du Bon Dieu, plus on se simplifie. » En sorte que cette vertu qualifie spécialement la vie de la Vierge Marie, et à nouveau la goutte de rosée. Seule une goutte de rosée peut se « perdre » dans « l'océan d'Amour divin », et ne faire qu'un avec lui.

L'autre mention des vertus enfantines a pour cadre une brève prière louant l'enfance. Thérèse y implore Jésus enfant d'« imprimer » en elle ses « vertus enfantines ». Thérèse les prise parce qu'elles furent l'apanage essentiel de Jésus enfant, dont elle voulut qu'il formât la première partie de son nom de religion. Ces vertus condensent le principal de l'agir du petit enfant qu'elle veut être.

Les quatre « vertus de l'enfance »

Thérèse évoque les « vertus de l'enfance » dans deux autres poésies[13]. Elle en identifie trois. S'adressant à ses petits frères morts en bas âge, Thérèse les supplie de lui « obtenir les vertus de l'enfance. / [Leur] candeur, / [leur] abandon parfait, [leur] aimable innocence ». Le contexte privé souligne l'enchantement de Thérèse pour ce type de vertus : elles ont valu à ses frères de franchir d'un coup les étapes de la sainteté et, surtout, sans avoir rien fait.

---

12. *LT* 243.

13. En *PN* 24, 9 et en *PN* 44, 9.

Thérèse apparente ces vertus à la petitesse, la septième vertu, dans le cadre d'une prière marialement contextualisée – la dernière de sa composition – : « Tu me le fais sentir, ce n'est pas impossible / De marcher sur tes pas, ô Reine des élus, / L'étroit chemin du Ciel, tu l'as rendu visible / En pratiquant toujours les plus humbles vertus. / Auprès de toi, Marie, j'aime à rester petite[14] ». Seules les « enfantines vertus » donnent de rester petit, dans un dégagement total du paraître. Inversement, nous grandirons bien vite en vertu si nous restons petits.

Des « désirs plus grands que l'univers »

Singulièrement, la petitesse ne confine pas à des étroitesses de vues. Elle n'impose aucune limite à nos élans vers Dieu. Elle ne réduit pas davantage les champs du possible de notre volonté puisqu'elle recadre la portée de notre vouloir, qui a tendance à être égocentré. La petitesse purifie nos désirs en nous conduisant au-delà de tout ce que nous pourrions vouloir accomplir. La petitesse implante notre volonté dans celle de Dieu.

Nous avons pour preuve le fameux passage où Thérèse détaille une vertigineuse énumération de vocations qu'elle *voudrait* accomplir pour Dieu.

> « Ah ! pardonne-moi Jésus, si je déraisonne en voulant redire mes désirs, mes espérances qui touchent à l'infini [...] Être ton *épouse*, ô Jésus, être *carmélite*, être par mon union avec toi la *mère* des âmes, cela devrait me suffire... il n'en est pas ainsi... [...] Je sens en moi d'autres vocations, je me sens la vocation de Guerrier, de Prêtre, d'Apôtre, de Docteur, de Martyr ; enfin, je sens le besoin, le désir d'accomplir pour toi Jésus toutes les œuvres les plus héroïques... [...] Je sens en moi la vocation de *Prêtre* [...] Comment allier ces contrastes ? Comment réaliser les

14. *PN* 54, 6.

> désirs de ma pauvre *petite âme* ?... Ah ! malgré ma petitesse, je voudrais éclairer les âmes comme les Prophètes, les Docteurs, j'ai la vocation d'être Apôtre... [...] Une seule mission ne me suffirait pas, [...] je voudrais verser mon sang pour toi jusqu'à la dernière goutte... Le Martyre, voilà le rêve de ma jeunesse [...] Pour me satisfaire, il me les faudrait *tous*... [...] En songeant aux tourments qui seront le partage des chrétiens au temps de l'Antéchrist, je sens mon cœur tressaillir et je voudrais que ces tourments me soient réservés... Jésus, Jésus, si je voulais écrire tous mes désirs, il me faudrait emprunter *ton livre de vie*, là sont rapportées les actions de tous les Saints et ces actions, je voudrais les avoir accomplies pour toi... Ô mon Jésus ! à toutes mes folies que vas-tu répondre ?... Y a-t-il une âme plus *petite*, plus impuissante que la mienne !... Cependant à cause même de ma faiblesse, tu t'es plu, Seigneur, à combler mes *petits désirs enfantins*, et tu veux aujourd'hui, combler d'autres *désirs* plus *grands* que l'univers... » (*Ms B*, 2v°-3r°)

Sa prédilection pour les témoignages les plus extrêmes et ses vœux du martyre se sont heurtés à son impossibilité de les concrétiser. Cette impossibilité naturelle a incontestablement concouru à la garder humble et petite. Mais en même temps, ses « *petits désirs enfantins* » se sont mués en « *désirs* plus *grands* que l'univers », en « espérances qui touchent à l'infini ». Après avoir été exaucée dans les premiers, que l'on peut dire plus humains (par exemple sa rapide entrée au Carmel et celle de Céline), elle a la certitude qu'il en est de même dans les seconds. Quand même elle les conçoit comme des « folies ».

Thérèse est le chantre de l'action humble et cachée. Renoncerait-elle à ses « actes microscopiques[15] » ? Pas du tout. En fait,

15. *CSG*, p. 128.

ses actes (« fleurs »), « ayant acquis par [l']attouchement divin une valeur infinie », ils sont à même de soutenir et accompagner le labeur des plus grands apôtres du Christ. Par-là, elle peut répondre à toutes les vocations.

Un songe l'ayant visitée une nuit, la confirmera dans son intuition. Thérèse avait rêvé d'une entrevue avec la vénérable mère Anne de Jésus[16]. L'interrogeant pour savoir « "si le Bon Dieu ne [lui] demandait pas quelque chose de plus que [ses] pauvres petites actions et [ses] désirs" [la « sainte » lui a répondu :] "Le Bon Dieu ne demande rien autre chose de vous. Il est content, très content!..." » Cette approbation cautionne une sainteté dans laquelle rien ne se perd : « par nos petites vertus, notre charité pratiquée dans l'ombre, nous convertissons *au loin* les âmes... nous aidons les missionnaires... et même, au dernier jour, on dira peut-être que nous avons bâti des demeures *matérielles* à Jésus et préparé ses voies[17]... »

On pourrait penser que parfois elle ait regretté de n'en pouvoir faire autant qu'elle l'eut voulu. Témoin cette échappée : « je voudrais l'aimer [Jésus] non d'un amour ordinaire mais comme les Saints qui faisaient pour Lui des folies. Hélas! que je suis loin de leur ressembler!... » Mais ce serait oublié ce qui l'habitait en creux : « Ce n'est pas la valeur ni même la sainteté apparente des actions qui compte, mais seulement l'amour, plein d'espérance, qu'on y met; et nul ne saurait dire qu'il ne peut donner ces petites choses au bon Dieu, car elles sont à la portée de tous[18]. »

Thérèse parle avec raison de « contrastes » en elle. Elle n'emploie pas une hyperbole en exagérant, dans le but de mettre en relief ce qu'elle voudrait réaliser. Ces « *folies* », mises

16. 1545-1621. Elle introduisit la réforme thérésienne en France, en 1604.

17. *CSG*, p. 96.

18. *CSG*, p. 96.

en italique, forment véritablement la façon dont elle escompte aimer Dieu. Alors, comment pourra-t-elle les réaliser pour Jésus ?

« La charité est la voie excellente qui conduit sûrement à Dieu »

La solution du dilemme s'est à nouveau présentée dans une fulgurance et dans les Écritures. La lecture des épîtres de saint Paul, au cours d'une oraison, lui a divulgué la « place » et la mission qui lui étaient décernées. La place qui lui est attribuée est dans « le Cœur de l'Église », et elle l'occupera à travers « La Vocation de l'Amour ». Tandis qu'elle explicitait sa « petite voie », Thérèse a percé le secret de la « voie excellente » : « "Recherchez avec ardeur les *dons* les *plus parfaits*, mais je vais encore vous montrer une voie plus excellente." Et l'Apôtre [saint Paul, nda] explique comment tous les *dons* les plus *parfaits* ne sont rien sans l'Amour… Que la Charité est la *voie excellente* qui conduit sûrement à Dieu[19]. »

De fait, c'est en la charité « que se noue la perfection » (Co 3, 24). Thérèse a devancé la constitution dogmatique *Lumen gentium*, qui déclare au n° 42 : « La charité […] étant le lien de la perfection et la plénitude de la loi […], régit tous les moyens de sanctification, leur donne leur âme et les conduit à leur fin ». Elle avait noté qu'en aimant Dieu, « le cœur s'agrandit [et] peut donner incomparablement plus de tendresse à ceux qui lui sont chers que s'il s'était concentré dans un amour égoïste et infructueux[20]. »

La charité sera donc le mode d'expression privilégié de son désir d'aimer Dieu « à la folie ». C'est dans la charité qu'elle pourra réaliser ses aspirations les plus folles de sainteté et

19. *Ms B*, 3v°.

20. *Ms C*, 22r°.

d'apostolat : en vivant « dans un acte de parfait amour », et donc sans plus aucune limite humaine.

Riche de cet enseignement, Thérèse théorise ses intuitions sur l'attitude à adopter envers les âmes côtoyées journellement. Nous en avons déroulé une sorte de programme, en divers endroits de ses trois manuscrits – surtout le troisième, qui tourne principalement autour de la charité. Elle nous entretiendra sur le regard à poser sur le prochain, sur ce qui se passe en amont, sur la façon dont elle procède personnellement et sur le résultat.

« La charité parfaite consiste à… »

Lui est d'abord révélée l'exigence de reconsidérer ses rapports avec le prochain. Il peut en effet arriver d'éprouver de l'antipathie à l'égard d'une personne. Pourtant, il faut parvenir à surmonter cette sorte d'aversion instinctive pour découvrir la personne telle qu'elle est aux yeux de Dieu. Thérèse en témoigne :

> « J'ai compris combien mon amour pour mes sœurs était imparfait, j'ai vu que je ne les aimais pas comme le Bon Dieu les aime. […] La charité parfaite consiste à supporter les défauts des autres, à ne point s'étonner de leurs faiblesses, à s'édifier des plus petits actes de vertus qu'on leur voit pratiquer, mais surtout j'ai compris que la charité ne doit point rester enfermée dans le fond du cœur : Personne, a dit Jésus, n'allume un flambeau pour le mettre sous le boisseau, mais on le met sur le chandelier, afin qu'il éclaire *tous* ceux qui sont dans la maison. Il me semble que ce flambeau représente la charité qui doit éclairer, réjouir, non seulement ceux qui me sont les plus chers, mais *tous* ceux qui sont dans la maison, sans excepter personne » (*Ms C*, 12r°).

La charité implique l'intime connexion de deux dispositions : « supporter les défauts » des autres et « ne point s'étonner de leurs faiblesses ». Ce binôme vient en tête du fait que les manquements et défaillances d'autrui sautent généralement aux yeux, comme des traits saillants de la nature de l'homme. Puisque personne ne se soustrait facilement à cette faiblesse humaine, Thérèse suggère, lors « des combats contre la Charité, de lire ce chapitre de l'*Imitation* : "Qu'il faut supporter les défauts d'autrui". [...] [Alors, les] combats tomberont ». Ériger ce conseil en règle de vie devrait donc aider à surmonter la difficulté dans la promiscuité.

C'est seulement dans un deuxième temps qu'il est question de « s'édifier des plus petits actes de vertus ». Est-ce parce qu'ils sont moins évidents et plus inattendus dans l'homme? Sans entériner cette éventualité, le fait est que Thérèse demande d'être très attentif au moindre de ceux-ci, et de s'en émerveiller. Il est en revanche incontestable que c'est à *nous* de modifier notre regard sur la personne et que nous n'avons pas à exiger d'elle qu'elle adopte un comportement meilleur, ni même différent. C'est nous qui devons nous laisser « édifier » par autrui, et non pas autrui qui doit nous « édifier ». Il y a effectivement toujours le risque de laisser la vanité s'engouffrer dans le souci de vouloir édifier[21].

Nous pouvons tenir pour certain que le respect de ces trois attitudes – supporter les défauts (des autres et les siens), ne pas s'étonner des faiblesses humaines et s'édifier des plus petits actes de vertus – débouche sur une approche bienveillante envers le prochain. Nous rendons les autres à eux-mêmes, nous les considérons sans projection et sans œillères : d'après ce qu'ils sont en vérité, avec leurs fragilités, leurs défauts et leurs erreurs. Car c'est ainsi que Dieu nous aime. Une attitude authentiquement

21. C'est seulement au jour de la mort de Thérèse que sœur Agnès de Jésus lui confia, après « quelques paroles de compassion et d'affection », combien elle avait été « édifiée pendant sa maladie » (*CJ* 30.9.2).

fraternelle ne peut croître hors de la terre de l'humilité et sans le terreau de la vérité.

Quelques lignes plus bas, Thérèse identifie ce prochain avec une grande finesse psychologique. Comme il en est vis-à-vis des objets, la nature humaine est encline à être plus spontanément attirée vers les personnes qui sont agréables au regard à tous points de vue ; elle l'est nettement moins envers celles qui nous rebutent ou nous sont antipathiques. Thérèse le confirme :

> « J'ai remarqué (et c'est tout naturel) que les sœurs les plus saintes sont les plus aimées, on recherche leur conversation, on leur rend des services sans qu'elles les demandent, enfin ces âmes capables de supporter des manques d'égards, de délicatesses, se voient entourées de l'affection de toutes. [...] Les âmes imparfaites au contraire, ne sont point recherchées, sans doute on se tient à leur égard dans les bornes de la politesse religieuse, mais craignant peut-être de leur dire quelques paroles peu aimables, on évite leur compagnie. – En disant les âmes imparfaites, je ne veux pas seulement parler des imperfections spirituelles, puisque les plus saintes ne seront parfaites qu'au Ciel, je veux parler du manque de jugement, d'éducation, de la susceptibilité de certains caractères, toutes choses qui ne rendent pas la vie très agréable. Je sais bien que ces infirmités morales sont chroniques, il n'y a pas d'espoir de guérison ». (*Ms C*, 27v°-28r°)

Thérèse cible quelques « âmes imparfaites » : elles sont frappées de « manque de jugement, d'éducation, de [...] susceptibilité ». En fait, elles ne sont pas directement responsables de ces « infirmités morales » – qui ne nous « rendent pas la vie très agréable », lâche-t-elle dans un doux euphémisme. Il n'« y a pas d'espoir de guérison » pour elles, dans le sens où ce n'est pas sur ce terrain que l'on pourra changer la donne. Mais finalement, ce n'est pas grave du fait que ce n'est pas à elles de nous édifier mais à nous de nous laisser édifier par elles… Oui, mais comment parvenir à les aimer sans se contenter de les tolérer ?

Pour Thérèse, la solution est en Dieu. C'est lui qui aime à travers nous et inconditionnellement tout un chacun tel qu'il est. Nous avons donc à demander de recevoir cet Amour divin avec un grand A, afin de le relayer autour de nous.

Laisser Jésus aimer à travers nous

Dieu est le point d'origine de tout acte de charité, la source animatrice de notre amour pour les autres : il est le « point d'appui » soutenant le levier de l'amour. Chez Thérèse, il ne fait aucun doute que c'est Jésus qui lui donne d'aimer en aimant lui-même, à travers elle. Par exemple, elle avance : « Pour vous aimer comme vous m'aimez, il me faut emprunter votre propre amour, alors seulement je trouve le repos[22]. » En union avec Jésus, qu'intensifie et entretient l'oraison, Dieu nous donne de l'aimer et d'aimer les autres comme il les aime. Il faut lui demander de nous investir totalement, de telle sorte que son Être soit notre être. Car vivre de Jésus, c'est le laisser vivre en nous. Recevoir Jésus, c'est recevoir son amour. S'unir à lui, c'est s'unir à son amour. Le laisser agir en nous, c'est donner à son amour d'agir en nous, à travers nous et avec nous.

Telle est la principale conséquence de l'union parfaite de Dieu avec une âme, pour laquelle plus rien n'est hors de portée. En cela, Thérèse ne déroge pas à une longue tradition mystique qui expérimenta cette parole du Christ : « Afin que l'amour dont tu m'as aimé soit en eux, et moi aussi en eux » (Jn 17,26).

> « Seigneur, je sais que vous ne commandez rien d'impossible, vous connaissez mieux que moi ma faiblesse, mon imperfection, vous savez bien que jamais je ne pourrais

22. *Ms C*, 35r°.

> aimer mes sœurs comme vous les aimez, si *vous-même*, ô mon Jésus, ne les *aimiez* encore *en moi*. C'est parce que vous voulez m'accorder cette grâce que vous avez fait un commandement *nouveau*. — Oh ! que je l'aime puisqu'il me donne l'assurance que votre volonté est d'*aimer en moi* tous ceux que vous me commandez d'aimer !... Oui je le sens lorsque je suis charitable, c'est Jésus seul qui agit en moi ; plus je suis unie à Lui, plus aussi j'aime toutes mes sœurs. » (*Ms C*, 12v°)

Le « commandement *nouveau* » résume tous les autres : « Aimez-vous les uns les autres ; comme je vous ai aimés, vous aussi, aimez-vous les uns les autres » (Jn 13,34). Nous sommes invités à donner libre cours à son agir aimant à travers nous, pour nous amener à regarder les autres et les aimer comme il les regarde lui-même et les aime. Notre communion d'amour avec Jésus a des retombées sur les autres, des bienfaits collatéraux : notre amour pour Jésus, dans le sien pour nous, se déverse sur les autres. L'amour fraternel sera la preuve de l'amour de Dieu en nous ; qui lui-même authentifiera notre amour du prochain.

Ainsi, l'inhabitation de Dieu, de son amour en nous, supprime en nous toute trace de notre pauvre nature, dont un premier effet est le regard déficient, lacunaire et biaisé que nous portons souvent sur les autres. En attendant de pouvoir nous exécuter avec assurance et sur une vaste échelle, Thérèse joint quelques attitudes concrètes à l'adoption des principes.

Les « bonnes intentions »

La première manifestation de la charité se vérifie dans l'indulgence à avoir envers les faiblesses d'autrui ; dans un silence non pas complice mais « prêteur » « de bonnes intentions », « excusant toujours [...] C'est l'ardente charité / L'aimable simplicité[23] /

23. *RP* 5, 3v°. La simplicité est un indice de notre proximité avec Dieu (cf. chapitre III).

Que [l'enfant Jésus] réclame ». Notre disposition envers autrui ne doit pas avoir pour terme unique de ne pas préjuger le mal chez lui. Il doit encore y présager le meilleur :

> « Lorsque je veux augmenter en moi cet amour, lorsque surtout le démon essaie de me mettre devant les yeux de l'âme les défauts de telle ou telle sœur qui m'est moins sympathique, je m'empresse de rechercher ses vertus, ses bons désirs, je me dis que si je l'ai vue tomber une fois elle peut bien avoir remporté un grand nombre de victoires qu'elle cache par humilité, et que même ce qui me paraît une faute peut très bien être à cause de l'intention un acte de vertu. » (*Ms C*, 12v°-13r°)

Thérèse s'« empresse de rechercher ses vertus ». Le mot est fort ; comme sont fortes les tentations de mal juger et de médire. Sans se laisser aveugler ni vouloir enjoliver la nature humaine, notre comportement doit traduire ce raisonnement : une « faute » peut dissimuler un « acte de vertu » si l'on regarde à l'« intention » de l'acte. La charité n'équivaut pas à idéaliser les autres, mais à se persuader que Dieu peut aussi recouvrir du voile de l'humilité leurs « victoires » sur l'adversaire. Nous ne voyons que ce qui a été extériorisé dans l'acte, et non pas ce qui l'a déclenché. En commettant ce qui nous paraît être une faute, la personne pouvait très bien avoir été instiguée par une bonne intention.

Quelques précisions tout de même.

D'une part, Thérèse savait la part décisive du volontaire. Aussi, elle accorde à l'intention une influence déterminante dans le jugement de Dieu sur nos actions. Pour elle, Dieu est « infiniment Juste et c'est cette justice qui effraye tant d'âmes qui fait le sujet de [sa] joie et de [sa] confiance. Être juste, ce n'est pas seulement exercer la sévérité pour punir les coupables, c'est encore reconnaître les intentions droites et récompenser la vertu », explique Thérèse. Et, comme si elle s'adressait à vous, lecteur : « le bon

Dieu connaît vos intentions, tant que vous serez humble tant que vous serez heureuse ». L'apport de l'intention est tellement capital dans notre agir que Dieu « regarde plus à l'intention qu'à la grandeur de l'action[24] ». Il faut donc resituer les personnes et leurs actes sous le seul regard de Dieu, qui « sonde les reins et les cœurs » – et donc nos intentions. Dieu est juste. Pour cette raison, il est miséricordieux.

Thérèse ne se prononce pas non plus sur la relation entre l'intention et la nature de l'acte. Il ne nous est donc pas demandé d'évaluer comme bon un acte mauvais, sous prétexte qu'il aurait été mû par une bonne intention. La leçon porte sur ceci : l'intention et la finalité de l'acte relèvent de l'intimité la plus profonde de l'homme, et les soupeser peut induire en erreur. « C'est ainsi que nous nous trompons souvent sur la terre, prenant pour imperfection dans nos [frères et] sœurs ce qui est mérite devant [Dieu] ! », nous avertit Thérèse. Comment en effet avoir la certitude que nous estimons et jaugeons en vérité les intentions d'autrui ? Partant, Thérèse préfère considérer avantageusement les autres :

> « On doit toujours juger les autres avec charité car, très souvent, ce qui paraît négligence à nos yeux est héroïsme aux yeux de Dieu. [...] Notre jugement doit donc être, en toute occasion, favorable au prochain. On doit toujours penser le bien, toujours excuser. Et si aucun motif ne semble valable, il y aurait encore la ressource de se dire : "Telle personne a tort apparemment, mais elle ne s'en rend pas compte et si je jouis d'un meilleur jugement, raison de plus pour avoir pitié d'elle et pour m'humilier d'être sévère à son égard" ». (*CSG*, p. 107)

24. *Ms C*, 28v°.

D'autre part, qui n'a jamais expérimenté combien les vues humaines sont courtes et étroites ? Thérèse en a fait les frais[25]. Sa conclusion fut d'autant plus ferme : « Quand nous sommes incomprises et jugées défavorablement, à quoi bon se défendre, s'expliquer ? Laissons cela tomber, ne disons rien, c'est si doux de ne rien dire, de se laisser juger n'importe comment[26] ! » Le raisonnement vaut en sens inverse : « Puisqu'on prend mes petits actes de vertus pour des imperfections, on peut tout aussi bien se tromper en prenant pour vertu ce qui n'est qu'imperfection[27]. »

Au final, nous sommes confrontés au même repère : le jugement n'appartient qu'à Dieu et nous devons le lui abandonner. Les conséquences en sont l'indifférence envers l'opinion des autres sur nous, et la prudence dans notre propre opinion sur les autres. Dépasser les apparences (qui peuvent être trompeuses, on le sait), ne pas accorder d'importance à ce que les autres peuvent penser de nous (pour s'en enorgueillir ou s'en vexer), ne pas méjuger les autres, sans pour autant relativiser le manquement visible ou le tolérer, c'est faire preuve de miséricorde. À l'instar de Dieu, l'amour miséricordieux auquel s'est justement consacrée Thérèse.

La « bonne volonté »

Thérèse n'a pas *concédé* – comme à regret – sa volonté et sa liberté à Jésus. Elle lui a laissé en disposer : « Je ne veux pas être une *sainte à moitié* [...] Je ne crains qu'une chose c'est de garder ma

---

25. Dans son enfance, son oncle la croyait « ignorante, bonne et douce, ayant un jugement droit, mais incapable et maladroite » (*Ms A*, 37v°). De même à la fin de sa vie, « une sœur lui avait rapporté cette réflexion faite en récréation : "Pourquoi donc parle-t-on de ma Sr Thérèse de l'Enfant Jésus comme d'une sainte ?! Elle a pratiqué la vertu, c'est vrai, mais ce n'était pas une vertu acquise par les humiliations, et surtout par les souffrances" ». Thérèse « *dit ensuite :* Et moi qui ai tant souffert dès ma plus tendre enfance ! Ah ! que cela me fait de bien de voir l'opinion des créatures, au moment de la mort ! » (*CJ* 29.7.2).

26. *CJ* 6.4.

27. *Ms C*, 13r°-13v°.

volonté, prenez-la, car "Je *choisis tout*" ce que vous voulez[28] !... » Son interprétation du geste donne cette explication : « Thérèse ne lui avait-elle pas demandé de lui ôter sa *liberté*, car sa *liberté* lui faisait peur, elle se sentait si faible, si fragile que pour jamais elle voulait s'unir à la Force Divine[29] !... »

Dans leur exercice, notre volonté et notre liberté sont susceptibles de mettre en échec les initiatives divines. Thérèse n'a jamais transigé sur ce point. Afin de ne pas en arriver à obéir contre son gré – ce dont Lucifer est également capable[30] –, elle a recommandé de travailler en amont : en ordonnant sa volonté de manière à la « soumettre en tout » à celle de Dieu. Telle est la perfection de l'obéissance qui ne doit pas être contrainte et « servile », mais « filiale » et aimante : c'est-à-dire inspirée par l'amour. Seule une obéissance de cette qualité peut mettre dans la « joie », et permettre de se conformer volontiers et comme naturellement à la volonté de Dieu. Thérèse assure qu'« en dehors de cette aimable volonté [celle de Dieu que nous faisons nôtre, nda] nous ne ferions rien, ni pour Jésus, ni pour les âmes ». Quand une âme s'abandonne à Jésus entièrement et dans la confiance, il est parfaitement libre de réaliser en elle et autour d'elle tous les projets lui tenant à cœur.

Le renoncement à sa volonté a pour objectif d'assurer l'avènement de celle de Jésus en nous, de lui laisser les coudées franches pour œuvrer en nous, avec nous et à travers nous, dans la grâce. Corrélativement, cette renonciation donne une chance

28. *Ms A*, 10v°.

29. *Ms A*, 35r°.

30. L'atteste cette tirade imaginée par Thérèse : « Non, je n'obéis pas de plein gré, mais je me soumets aux ordres de Dieu contre ma volonté ; les vierges peuvent obéir aussi tout en gardant au fond du cœur leur propre volonté, elles peuvent obéir et désirer de commander. Alors que font-elles de plus que moi ? [...] Au bout de sa fourche, Lucifer présente des balances ; sur l'un des plateaux sont placés trois petits rouleaux blancs sur lesquels sont écrits : "Pauvreté, Chasteté, Obéissance" ; sur l'autre, qui l'emporte sur le premier, on voit trois grands rouleaux noirs sur lesquels sont écrits en lettres de feu : "Orgueil, Indépendance, Propre volonté" » (*RP* 7, 4v°-5r°).

à l'émergence de la « bonne volonté », qui donne le « courage » d'agir. Sans elle, Thérèse aurait peut-être manqué l'occasion d'être véritablement charitable auprès d'une consœur impotente, qui n'acceptait pas l'aide de n'importe qui ; « enfin, se rappelle Thérèse, je me mis à l'œuvre et j'avais tant de bonne volonté que je réussis parfaitement ».

La bonne volonté fait encore passer au second plan nos « œuvres imparfaites », sans s'y substituer. Nous lisons notamment cette confession pour le moins inattendue de la part d'une sainte :

> « Toute seule (j'ai honte de l'avouer) la récitation du chapelet me coûte plus que de mettre un instrument de pénitence... Je sens que je le dis si mal, j'ai beau m'efforcer de méditer les mystères du rosaire, je n'arrive pas à fixer mon esprit... Longtemps je me suis désolée de ce manque de dévotion qui m'étonnait, car *j'aime tant* la *Sainte Vierge* qu'il devrait m'être facile de faire en son honneur des prières qui lui sont agréables. Maintenant je me désole moins, je pense que la Reine des Cieux étant *ma Mère*, elle doit voir ma bonne volonté et qu'elle s'en contente ». (*Ms C*, 25v°)

Nous retrouvons la préséance de la bonne volonté sur l'incapacité d'agir dans cette autre confidence de Thérèse au père Roulland. Mère Agnès de Jésus venait de le lui confier pour l'accompagner dans la prière. :

> « Lorsque notre bonne Mère me proposa de devenir votre auxiliaire, je vous avoue, mon Frère, que j'hésitai. Considérant les vertus des saintes carmélites qui m'entourent, il me semblait que notre Mère aurait mieux servi vos intérêts spirituels en vous choisissant une sœur autre que moi, seule la pensée que Jésus n'aurait pas égard à mes œuvres

> imparfaites mais à ma bonne volonté, me fit accepter l'honneur de partager vos travaux apostoliques[31] »

On comprend que Thérèse ait apprécié ce verset : « Paix sur la terre aux âmes de bonne volonté ».

Néanmoins, si la bonne volonté offre un appoint indispensable et si elle dépasse la bonne intention, elle ne suffit pas. C'est là qu'entre en scène la charité.

La charité opère des miracles

Thérèse sait d'expérience que « l'âme se révolte si elle n'est pas affermie sur la charité. Elle trouve mille raisons pour refuser ce qu'on lui demande[32] ». Elle ne prétend pas avoir toujours eu des « transports d'allégresse » et, de son propre aveu, « la pratique de la charité ne [lui] a pas toujours été si douce ». Elle a néanmoins persévéré : à force d'exercer la charité, elle est parvenue à être charitable.

Ses efforts ont été récompensés. En témoignent trois anecdotes amusantes, où Thérèse dépeint, avec un humour toujours respectueux…

> « Certains petits combats qui […] feront certainement sourire. Longtemps, à l'oraison du soir, je fus placée devant une sœur qui avait une drôle de manie, et je pense… beaucoup de lumières, car elle se servait rarement d'un livre, voici comment je m'en apercevais : Aussitôt que cette sœur était arrivée, elle se mettait à faire un étrange petit bruit qui ressemblait à celui qu'on ferait en frottant deux coquillages l'un contre l'autre. Il n'y avait que moi

31. *LT* 201, 1v°.

32. *Ms C*, 15v°-16r°.

qui m'en apercevais, car j'ai l'oreille extrêmement fine (un peu trop parfois). Vous dire, ma Mère, combien ce petit bruit me fatiguait c'est chose impossible : j'avais grande envie de tourner la tête et de regarder la coupable qui, bien sûr, ne s'apercevait pas de son tic, c'était l'unique moyen de l'éclairer; mais au fond du cœur je sentais qu'il valait mieux souffrir cela pour l'amour du bon Dieu et pour ne pas faire de la peine à la sœur. Je restais donc tranquille, j'essayais de m'unir au bon Dieu, d'oublier le petit bruit... tout était inutile, je sentais la sueur qui m'inondait et j'étais obligée de faire simplement une oraison de souffrance, mais tout en souffrant, je cherchais le moyen de le faire non pas avec agacement, mais avec joie et paix, au moins dans l'intime de l'âme, alors je tâchai d'aimer le petit bruit si désagréable; au lieu d'essayer de ne pas l'entendre (chose impossible) je mettais mon attention à le bien écouter comme s'il eût été un ravissant concert et toute mon oraison (qui n'était pas celle de quiétude) se passait à offrir ce concert à Jésus. Une autre fois, j'étais au lavage devant une sœur qui me lançait de l'eau sale à la figure à chaque fois qu'elle soulevait les mouchoirs sur son banc, mon premier mouvement fut de me reculer en m'essuyant la figure, afin de montrer à la sœur qui m'aspergeait qu'elle me rendrait service en se tenant tranquille, mais aussitôt je pensai que j'étais bien sotte de refuser des trésors qui m'étaient donnés si généreusement et je me gardai bien de faire paraître mon combat. Je fis tous mes efforts pour désirer de recevoir beaucoup d'eau sale, de sorte qu'à la fin j'avais vraiment pris goût à ce nouveau genre d'aspersion et je me promis de revenir une autre fois à cette heureuse place où l'on recevait tant de trésors. Mère bien-aimée, vous voyez que je suis une *très petite âme* qui ne peut offrir au bon Dieu que de *très petites choses*, encore m'arrive-t-il souvent de laisser échapper de ces petits sacrifices qui

donnent tant de paix à l'âme ; cela ne me décourage pas, je supporte d'avoir un peu moins de paix et je tâche d'être plus vigilante une autre fois ». (*Ms C*, 30r°-31r°)
« C'est vrai, depuis quelques mois je n'ai plus à combattre pour pratiquer cette belle vertu, je ne veux pas dire par là qu'il ne m'arrive jamais de faire des fautes, ah ! je suis trop imparfaite pour cela, mais je n'ai pas beaucoup de mal à me relever lorsque je suis tombée… Il se trouve dans la communauté une sœur qui a le talent de me déplaire en toutes choses […] Aussi ne voulant pas céder à l'antipathie naturelle que j'éprouvais, je me suis dit que la charité ne devait pas consister dans les sentiments, mais dans les œuvres […] Comme elle ignorait absolument ce que je sentais pour elle, jamais elle n'a soupçonné les motifs de ma conduite et demeure persuadée que son caractère m'est agréable. Un jour à la récréation elle me dit à peu près ces paroles d'un air très content : "Voudriez-vous me dire, ma Sr Th. de l'Enf. Jésus, ce qui vous attire tant vers moi, à chaque fois que vous me regardez, je vous vois sourire ?" Ah ! ce qui m'attirait, c'était Jésus caché au fond de son âme… Jésus qui rend doux ce qu'il y a de plus amer ». (*Ms C*, 13v°)

On le voit, l'affabilité de Thérèse a trompé jusqu'à l'intéressée. Nous ne pouvons la soupçonner d'hypocrisie bien sûr. Son sens de l'autodérision l'en a préservée. Mais à travers un *amour volontaire*, Thérèse est arrivée à surmonter l'antipathie et à transfigurer son ressenti. Elle a encouragé le « complet détachement de [soi, pour avoir compris] […] ce que l'on gagne à se renoncer en toutes choses[33] !… » Telles sont les incroyables potentialités de la charité. Il ne tient qu'à nous de lui laisser libre cours pour se déverser à travers nous. Au lieu de l'endiguer avec nos petitesses

33. *CSM*, *VT* 73, p. 66.

natives et capricieuses, on peut la laisser aboutir à des « *folies* » inimaginables et confondantes. À la manière dont Dieu aime, en somme.

Dès lors, le clou de la perfection, c'est l'amour, dont l'envahissement progressif dans notre cœur aboutit à la sainteté. Une sainteté qui est exigence d'intimité intensive, progressive et exclusive avec Dieu, pour se répandre autour de nous.

Enfin, les cas de figure rapportés par Thérèse offrent une nouvelle démonstration de ce que Jésus peut nous sanctifier lors même que nous demeurons imparfaits et faillibles. Dieu constitue notre activité; nous conservons notre personnalité, mais divinisée. La « bonification » de notre nature ne se mesure pas à coups de victoires sur nos manquements, mais à nos perpétuels efforts et à nos persévérants redressements, avec la grâce de Dieu. Ce n'est pas en résistant contre notre nature que nous libérerons les potentialités de l'amour de Dieu en nous : c'est en la rendant demandeuse de la grâce et réceptive à elle. En nous sanctifiant, Dieu réalise lui-même en nous tout ce qu'il désire y trouver et accomplir. Non pas en dépit de notre imperfection, mais *avec* elle, justement.

Notre imperfection mise à la question

Thérèse parle très sérieusement de sa propre imperfection. Elle soutient que « nulle vie humaine n'est exempte de fautes » et que « les plus saintes ne seront parfaites qu'au Ciel ». Nous sommes ontologiquement limités et moralement défaillants. Le sommet de la vie chrétienne n'équivaut donc pas à la pratique effective d'une perfection toute lisse. La sainteté est une quête incessante et résiliente, dans la plus large ouverture possible à la libre circulation de l'amour de Dieu en nous. Il n'est pas question de grimper toujours plus haut dans la perfection, en concédant toujours moins à sa nature blessée. Certes, Thérèse essaye de ne pas agir uniquement « par nature ». Et il est vrai aussi qu'au début elle luttait principalement contre elle. Cependant, son combat spirituel s'est progressivement déplacé sur le plan de l'exercice de sa liberté et de sa volonté, dont la remise à Dieu a conditionné l'épanouissement de l'agir divin en elle. C'est formellement depuis juin 1895 que sa sainteté n'est plus qu'incessante attente de la grâce, à partir de ce qu'elle est.

Pour agrémenter notre lecture et piquer notre curiosité, Thérèse en développe la vérité, formée à partir de son expérience personnelle. Faisant écho au Livre des Proverbes qui certifie que « le juste tombe sept fois par jour » (Pr 24,16), elle ne se lasse pas de démontrer que notre imperfection et la pleine sainteté ne sont pas inconciliables ; les bienfaits de la correction fraternelle n'étant pas superflus.

« Le juste tombe sept fois par jour »

Le juste tombe, mais il se relève, les yeux fixés non pas sur sa faute récente mais sur Dieu. Il n'est donc pas désespéré mais contrit. De même, l'enfant désobéit, mais il a trop besoin de l'amour de ses parents pour ne pas revenir vers eux. Thérèse préconise donc l'attitude de l'enfant qui se jette dans les bras de son père – ou de sa mère –, plein de repentir après sa faute au lieu de se morfondre dans la culpabilisation. En fait, c'est la miséricorde de Dieu qui a raison de « châtiment ». Dieu n'adopte pas un visage plus « sévère » avec les pécheurs invétérés que nous sommes. Ce n'est pas sa justice qui est ambivalente. C'est le pécheur qui lui confère une double acception : selon qu'il écarte ou réclame le pardon de Dieu. C'est l'attitude de l'homme – positive ou négative – qui induit cette double connotation à la justice divine. Thérèse le démontre à travers cette parabole :

> « Je suppose qu'un père ait deux enfants espiègles et désobéissants, et que venant pour les punir il en voie un qui tremble et s'éloigne de lui avec terreur, ayant pourtant

> au fond du cœur le sentiment qu'il mérite d'être puni ; et que son frère, au contraire, se jette dans les bras du Père en disant qu'il regrette de lui avoir fait de la peine, qu'il l'aime et que, pour le prouver, il sera sage désormais, puis si cet enfant demande à son Père de le *punir* par un *baiser*, je ne crois pas que le cœur de l'heureux père puisse résister à la confiance filiale de son enfant dont il connaît la sincérité et l'amour. Il n'ignore pas cependant que plus d'une fois son fils retombera dans les mêmes fautes mais il est disposé à lui pardonner toujours, si toujours son fils le prend par le cœur… » (*LT* 258, 2r-2v°)

Thérèse nous dissuade de donner prise à l'abattement ; auquel cas nous nourririons le ver rongeur d'une ambition déçue et souvent masquée. Elle nous suggère plutôt de répéter cet acte de foi, dans une incessante confiance filiale : « Maintenant je ne m'étonne plus de rien, je ne me fais pas de peine en voyant que je suis la *faiblesse* même, au contraire c'est en elle que je me glorifie et je m'attends chaque jour à découvrir en moi de nouvelles imperfections. Me souvenant que la Charité couvre la multitude des péchés[34]. »

L'imperfection de Thérèse ne l'a nullement empêchée de vivre d'amour. Elle est même parvenue à « toujours trouver le moyen d'être heureuse et de profiter de [ses] misères ». Car elle avait compris que le refus de sa nature portait les stigmates de l'orgueil. Dès le moment où elle en accepta les imperfections, elle les enrôla pour constituer un nouveau contingent dans sa quête de l'humilité. Au lieu d'essayer d'agir parfaitement, elle a décidé de laisser parfaitement le Christ vivre et agir en elle. Au lieu de mater son imperfection et ses « infirmités », et de continuer à prier Jésus de « briser » sa nature, elle les a convertis en « argument » pour rapprocher Dieu d'elle. Comme la sainteté

34. *Ms C*, 15r°-15v°.

n'est pas la quête d'un idéal à respecter, de même, la perfection n'est pas une précondition de l'union à Jésus, mais son fruit.

Au début, ce fut pour le moins pénible, tant « on voudrait, avec l'aide de Dieu, bien sûr, en collaborant avec la grâce, édifier la construction bien ordonnée d'une belle vie vertueuse, réglée, harmonieuse, sans heurts, sans à-coups, sans défaillances. Néanmoins, il s'agit de quelque chose de beaucoup plus profond[35] ». Ce « plus profond » c'est l'humilité, que Thérèse a atteinte à un rare degré. Quand, à la fin de sa vie, on lui rapporta « *On vous a trouvée imparfaite en telle occasion…* [Elle a répondu] avec satisfaction : “Oh! bien, tant mieux” ». Ce qui eût pu lui être présenté comme une raillerie a pourtant surpassé tous les compliments qui l'*ennuyaient*. Sans jamais dire explicitement qu'elle s'estimait pécheresse, elle se savait « faible et imparfaite ». Simplement, elle décida de ne plus s'en soucier le moins du monde : seul l'amour miséricordieux de Dieu la rendra juste du fait que les « feux de l'amour divin » brûlent en nous tout ce qui est impur.

La correction fraternelle : une forme d'exercice de la charité

Ainsi donc, on l'avait « trouvée imparfaite en telle occasion ». Thérèse a été brocardée, mais elle a converti la mesquinerie de sa consœur. Au lieu d'une blessure d'amour-propre, elle y a discerné une leçon surnaturelle : « Cela rend tant de service d'avoir quelqu'un qui vous dise lorsqu'on a fait quelque chose de travers[36] ».

Car il est possible de corriger les autres en demeurant charitable. C'est le défi que lance la correction fraternelle. Et il ne faut pas attendre les bonnes dispositions de l'intéressée : « Ayons

35. G. Lefèvre, « Pauvrement et humblement », *VT* 6 (avril 1962), p. 31.

36. *RP* 8, 4v°. Ceci étant glissé dans une récréation, et donc adressé à *toute* la communauté.

toujours “le glaive de l’esprit” à la bouche [...] Combattons toujours même sans espoir de gagner la bataille. Qu’importe le succès ? [...] Il faut faire son devoir jusqu’au bout[37] ». Et une fois rempli ce devoir, elle prévient qu’« il ne faut pas que la bonté dégénère en faiblesse. Quand on a grondé avec justice il faut en rester là, sans se laisser attendrir au point de se tourmenter d’avoir fait de la peine, de voir souffrir et pleurer. Courir après l’affligée pour la consoler, c’est lui faire plus de mal que de bien. La laisser à elle-même, c’est la forcer de recourir au bon Dieu pour voir ses torts et s’humilier[38] ». Un seul « mot » peut « détruire le bel édifice » – qu’est l’humilité – construit dans les larmes.

Il y a donc deux écueils à éviter dans la correction fraternelle. D’un côté, poser des jugements hâtifs ou irrévocables ; d’en avoir été quelquefois victime la « rendit indulgente pour les faiblesses des autres[39] ». De l’autre côté, ignorer volontairement un manquement flagrant dont nous aurions été témoin ou qui nous aurait été rapporté ; ce qui peut induire une tolérance tacite, et rendue complice à la longue. Thérèse conseille plutôt de reprendre le coupable sans s’inquiéter de l’issue du dialogue, et de ne pas alimenter des incriminations contre la coupable dans son dos[40].

Thérèse recommande encore de ne pas « agir par nature », en voulant se faire du bien et se « soulager » : par exemple, en réglant ses comptes. La bienveillance et le bien de l’autre doivent être les

37. *CJ* 6.4.2.

38. *CJ* 18.4.4.

39. *Ms C*, 13r°.

40. « Le bon Dieu me donne ainsi tous les moyens de rester bien petite [...]. Si l’on me raconte des combats contre les sœurs, je tâche de ne pas m’animer à mon tour contre celle-ci ou celle-là. Il faut, par exemple, que, tout en écoutant, je puisse regarder par la fenêtre et jouir intérieurement de la vue du Ciel, des arbres... Comprenez-vous ? Tout à l’heure, pendant ma lutte à propos de S. X. je regardais avec plaisir les belles pies s’ébattre dans le pré, et j’étais aussi en paix qu’à l’oraison... J’ai bien combattu avec... je suis bien fatiguée ! mais je ne crains pas la guerre. C’est la volonté du bon Dieu que je lutte jusqu’à la mort. Oh ! ma petite Mère, priez pour moi ! » (*CJ* 18.4.1).

seuls mobiles de notre intervention. Officieusement maîtresse des novices sous le priorat de mère Agnès, son service d'auxiliaire au noviciat a été officiel sous celui de mère Marie de Gonzague, dès mars 1896. Voici ce qu'en a retenu Thérèse :

> « Ce qui me coûte par-dessus tout, c'est d'observer les fautes, les plus légères imperfections et de leur livrer une guerre à mort. [...] Autrefois lorsque je voyais une sœur qui faisait quelque chose qui me déplaisait et me paraissait irrégulier, je me disais : Ah ! si je pouvais lui dire ce que je pense, lui montrer qu'elle a tort, que cela me ferait de bien ! Depuis que j'ai pratiqué un peu le métier, je vous assure, ma Mère, que j'ai tout à fait changé de sentiment. Lorsqu'il m'arrive de voir une sœur faire une action qui me paraît imparfaite, je pousse un soupir de soulagement et je me dis : Quel bonheur ! ce n'est pas une novice, je ne suis pas obligée de la reprendre. Et puis bien vite je tâche d'excuser la sœur et de lui prêter de bonnes intentions qu'elle a sans doute ». (*Ms C*, 23r° ; 27v°)

Nous retrouvons l'importance des bonnes intentions. Mais nous voyons aussi que Thérèse a spontanément adopté une posture positive : elle ne s'est pas contentée de résister à l'aversion ou à de mauvaises impressions. Elle ne s'est pas davantage arrêtée à déceler les bonnes intentions enfouies en l'intéressée : elle est allée jusqu'à les lui « prêter » – et donc à les lui supposer. Comme elle rejetait les œuvres et les efforts de perfection du moment qu'ils deviennent occasions de s'en glorifier, de même elle a refusé toute correction fraternelle s'apparentant à une recherche de sa satisfaction personnelle : « Ah ! si je pouvais lui dire ce que je pense, lui montrer qu'elle a tort, que cela me ferait de bien ! », songea-t-elle un jour. Depuis lors, elle a « tout à fait changé de sentiment ».

Chapitre IX

La communion des saints

Nous avons enfin glané deux lignes de force qui ont de nombreux embranchements avec la conception de la sainteté de Thérèse. D'une part, nous formons un réseau interactif; d'autre part, certains saints ont « estampillé » Thérèse.

Un réseau social efficace et interactif

Pour elle, la communauté des hommes se prolonge au Ciel, avec un grand C : il « est tout près de la terre, / [...] / Les saints [y] entendent notre prière / Ils [y] recueillent tous nos soupirs ». Thérèse ne nuance pas même d'un *peut-être* sa certitude qu'ils participent à nos joies terrestres[1]. Elle croit tant à leur amour bienveillant pour elle, qu'elle confessera à la fin de sa vie : « Si les saints me témoignent moins d'affection que mes petites sœurs, cela me paraîtra bien dur... et j'irai pleurer dans un petit coin... »

Sa conviction que nous sommes imbriqués étroitement avec les saints du Ciel a fondé cette circularité entre le Ciel et la terre. Nous désolidariser du Ciel reviendrait en quelque sorte à ignorer une partie de notre être. Ce serait aussi amenuiser la portée de notre agir en le réduisant à la vie temporelle. Car si nos actes nous

1. Cf. le très long passage où Thérèse imagine « comment les choses se passeront au Ciel », le jour des noces de Céline (*LT* 182, r°-2v°).

construisent, ils édifient également la communauté des saints. Raison pour laquelle Thérèse était en communion incessante avec sa « famille chérie ! », et des saints en particulier. Elle pensait constamment à eux et toujours avec affection. Par exemple, on rapporte que le jour de sa mort, « vers 5 heures, Mère Marie de Gonzague fit tomber ses reliques du B. [bienheureux, nda] Théophane Vénard et de la Mère Anne de Jésus qui étaient épinglées sur son rideau, à droite. On les releva et [Thérèse] leur fit une petite caresse. » De plus, elle ne désarma jamais devant leur silence, quand même elle s'interrogea à l'infirmerie : « Je me demande comment le bon Dieu peut se retenir si longtemps de me prendre... Et puis, on dirait qu'il veut me faire "accroire" qu'il n'y a pas de Ciel !... Et tous les saints que j'aime tant, où sont-ils donc "nichés" ? ... Ah ! Je ne feins pas, c'est bien vrai que je n'y vois goutte[2]. » Son désarroi devant le Ciel qui lui semble « fermé », fut d'autant plus douloureux qu'elle cohabitait avec ses « "petits" parents là-haut ».

Libres échanges de grâces

Puisque « tous les Saints sont nos parents », Thérèse avait l'assurance de recevoir d'eux « des trésors de grâces ». Elle s'est donc « présentée » devant eux en leur disant : « Je suis la plus petite des créatures, je connais ma misère et ma faiblesse, mais je sais aussi combien les cœurs nobles et généreux aiment à faire du bien, je vous supplie donc, ô Bienheureux habitants du Ciel [...] de *m'adopter pour enfant*, à *vous seuls* sera *la gloire* que vous me ferez acquérir[3] ». De même, alors qu'elle cherchait à « aimer » Dieu, « non d'un amour ordinaire mais comme les Saints qui faisaient pour Lui des folies », elle a trouvé la solution

2. *CJ* 15.8.7.

3. *Ms B*, 4r°.

en décrétant que sa « *folie* consistera à supplier les Aigles [ses] frères [les grands saints, nda], de [lui] obtenir la faveur de voler vers le Soleil de l'Amour ».

Elle soutenait en effet que « *les biens des uns* peuvent devenirs *les biens des autres.* "Comme une mère est fière de ses enfants, ainsi le serons-nous les uns des autres sans la moindre jalousie" ». Il lui semblait « que les âmes bienheureuses recevaient une grande gloire des prières qui étaient faites à leur intention et dont elles pouvaient disposer pour d'autres âmes souffrantes ». Elle « croyait que les Bienheureux ont une grande compassion de nos misères, [du fait qu']ils se souviennent qu'étant comme nous fragiles et mortels, ils ont commis les mêmes fautes, soutenu les mêmes combats [...] C'est pour cela qu'ils ne cessent de nous protéger et de prier pour nous[4] ».

Thérèse trouva de quoi illustrer son intuition dans une scène de tous les jours. Une religieuse voulait allumer des cierges. N'ayant pas d'allumette, elle se rapprocha d'une mèche à « demi éteinte et carbonisée », qui alluma pourtant son cierge. Celui-ci, à son tour, alluma tous les autres. Thérèse en a tiré la conclusion suivante :

> « Il en est de même pour la Communion des Saints. Souvent, sans le savoir, les grâces et les lumières que nous recevons sont dues à une âme cachée [qui peut d'ailleurs être encore sur terre, nda], parce que le bon Dieu veut que les Saints se communiquent les uns aux autres la grâce par la prière [...] Combien de fois ai-je pensé que je pouvais devoir toutes les grâces que j'ai reçues aux prières d'une âme qui m'aurait demandée au bon Dieu et que je ne connaîtrai qu'au Ciel. [...] Au Ciel on ne rencontrera pas de regards indifférents, parce que tous les élus

4. *LT* 263, r°-v°.

> reconnaîtront qu'ils se doivent entre eux les grâces qui leur ont mérité la couronne ». (*CJ* 15.7.5)

C'est dans cette logique qu'elle a voulu ne recevoir aucune « *provision* » de Dieu, qui la *nourrissait* « à chaque instant d'une nourriture toute nouvelle ». Dons, grâces et vertus provenant de Dieu, qui procède également de ses saints.

En fait, son raisonnement s'enchâsse dans celui qu'elle tenait à propos des biens de l'esprit (cf. chapitre précédent). Comme les lumières proviennent de l'Esprit Saint et peuvent profiter à tout le monde, de même « ce qui nous vient par certains saints est beaucoup plus pour nous que pour leur gloire propre[5] ». C'est on ne peut plus théologique :

> « "Tout est consommé" sur la Croix pour l'*acquisition* de la rédemption [et] tout ne "sera soumis" qu'à la fin (1Co 15,27), quand s'achèvera la *dispensation* de la rédemption. Ainsi en est-il, à l'image du Christ, pour la Vierge et les saints : après un temps de médiation où, unis au Christ ils peuvent acquérir pour nous des grâces, vient un temps de médiation où, unis au Christ, ils peuvent nous les dispenser. Tout est consommé pour eux à la mort, dans l'ordre de l'*acquisition* des grâces; mais tout continue pour eux jusqu'à la fin du monde dans l'ordre de la *distribution* des grâces[6] »

Nous avons vu que ce que reçoivent les uns (talents, intuitions, révélations privées…) a pour seul but de servir à d'autres. Dans le corps mystique du Christ, que nous composons, tout est pour tous. Pareillement pour les mérites.

---

5. *CSG*, p. 162-163.

6. Ch. Journet, « L'Église telle que la pense et la vit sainte Thérèse de Lisieux », *Carmel* (1957-I), p. 24.

Libre circulation des mérites

Les « petits parents » auxquels Thérèse fait allusion, ce sont ses frères et sœur morts peu après leur naissance[7]. Ils l'ont inoculée contre l'angoisse des « mains vides », après l'avoir affranchie du tourment des scrupules, dix ans auparavant. N'ayant pas eu le temps d'accomplir sur la terre quelque chose qui « mérite » leur salut, et donc de « gagner » leur « couronne », ils ont reçu en partage celles des autres. Thérèse a eu l'intelligence que les mérites des uns peuvent profiter aux autres. Il en est ainsi parce que tous les mérites proviennent du Christ, qui les a donnés en partage à toute l'humanité, à l'exclusion de personne – sauf de celles qui les refusent sciemment. Voilà pourquoi Thérèse ne s'appuyait « aucunement » sur eux, « assurée que [son] Céleste Époux suppléera à [ses] faibles mérites ». Par contre, elle les récoltait pour les autres, qui s'en détournent et les laissent se perdre : « Le poids de nos mérites supplée pour d'autres âmes qui se présenteront devant Dieu les mains vides », soutenait-elle.

Thérèse invite donc à travailler en vue non pas de *notre* salut, mais de celui des *autres*. Salut que le Christ leur a également acquis par sa Passion et sa résurrection, mais qu'ils refusent de recevoir. Au lieu de thésauriser pour elle, Thérèse « amasse » pour ceux qui oublient inconsidérément de se préoccuper du salut de leur âme.

Faire du bien sur la terre, une fois au Ciel

Est-ce aussi pour cette raison qu'elle a résolu de « ne pas rester inactive au Ciel » ? Car, dans une réplique de sa dernière récréation, Thérèse révèle à la Vierge Marie ce qui motive son désir de « travailler » encore après sa mort : « Permettez-moi de revenir sur la terre afin de protéger des âmes saintes, des âmes

7. Thérèse a dédié la prière *PN 44* à ses deux grands frères morts en bas âge, et qu'elle n'a donc pas connus.

dont la longue carrière ici-bas complètera la mienne ; ainsi par elles, je pourrai présenter au Seigneur une abondante moisson de mérites[8]. » Comme, au Ciel, les saints continuent d'intercéder pour nous qui sommes sur la terre, de même, nos actes sur terre peuvent être « récupérés » par eux, pour en faire profiter d'autres. Le sacrifice expiatoire du Christ Jésus était parfait, mais, dans son amour, Dieu accorde à la liberté humaine de la parachever[9]. L'œuvre du salut se poursuit avec notre collaboration, sur la terre comme au Ciel.

Dans son enfance, elle aspirait au Ciel parce qu'elle y connaîtrait enfin le bonheur sans mélange. À présent, elle y songe dans la perspective de rester auprès de nous. La motivation est différente, mais l'objet de sa conviction est identique : nulle cloison hermétique ne sépare la terre du Ciel. La terre se prolonge au Ciel, et vice versa.

Une nuit, elle avait rêvé de la fondatrice du carmel de Lisieux : « Je *croyais*, je *sentais* qu'il y a un ciel et que ce Ciel est peuplé d'âmes qui me chérissent, qui me regardent comme leur enfant... [...] Aussi lorsque j'ai compris à quel point *elle m'aimait*, combien je lui étais peu *indifférente*, mon cœur s'est fondu d'amour et de reconnaissance, non seulement pour la Sainte qui m'avait visitée, mais encore pour tous les Bienheureux habitants du Ciel[10] ». Du jour où elle est convaincue d'être aimée, sa reconnaissance ne connaît plus de bornes. À son tour, quand elle sera au Ciel, elle ne se désunira pas des âmes qui pérégrinent encore sur la terre.

Sur la fin, elle sera vraiment persuadée de pouvoir encore travailler « dans le Ciel », « dans le Paradis » : pour l'Église, les

8. *RP* 8, 6v°.

9. « Je me réjouis maintenant dans mes souffrances pour vous ; et ce qui manque aux souffrances de Christ, je l'achève en ma chair, pour son corps, qui est l'Église » (Col 1,24).

10. *Ms B*, 2r° ; cf. aussi *CJ* 26.5.

âmes et ses proches[11]. Elle ne doutait pas un instant que « les bienheureux peuvent encore travailler au salut des âmes ». Elle priait même en ce sens : « Je compte bien ne pas rester inactive au Ciel, mon désir est de travailler encore pour l'Église et les âmes, je le demande au bon Dieu et je suis certaine qu'il m'exaucera. Les anges ne sont-ils pas continuellement occupés de nous sans jamais cesser de voir la Face divine, de se perdre dans l'Océan sans rivage de l'Amour? Pourquoi Jésus ne me permettrait-Il pas de les imiter[12] ? » Pour elle, il était quasiment impensable qu'il en fût autrement : « Il faudra que le bon Dieu fasse toutes mes volontés au Ciel parce que je n'ai jamais fait ma volonté sur la terre[13]. »

Comment Dieu l'agréerait? Eh bien, alors qu'on lui avait demandé, quelques heures plus tard, « Vous nous regarderez du haut du Ciel n'est-ce pas? », Thérèse répondit : « Non, je descendrai ! »

Quatre jours plus tard, et un mois et demi avant de mourir, Thérèse informe toute la communauté de ce récent pressentiment de revenir après sa mort. Pressentiment qui, là encore[14], répondit à un vœu intime :

> « Je sens que je vais entrer dans le repos… Mais je sens surtout que ma mission va commencer, ma mission de faire aimer le bon Dieu comme je l'aime, de donner ma petite voie aux âmes. Si le bon Dieu exauce mes désirs, mon Ciel se passera sur la terre jusqu'à la fin du monde. Oui, je veux passer mon Ciel à faire du bien sur la terre. Ce n'est pas impossible, puisqu'au sein même de la vision béatifique, les

---

11. Par exemple, elle dit – et peu importe si c'est sous forme de boutade, puisque le fond est sincère : « Je serai toujours avec ma petite Mère; je demanderai aux saints de venir avec moi dans les vilaines caves pour la protéger, et s'ils ne veulent pas, j'irai toute seule » (*CJ* 27.6.).

12. *LT* 254.

13. *CJ* 13.7.2.

14. Comme pour l'entrée de sa sœur Céline au Carmel (cf. la fin du chapitre V).

> Anges veillent sur nous. Je ne puis pas me faire une fête de jouir, je ne peux pas me reposer tant qu'il y aura des âmes à sauver... Mais lorsque l'Ange aura dit : "Le temps n'est plus! alors je me reposerai, je pourrai jouir, parce que le nombre des élus sera complet et que tous seront entrés dans la joie et dans le repos. Mon cœur tressaille à cette pensée... Le bon Dieu ne me donnerait pas ce désir de faire du bien sur la terre après ma mort s'il ne voulait pas le réaliser ; il me donnerait plutôt le désir de me reposer en lui. » (*CJ* 17.7)

Nous voyons dans cet extrait surgir trois idées. La première est de « donner [sa] petite voie aux âmes », une fois qu'elle aura quitté cette vie mortelle. Nous avions avancé que sa « petite voie » était une sorte de testament qu'elle devait léguer à la postérité. Or, elle dit qu'elle-même nous le donnera en mains propres, et qu'il entre dans sa « mission » de divulguer et répandre la solution de l'ascenseur « aux âmes » – et non plus seulement aux « petites âmes ».

La seconde idée concerne le Ciel. Après avoir aspiré toute sa vie à y séjourner paisiblement, nous apprenons qu'elle le « passera sur la terre ». Non pas quelque temps, mais « jusqu'à la fin du monde ». Le lendemain, elle le répétera, quasiment dans les mêmes termes. Objet de son espérance malmenée par sa nuit de la foi, le Ciel sera le lieu de l'exercice de son amour. Au Ciel, Thérèse perpétuera les échanges dialogaux entre les deux réalités – ainsi qu'elle le fit déjà sur la terre.

Troisième idée. Thérèse actualise ce souci qui l'a occupée toute sa vie, avec celui d'aimer Jésus : le salut des âmes. Comme la terre se prolonge au Ciel, de même le Ciel continue sur la terre, dans une perspective rédemptrice. C'est un cercle vertueux : celui de la rédemption dans la communion des saints. En fin de compte, c'est après sa mort que Thérèse vivra à plein cette définition du chrétien : elle sera dans le monde sans plus être du monde (cf. Jn 17,14-18). Comme Jésus, elle ne nous laissera pas « orphelins » (cf. Jn 14,18).

Thérèse « hyperactive », même dans « ce beau Ciel composé des Anges et des Saints »... À la façon de notre ange gardien!

Notre ange gardien

Régulièrement mis en scène dans ses récréations pieuses, Thérèse dédie un poème au compagnon fidèle de sa vie. Elle comparait Pauline à son propre ange gardien. Elle pensait d'ailleurs que l'on doit se comporter de la sorte envers nos proches[15]. Au reste, elle promit d'agir de même une fois au ciel : « Votre Ange gardien vous fait-il peur?... Il vous file cependant, tout le temps; eh! bien, je vous filerai de même, et de près encore! Je ne vous laisserai rien passer[16]... »

Notre ange gardien est tout bonnement irremplaçable. Nous pouvons compter sur lui pour nous « éclairer » et « dire ce qu'on doit faire ». En permanence à nos côtés, il « nous couvre de ses ailes », « dirige nos pas » et nous « garde toujours ». Quand même nous ne nous soucions pas de l'invoquer et ne le « voyons pas », il cherche à nous mettre à l'abri des « occasions de péché ». Ce « serviteur de Jésus » veut nous « inspirer les bonnes pensées et les actions vertueuses ». Enfin, il ne demande qu'à intercéder pour nous auprès du Ciel, afin d'y importer nos suppliques et d'en exporter les encouragements de tous les saints.

Pour toutes ces raisons, n'oublions jamais de réclamer son aide.

Les saints qui ont influencé Thérèse

Il nous a paru intéressant d'effectuer aussi quelques sondages parmi les saints qui furent déterminants dans sa façon de vivre et

15. Nous le déduisons de cette injonction tirée de sa dernière Récréation pieuse : « Je veux que vous soyez l'ange de frère Stanislas, le novice que m'envoie le Père Canisius » (*RP* 8, 1v° et 4v°).

16. *DE/SME*, 18.7.4.

de concevoir la sainteté. Les points de convergence sont vraiment instructifs.

Nous savons le vif intérêt que nourrissait Thérèse envers les saints qu'elle qualifiait d'« ordinaires » – même s'ils ne l'étaient pas tant que ça. Nous connaissons aussi son amour de prédilection pour ceux qui moururent jeunes ou martyrs. Nous avons côtoyé Cécile, Jeanne d'Arc, et repéré l'une ou l'autre allusion à Agnès – la sainte patronne de Pauline.

Cependant, la gent masculine ne fut pas en reste. Outre Tarcisius[17], Thérèse révérait Théophane Vénard et Stanislas Kostka. Elle estimait également Louis de Gonzague. Ce sont surtout ces derniers qui l'ont marquée.

Théophane Vénard, Stanislas Kostka et Louis de Gonzague

Théophane Vénard, canonisé par Jean-Paul II en 1988 et contemporain de Thérèse, était un missionnaire français. Stanislas Kostka était un jésuite polonais vivant au XVIe siècle, tout comme le jésuite italien Louis de Gonzague.

Ce qui les relie ? En dehors des nombreux points communs entre leur biographie et celle de Thérèse[18], ou la proximité de sentiment entre elle et ces trois saints, le fait qu'ils soient morts

17. Martyr chrétien du IIIe siècle qui a sacrifié sa vie pour protéger des hosties consacrées.

18. Louis de Gonzague (1568-1591) a perdu deux frères et son père. Stanislas Kostka (1550-1568) fut longuement malade avant d'être guéri par la Vierge Marie. Quant à Théophane Vénard (1829-1861), il avait déjà perdu deux frères et sa mère à treize ans. C'est lui qui avait sans conteste la préférence de Thérèse. Elle avait reçu son portrait (*CJ* 20.8.13) – lequel ornait « le rideau du lit » (*CJ* 30.7.11) –, ainsi qu'une « relique » qui la fit « pleurer de joie » (*CJ* 6.11.2). Aux alentours de novembre 1896, elle a lu « entre autres, [la vie] de Théophane Vénard qui [l']a intéressée et touchée plus [qu'elle n'avait pu] dire » (*LT* 221, 2r°-2v°). Il est d'ailleurs recensé pas moins de dix-sept fois dans le *Carnet jaune*.

en leur printemps[19] l'a profondément émue. En écoutant la lecture de la vie de Louis de Gonzague au réfectoire, elle comprend qu'« il n'aurait pu apprendre davantage ni être plus saint, même s'il avait atteint l'âge de Noé ». Dans sa dernière récréation pieuse, justement dédiée à sœur Saint-Stanislas, et tandis qu'elle consacre concomitamment son ultime poésie à Théophane Vénard, Thérèse peut rappeler « que la Sainteté ne se distingue pas aux cheveux blonds ou blancs », ni à « l'habit » – puisque « partout on peut devenir saint » –, ni au « *nom* ». Thérèse a compris que Dieu remédie à la brièveté de la vie humaine. À présent qu'elle a l'assurance de sa mort prochaine, cela lui parle de façon maximale. La mort précoce est loin d'être un empêchement dirimant à la sainteté, et qu'elle ne restreint pas les possibilités de salut pour quatre raisons au moins. D'abord, « la prudence du juste lui tient lieu de cheveux blancs ». L'âge ne conditionne pas le degré de maturité de la personne. C'est la prudence qui s'en charge. Vertu cardinale, elle régule les vertus morales et permet de juger de manière sage et juste. Ensuite, c'est Dieu qui peut vouloir ramener à lui certains, plus rapidement. Craignant que leur « esprit ne fût corrompu par la malice du monde et que les apparences trompeuses » ne séduisent leur âme « agréable à Dieu », il peut s'être « hâté de les tirer du milieu de l'iniquité ». C'est même la preuve que « la grâce et la miséricorde de Dieu sont pour ses Saints et que ses regards favorables sont sur ses élus ». Enfin, cette mort sonnera l'heure, pour les autres, de se remettre en question : « De quoi nous a servi notre orgueil ?... Qu'avons-nous tiré de nos richesses ?... Toutes ces choses sont passées [...] Nous ne sommes pas plutôt nés que

19. Théophane Vénard mourut à l'âge de trente et un ans et Louis de Gonzague à vingt-trois ans. Quant à Stanislas Kostka, qui forme avec Louis de Gonzague et Jean Berchmans le trio le plus célèbre des jeunes jésuites canonisés, il mourut à dix-huit ans. Ces deux derniers ont été consacrés saints patrons de la jeunesse par l'Église.

nous avons cessé d'être, nous n'avons montré en nous aucune trace de vertu »[20].

Par ailleurs, ces trois saints ont consommé leur martyre[21]. C'était le « rêve » de sa « jeunesse », et il l'étreignit dès l'instant qu'elle eut traversé l'enceinte des décombres entourant le Colisée, et embrassé son sol que les premiers chrétiens avaient foulé.

En dehors de Louis de Gonzague, ils lui paraissent « ordinaires ». Chez Stanislas, il n'y a rien au cours de ses neuf mois de noviciat chez les Jésuites de Rome qui ne valut la peine d'être noté, si ce ne sont le « calme de son âme » et son idéal d'« accomplir de très petites choses avec un très grand amour[22] ». Elle retient de lui l'« aimable simplicité » et la « vertu d'humilité ». Quant à Théophane, il a incarné une « sanctification de l'instant présent par l'union divine habituelle au sein même des actions les plus ordinaires[23] ». Particularités de Thérèse également, qui assurait que « c'est parce qu'on pense au passé et à l'avenir qu'on se décourage et qu'on désespère ».

Enfin, ils achevèrent de la conquérir par leur alacrité. Hormis à nouveau Louis de Gonzague, ils étaient « gais » – Thérèse était sensible à cette épithète, dont elle gratifie la mère fondatrice du carmel de Lisieux et la « Sainte Famille ».

Ses petits frères et Marie Madeleine

Grâce à ses petits frères et la figure de Marie Madeleine, Thérèse a pu asseoir de nombreuses convictions intimes. Récapitulons-les.

---

20. *RP* 3, 20r°.

21. Théophane, prêtre des Missions étrangères de Paris, fut martyrisé et décapité dans le Tonkin (nord du Vietnam, à Hanoï), où Thérèse espérait se rendre (cf. *LT* 221, 2v° ; *CJ* 15.5.6 et *CJ* 27.5.10). Saint Louis de Gonzague contracta la peste en soignant les pestiférés de Rome. Saint Stanislas fut assassiné.

22. J. Huscenot, *La sainteté avant 30 ans c'est possible !*, *op. cit.*, p. 36-39.

23. *Ibid.*, p. 89 ; voir aussi p. 85 et 87.

Thérèse voulut « être ici-bas [l']image fidèle » de ses « petits frères du Ciel ». Elle « réclamait une place » auprès d'eux et espérait se « joindre à eux » en raison de leurs « charmes indéfinissables de l'enfance ». Elle souhaitait avoir leur « palme » qu'ils n'avaient pas eu le temps de gagner, pour ainsi « leur ressembler et ne pas *gagner* de couronne[24] ». Elle se sentait attirée par cette « moisson de fleurs » en raison « de tous les dons que le Seigneur leur a prodigués gratuitement », et parce qu'ils avaient conservé leur « innocence ». Dieu leur a permis une vie brève « afin de les mettre en sûreté ». Or, Thérèse fut toujours soucieuse de conserver sa pureté virginale.

Par l'entremise de sainte Marie Madeleine, l'héroïne de sa quatrième *Récréation pieuse*, Thérèse a trouvé, dans son « étonnante ou plutôt son amoureuse audace », l'impulsion pour se consacrer à l'amour miséricordieux de Dieu. Elle a puisé, dans l'histoire de cette femme, une image reprise à saint Jean de la Croix pour formuler son formidable essor dans la sainteté : « Comme Madeleine se baissant toujours auprès du tombeau vide finit par trouver ce qu'elle cherchait, ainsi, m'abaissant jusque dans les profondeurs de mon néant je m'élevai si haut que je pus atteindre mon but[25]. » À l'instar de Marie Madeleine qui espérait être pardonnée de Jésus en dépit de sa vie pécheresse, Thérèse a vécu, au cours des dernières semaines, l'ode à la confiance, à « cette table remplie d'amertume où mangent les pauvres pécheurs[26] ». Enfin, par son truchement, Thérèse a pu affermir son assurance que Dieu offre, à qui veut bien l'accueillir, son « intimité » avec lui. Son aspiration à la consomption de son être par Dieu s'est trouvée ravivée. Avec une énergie nouvelle,

24. *LT* 182, 1v°. En mars 1888, elle écrivait : « La vie passe si vite que vraiment il vaut mieux avoir une très belle couronne et un peu de mal que d'en avoir une ordinaire sans mal » (*LT* 43 B, 2r°).

25. *Ms B*, 3 v°.

26. *Ms C*, 6r°.

Thérèse a décidé que sa « vie ne soit qu'un acte d'amour », de « vivre dans un acte de parfait Amour ».

Jusque dans son épreuve finale. « Sa passion [...] [a duré] exactement cent quatre-vingts jours[27] ». Ce fut si long qu'à la fin, Thérèse ne savait plus si elle allait *vraiment* bientôt mourir[28].

---

27. G. GAUCHER, *La passion de Thérèse de Lisieux. 4 avril - 30 septembre 1897, op. cit.*, p. 46.

28. La veille de sa mort, à midi, elle s'écria : « Ma Mère, est-ce l'agonie?... Comment vais-je faire pour mourir? Jamais je ne vais savoir mourir!... » Et après la visite du docteur, au jour de sa mort, elle demanda à mère Agnès : « Est-ce aujourd'hui, ma mère [que je vais mourir, nda] ? » (*CJ* 30.9).

Conclusion

30 septembre 1897. Vers 19 h 20, Thérèse nous a quittés, avec cet encouragement : « Je ne meurs pas, j'entre dans la vie et tout ce que je ne puis vous dire ici-bas, je vous le ferai comprendre du haut des Cieux[1]... » Ses derniers mots prononcés – « Mon Dieu..., je vous aime ! » – ont scellé une existence de vingt-quatre années et demie, cachée à Lisieux. La jeune femme normande nous a légué une « petite voie toute nouvelle » de sainteté, après avoir vécu sur le mode majeur et au-delà de tous ses désirs, la spécificité de son ordre : se vider de soi pour se remplir de Dieu.

Quel réconfort de l'avoir vue peiner dans sa progression. Personne ne naît saint. Cependant, le constat de son incapacité à concrétiser ses objectifs de perfection et de sainteté, a cédé la place à cette conviction : ce n'est pas à elle de se fixer les moyens pour les atteindre. Et cela s'est fait progressivement.

Son éducation a constitué un humus privilégié pour l'épanouissement de la vocation baptismale à la sainteté de Thérèse. Le milieu familial fut un prélude idéal, puis un formidable appoint à la sainteté de Thérèse – qui s'est sentie tout à fait libre pour prendre, par la suite, du recul vis-à-vis de certaines vues ou habitudes. Ses désirs de perfection précoces, vivaces et marqués par un grand sens du sacrifice, l'ont projetée vers le Bien. Son besoin d'aimer et d'être aimée, en témoignant à tous sa tendresse de « mille manières », trouvera son apaisement en Jésus, à qui elle accordera « mille marques d'amour ».

1. *LT* 244.

Le contexte familial a protégé et forgé la soif de perfection de Thérèse. Il l'a aussi préparée à discerner la « certitude d'un appel divin », dont le premier jalon fut posé lors de sa grâce de Noël en 1886. Thérèse fut *transformée*, au point de franchir d'un bond les murs de son *ego* blessé. Dieu a agréé sa sincère et courageuse constance envers lui. Dans des conditions aussi encourageantes, son désir de devenir religieuse ne pouvait que se renforcer. Au travers de multiples démarches et en dépit de l'avis contraire de plus d'un récalcitrant, Thérèse est entrée au carmel de Lisieux à quinze ans. Elle a découvert que la Providence divine peut se servir des contingences douloureuses de l'existence, pour nous introduire dans les profondeurs de sa volonté sur nous. Sa tension vers la sainteté fut nourrie de la « fidélité aux petites choses », que Thérèse a ensuite converties lexicalement en « riens ». Elle les a baptisées ainsi pour bien accentuer leur inanité, alors même qu'ils constituaient son arsenal dans son « combat » pour devenir sainte. Ils ont nourri son attente d'entrer au couvent de la rue de Livarot, et entretenu sa *volonté* d'« être une sainte » et de *devenir parfaite*.

Thérèse ne donna pas immédiatement une réponse joyeuse et active à travers ses « chants d'amour » pour Dieu. Elle était décidée à ne rien concéder à sa nature. Le verdict de sa faiblesse tombera cependant rapidement. Le crucifiement précoce de son amour-propre, comme la disparition impromptue et définitive de ses consolations spirituelles, vont en décider autrement. Et rondement.

Thérèse n'invalide pas pour autant son désir de sainteté et sa quête. Elle se concentre sur les « petites vertus », en les chargeant d'un sens nouveau : elles forment la base ferme de son effeuillage, accentué par la longue déchéance du papa et les questionnements de Céline sur sa vocation. Thérèse corrige sa marche vers la sainteté : après avoir quelque peu dénigré la « couronne ordinaire », elle oriente ses préférences vers la vie simple et les saints ordinaires. L'influence bénéfique de mère Geneviève de Sainte-Thérèse renforce son attrait pour les petites actions, qui ont le double avantage d'empêcher son relâchement et d'être à sa portée. Grâce au père Prou, Thérèse comprend que les manquements doivent être réinsérés dans la perspective de la miséricorde divine. Tout cela dans un abandon total à la volonté de Dieu. Elle prend acte que « plus l'un des partenaires est faible, démuni, pauvre et fragile [elle-même, nda], plus il appelle l'autre [Dieu, nda] à venir dans sa vie, à tout envahir[2] ».

Par suite, Thérèse enseigne que nous devons cesser de comparer et de nous inquiéter de notre progression morale et spirituelle. Sinon, soit nous nous exposons au découragement et/ou à la jalousie, soit nous prêtons le flanc à la vanité présomptueuse et à l'orgueil. Thérèse est la vivante démonstration que le consentement serein et apaisé de sa faiblesse est, en fait, invitation à descendre en nous-mêmes : nous sommes des pécheurs aimés et sans cesse pardonnés. « Si la sainteté est le propre de Dieu et si en même temps nous avons été créés à l'image et à la ressemblance de Dieu, il doit bien y avoir en chaque être humain une prédisposition à la sainteté, prédisposition qui n'est pas ruinée par notre condition pécheresse[3] » !

L'élection de sa sœur Pauline au priorat, en février 1893, marquera son entrée dans les « voies de l'amour ». Un amour tellement puissant qu'il assume la souffrance et la faiblesse, jusqu'à les sublimer. Après s'être déprise d'elle-même, elle s'est offerte à l'emprise de Dieu sur elle. Son don atteindra son sommet dans son *Acte d'offrande à l'Amour Miséricordieux*, le 9 juin 1895. Jour de l'union de la force divine et de sa vacuité humaine, dans un « audacieux abandon » à son amour consumant, purifiant et transformant. Thérèse a ramené les divers moyens de perfection à un seul principe : l'amour de Dieu. Viscéralement unie à Dieu, l'idéal de Thérèse est la vie du petit enfant qui attend tout du Père et répète avec confiance : « Je ne puis croire que vous m'abandonniez ».

---

2. B. BRO, *Thérèse de Lisieux, sa famille, son Dieu, son message*, Paris, Fayard, 1996, p. 115.

3. G. M. MISSIM, « La sainteté de Dieu… », *art. cit.*, p. 668.

Thérèse est devenue le héraut de la pauvreté spirituelle, qui est attente exclusive et incessante de la grâce. C'est elle qui donne vie aux plus nobles aspirations, mouvement de propulsion et de stabilité aux élans pour les atteindre, corps et amour aux actes, vigueur et sincérité à la bonne volonté persévérante. Thérèse comprend que l'« on doit s'approcher de Dieu à partir d'en haut, c'est-à-dire à partir de lui-même. Si on essaie par en bas, en alignant des actes individuels de vertu et en jetant sur eux un regard rétrospectif comme si on était arrivé à quelque chose, on ferait la même chose qu'un enfant qui monte sur une chaise pour attraper le soleil[4] ». Telle est la « voie toute nouvelle » dont parle Thérèse. Cette voie n'implique ni initiation ni processus qui aurait des étapes successives à dépasser, pour progresser. Thérèse a délaissé l'escalier (ou échelle) humain et opté pour « l'ascenseur » divin. Outre la « démocratisation » de la sainteté – il est à la portée de tout le monde de prendre l'ascenseur –, il y a injonction au « lâcher prise » pour entrer dans la vie théologale. En effet, Thérèse leste d'un intérêt nouveau les *imperfections*, les *infirmités*, les *misères*, les *fautes*, les *sottises*, la *faiblesse* et l'*impuissance*. Autant de réalités qui définissent notre humanité. Elles sont natives, mais incurables uniquement sans la grâce. L'humble aveu de notre petitesse n'escamotera pas notre élévation, du fait qu'il faut continuer à lever son pied vers l'escalier. En inclinant au rejet de la grandeur extérieure et apparente, en vue de la grandeur intérieure et réelle, elle accorde – et même raccorde – à Dieu. D'où la cohabitation harmonieuse, dans le cœur de Thérèse, entre le rappel permanent de sa faiblesse, et l'épanouissement tant de ses « désirs plus grands que l'univers » que de ses plus phénoménales aspirations – au martyre et au sacerdoce, notamment.

Car, Thérèse n'a pas cédé à la méprise de réduire la petitesse à l'absence d'œuvres. Si le point focal de son message est que

4. A. von SPEYR, « La sainteté au quotidien », *art. cit.*, p. 47-48

Dieu se charge de notre sainteté, notre concours y est indispensable. Il doit se ramasser dans une charité active, zélée et désintéressée. Le décentrement de soi, rendu possible par la confiance en sa miséricorde et par le renoncement au cumul des mérites pour soi, permet de se tourner vers les autres. Toute occupée à « vivre d'Amour », Thérèse a pu être le canal de l'amour de Dieu pour son entourage.

Ces considérations, Thérèse les a retrouvées chez les saints qu'elle aimait. Ils l'ont confortée dans son idée qu'à partir du néant, du manque, du découragement, de l'isolement du pécheur, de la justice humaine, il y a un puissant essor vers l'Être, la plénitude, l'espérance, la communion des saints et l'amour miséricordieux de Jésus. Du péché, de l'inclination au mal, de la servitude, de l'apparence et de la crainte, il y a tension vers la grâce, la pureté, la liberté, la vérité et la confiance.

Il n'était pas trop d'un docteur de l'Église pour rapprocher de nous le curseur de la sainteté – de plusieurs crans ! Elle nous a rappelé que « le saint ce n'est pas l'homme, c'est Dieu[5] » et qu'être saint, ce n'est pas être « quelqu'un de bien ». C'est l'amour divin qui nous sanctifie[6]. Et comme l'avait noté sa sœur Céline, plusieurs « dispositions propres à la Sainte [...] n'appartiennent en rien à la *Petite voie* qu'elle a mission d'enseigner ». Sa « petite voie » se résume dans l'amour et la disposition d'accueil à la grâce, minute après minute, dans l'humilité. Au reste, Thérèse a elle-même pris soin de préciser, « à propos de son manuscrit », qu'« il y en aura pour tous les goûts, excepté pour les voies extraordinaires ».

Cela vous a-t-il convaincu ? Alors, n'hésitez plus à rejoindre le cortège des « petites âmes » qui l'ont déjà suivie. Thérèse nous attend !

---

5. J.-P. TORRELL, *Inutile sainteté ?...*, *op. cit.*, p. 15.

6. Voir saint Thomas D'AQUIN, *Somme théologique*, IIa IIae, Q. 184, a. 1 : « c'est la charité qui nous unit à Dieu, fin ultime de l'âme humaine [...]. La perfection de la vie chrétienne tient donc spécialement [directement et essentiellement, à la charité ».

Table

2e partie
Noviciat

3e partie
Les derniers mois

IMPRIM'VERT®

Achevé d'imprimer par CPI,
en décembre 2022
N° d'imprimeur : 2068615

Dépôt légal : janvier 2022

Imprimé en France